李久琦文集

李久琦 著

中国民族图书馆 编

辽宁民族出版社

图书在版编目（CIP）数据

李久琦文集 / 李久琦著；中国民族图书馆编.
—沈阳：辽宁民族出版社，2017.12
ISBN 978-7-5497-1758-3

Ⅰ.①李…　Ⅱ.①李…　②中…　Ⅲ.①民族地区—图书馆事业—中国—文集　Ⅳ.①G259.2-53

中国版本图书馆CIP数据核字(2017)第303749号

李久琦文集
LIJIUQIWENJI

出版发行者：辽宁民族出版社
地　　址：沈阳市和平区十一纬路25号　邮编：110003
印 刷 者：辽宁星海彩色印刷有限公司
幅面尺寸：180mm×250mm
印　　张：17.75
字　　数：340千字
插　　页：26
出版时间：2017年12月第1版
印刷时间：2017年12月第1次印刷
责任编辑：张学林
封面设计：杜　江
责任校对：赵卫红

标准书号：ISBN 978-7-5497-1758-3
定　　价：88.00元

网址：www.lnmzcbs.com　　邮购热线：024—23284335
淘宝网店：http:// lnmz2013.taobao.com
如有印装质量问题，请与出版社联系调换　　联系电话：024—23284340

《李久琦文集》编撰委员会

主　任：甘玉贵

副主任：钟兴奎

主　编：吴贵飙

副主编：艾合买提　史桂玲

编　委：（按姓氏笔画为序）

艾合买提　甘玉贵　史桂玲　吴贵飙　张　磊　钟兴奎

在办公室写作

家居照

在民族文化宫内花园

参会时在做笔记

与夫人刘鸿珠合影

在夫人66岁
生日时全家合影

与印度学学者、语言学家、作家、翻译家季羡林合影

与民族文化宫设计大师张镈合影

与画家胡爽庵合影

与前来参观《中国民族古文字展览》的乌兰夫同志（后排左三）合影，1980年10月

与中国佛教协会会长、著名书法家赵朴初（左二）在为中国民族图书馆开发的梵文贝叶经《妙法莲华经》题字时合影，1983年4月

与中国佛教协会名誉会长帕巴拉·格列朗杰（左一）等合影，1986年7月

与著名社会学家费孝通（左二）合影，1998年1月

与第十世班禅额尔德尼·确吉坚赞（左一）在藏文古籍交接宴会上，1985年5月

与来中国民族图书馆接收藏文金汁写本《大藏经·甘珠尔》的西藏僧人代表合影，1985年5月

与文化部副部长徐文伯在“中国图书馆学会第五次会员代表大会”上合影，1997年7月

与台湾满族学会副秘书长马普东（右二）合影，1994年9月

与印度高级藏族佛学院图书馆馆长阿旺西热（左三）等在印度释迦牟尼舍利塔前合影，1989年5月

向印度国家图书馆赠送书刊，1989年5月

中国民族图书馆代表团访问印度西孟加拉图书馆，1989年5月

与印度高级藏族佛学院图书馆馆长阿旺西热（前排左二）、美国学者王德魁（后排左二）、中国民族图书馆藏族专家木雅贡布（前排右一）等在民族文化宫门前合影，1993年8月

出访日本，参观出云市图书馆，1994年9月

与文化部图书馆事业管理局局长杜克（右三）、副局长鲍振西（左三）等接待由蒙古国国家图书馆馆长（左四）率领的代表团并合影，1991年5月

接待并陪同蒙古国国家图书馆代表团一行参观天津图书馆，1991年5月

民族文化宫35周年庆与前来指导、考察的文化部图书馆司司长杜克（右二）、北京图书馆副馆长谭斌（右三）、中国科学院图书馆馆长史鉴（左三）、副馆长辛希孟（左二）、中国图书馆学会副秘书长丘东江（左一）等人合影，1994年10月

与北京师范大学少数民族地区图书馆干部专修班（13个省区17个民族51名学员，1985年9月—1987年6月）学员毕业留念，1987年6月

在内蒙古自治区通辽市大林镇图书馆前与民族地区图书馆同仁合影，1994年4月

在第61届IFLA大会土耳其伊斯坦布尔国际书展上展出中国民族图书馆出版物，1995年8月

在云南大理与“全国少数民族地区图书馆研讨会”代表合影，1990年4月

在北方工业大学与“全国少数民族地区图书馆馆长培训班”各馆馆长合影，1991年9月

与“民族地区图书馆研习班”学员及专家合影，1992年7月

在内蒙古大学与“中国图书馆学会民族地区图书馆事业研究组首次会议”代表的合影，1994年4月

与“中国西部图书馆事业发展战略暨东西部合作论坛会议”代表合影

第62届IFLA大会在北京举行，中国民族图书馆作为协助单位接待了世界各地图书馆同仁来馆参观。图为图书馆工作人员会后合影，1996年8月

《中国民族年鉴》（1995卷）首发式和座谈会合影 1996年11月

开拓进取 勇于创新

——《中国民族文献管理学》总序

我国年青的少数民族图书馆学者包和平撰写的学术专著《中国民族文献管理学》，即将付梓，约我作序，对我来说是幸事，也是难事。幸者，开卷有益，先睹为快；难者，对此学科领域，研究甚浅，只懂皮毛而已。我只得采取先拜读专著，从中感悟，边学边写序。

欲想了解这部学术专著，应先了解其作者本人，我就是从了解作者本人，才了解了其学术研究轨迹的。

包和平1985年毕业于内蒙古大学图书情报专业，师从著名的蒙古文献学专家、图书馆学者乌林西拉教授。名师出高徒，教授严谨的治学精神，言传身教，培养出的学生，大多成为各单位的栋梁和骨干。而包和平更是学有所成的佼佼者。

十余年前，在锡林郭勒草原上的明珠通辽，参加哲里木盟图书馆开馆典礼上，偶遇包和平，因来去匆匆，彼此未有更多的接触。事隔五年，1984年夏，又是在锡林郭勒召开的第四次全国民族地区图书馆会议上，读到了他的学术论文。在参加草原盛会的摔跤场上，他敢和职业选手较量，且身手不凡，敢拼才能赢，学术和竞技均显才华，给人的印象颇深，此后有了进一步了解。1985年他应邀借调到中国民族图书馆，参与首部《中国民族年鉴》的编辑工作，并被聘为编辑部副主任，成为编辑主力，后又一直连任年鉴编委。他在馆里一呆就是半年，那时他夜以继日地忘我工作，勤奋敬业，认真负责的精神，感染了周围同仁，赢得尊重和信任。此间，他还有机会浏览民族图书馆的丰富民族文献，这一切为他日后在民族文献学的研究领域，拓宽了视野。交往中感到他思路敏锐，勤奋进取，献身创新是其成功的要素。

记得在北京，有次我俩去首都体育馆欣赏了一场高水平的国际钢琴音乐会后，我问他能否在民族图书馆学研究中，也能谱添华美的乐章，他的回答是坚定的，但又说这需要时间。光阴荏苒，他没有食言，经过数年的努力，笔耕不辍，功夫不负有心人。在学术园地中，他喜获丰收，盘点一下收成很有必要：他在中央和地方专业刊物上，发表图书馆学、文献学、档案学、信息学、民族学等诸多领域的学术论文80余篇，出版个人专著与合著20余部，累计达280多万字，说著作甚丰一点也不过份。此外，许多论著获奖，他还担任多家刊物编委，主持多项国家和地方科研课题任务。

一个人的事业生涯和经历，往往是笔宝贵

的财富。包和平是位蒙古族青年，且一直在民族单位从事图书馆工作。他钟情于自己的事业，矢志不渝。从旗、盟图书馆的负责人，到国际大都会的高等学府图书馆的负责人，他都扎根于基层，积累了丰富的实践经验和领导才干，经过努力和探索，天份加刻苦，又使他具有了深厚的文化底蕴、理论水平和科研能力，逐渐成为学科带头人，他所创建并主持的大连民族学院中国民族文献研究所，也是独一无二的开创性事业。

从旗、盟、到国际名城，环境变了，地位变了，但他的谦虚谨慎，兢兢业业的品德却始终未变。一件小事足以说明之：1999年夏，中国图书馆学会在大连召开首届学术年会，会上宁夏回族自治区图书馆代表，有个急件要打制彩印，人生地不熟正在犯难。包和平二话没说主动承担，没顾得上吃饭带病骑车去办，一顿饭功夫，返回时雨水汗水湿透了全身，他却用雨衣把印件包得严严实实，在场人无不心疼地道谢，他却说了最简单的三个字"应该的"。一件小事能反映出一个人的精神境界和品德修养，大家无不为之感动和敬佩。

包和平的锐意进取精神和学术研究成果，人格魅力得到了世界人士的赞许和社会的认同。为此，他也得到了应有的殊荣：1996和1997年两度获科尔沁左翼后旗劳动模范、全旗十大杰出青年，内蒙古自治区全区先进（文化）工作者；1998年被评为通辽市十大杰出青年；（文体）1999-2000年度辽宁省团工委先进工作者，其所在馆被评为高校先进图书馆，连续数年获得不同地区、不同级别的荣誉，实属不易。这充分说明了这样一个道理，是金子放到哪里都不会被埋没，是宝石放到哪里都会闪光。无论是在科尔沁大草原上驰骋，还是在大连海中破浪前行，有为青年放到什么岗位上都会发挥作用。

"尝试成功自古无，自古成功在尝试"，包和平潜心钻研，大胆尝试，撰写的《中国民族文献管理学》学术专著，是一部全面系统地研究中国少数民族文献学及其管理的一部成功力作。是作者孜孜以求，长期坚持不懈深入系统研究这门学科的心血结晶。

全书用新颖的体例，精当的论述，把民族文献理论放到文献学的一个分支加以明确的阐述，又在文献学共性中，提炼出民族文献管理工作的独特性。从民族文献工作的不同侧面，不同角度论述民族文献工作发展的特殊规律和业务要求，把文献学和管理学基本原理同民族文献管理工作紧密结合起来，处处紧扣民族文献管理工作的实际，又将其丰富的工作实践上升到理论高度，加以科学的论证，从而达到理论性与实践性，二者的完美统一。

构筑一门介于民族学和文献学之间的新兴独立边缘学科，是作者的出发点和落脚点。该书的意义在于填补了我国民族学研究领域中，文献管理学的空白，换言之，填补了文献管理学中有关民族研究的空缺，是自古成功在尝试的拓荒之作。

纵览全书洋洋洒洒十二章，前四章论述了民族文献及其管理的基本理论，五至十一章论及了民族文献具体管理方法和实现现代化管理的方法和途径。全书内容丰富、资料翔实，体系完整，文笔简练，逻辑性强。既有理论性又有实践性，既有可读性又有可操作性，既能纵观全局又能触摸实际，传统与现代兼备，历史与前瞻皆有，可谓海纳百川，融汇古今。特别值得一提的是最后一章的"民族文献源指南"，为读者指点迷津，可谓匠心独具，没有实际工作的体验，是很难从这个被忽略的角度去揣摸读者之需求，提升读者视野的。

在知识经济和信息时代，文献的开发和利用，是全社会都广泛关注的大事。在实施"科教兴国"和"西部大开发"的进程中，促进民族地区的发展，开发和利用民族文献，实现民族文献资源的共建共享，是必不可少的。该书作者对此泼墨重彩加以充分的论述，相信能派上用场，起到应有的作用。

该书的可贵之处，在于深入浅出，站在作者角度力求写深写透，站在读者角度力求易读易懂。古人云：授之以鱼莫如授之以渔，至今而言，既要给人以鱼，又要给人以渔，两者应兼顾才是，而《中国民族文献管理学》正是鱼渔皆予的佳作，是一部学术专著，亦是一部实用性教科书。可供民族理论和实际工作者、图书、情报、档案和有关学科读者研究、参考和应用，又是供相关专业院校师生使用的教材和教学参考书。

《中国民族文献管理学》的问世，为我国民族图书馆的科学研究领域开创了一片新天地，也为学术百花园里新添了一朵吐露芬芳的奇葩！

李久琦※谨序

于2001.7.1.党的八十华诞

※李久琦　研究馆员　中国民族图书馆原馆长、现任专职研究馆员。中国图书馆学会常务理事、副秘书长、民族图书馆委员会主任委员、学术研究委员会少数民族专业委员会主任、《中国图书馆学报》编委、《情报资料工作》副主编、中国社会科学信息学会特聘副秘书长等。

前　言

《李久琦文集》即将出版问世，这是李久琦先生对我国图书馆学、情报学、文献学研究的重要成果，也是我国民族图书馆学界的一件可喜之事，也是先生80华诞的最好纪念。

李久琦先生1937年10月22日出生于辽宁省盖县（现名盖州市）。1980年12月17日加入中国共产党。相继在辽宁省沈阳市橡胶厂员工子弟小学、北京辅仁大学附属小学、北京大红罗厂小学、北京西四区中心小学、北京市第一中学、北京市第七中学、北京大学读书。1963年8月毕业于北京大学图书馆学系。1963年9月分配到北京工业大学图书馆工作，历任期刊组、出纳组组长。1979年6月调入民族文化宫图书馆，从此开始从事民族图书馆工作。1980年8月至1984年4月任民族文化宫图书馆资料组副组长。1984年4月至2000年1月任民族文化宫中国民族图书馆副馆长、馆长。1980年4月任馆员，1988年2月任副研究馆员，1995年3月任研究馆员。2000年2月至2002年3月担任中国民族图书馆专职研究馆员。2002年4月1日退休。2011年1月9日因病去世。

李久琦先生曾先后担任中国图书馆学会理事、常务理事、副秘书长，中国图书馆学会民族图书馆委员会主任委员，中国社会科学情报学会常务理事，《情报资料工作》杂志副主编，《中国图书馆学报》编委等职务。

李久琦先生在任期间，先后访问过印度、土耳其、日本、苏联等国家。

李久琦先生主持整理出版馆藏古籍文献数十部，主编、副主编、参编著作十余部，发表论文近百篇。

李久琦先生在担任中国民族图书馆馆长期间，思想与时俱进，极具前瞻性，做了几件富于创意的大事：

1．他先是将“民族文化宫图书馆”更名为“民族图书馆”，后又将“民族图书馆”更名为“中国民族图书馆”，从而彰显和突出了我馆的价值和特色。

2．他提议创办中国图书馆学会民族图书馆委员会，组织召开“全国民族地区图书馆学术研讨会”（每两年开一次），至今已连续举办了14届。组织举办民族地区图书馆馆长及业务骨干培训班，对于全国民族图书馆事业的发展产生了颇深的影响，为我国的民族图书馆事业做出卓越贡献。

3．他主持整理影印馆藏珍品古籍《妙法莲华经》《菩提叶百八阿罗汉金经全部书画册》《百苗图》《奉使图》等等，受到学术界的高度赞誉，为我国相关领域的科研做出了引人瞩目的贡献。

4．他主持创办《中国民族年鉴》（1995年卷），填补了我国民族年鉴领域的空白。

5．他主持编辑出版《民族图书馆理论与实践》《中国少数民族图书馆概况》《同人文集》《笔耕集》等重要图书，在业界产生了巨大的影响。

李久琦先生一生做事认真负责，亲力亲为，为我馆及民族图书馆事业取得辉煌成就奉献了大量心血；一生做人以诚相待，平易近人，热情睿智，对馆内馆外同仁呵护有加。

李久琦先生在1998年接受采访时说：在我们馆无论年轻人还是中年人，大都习惯称我为“老李”，这种称呼很随意，也很亲切，彼此很贴近，无距离感。对称呼的理解各有不同，无可非议，就我个人来讲，我还是喜欢“图书馆人”。“图书馆人”既能说明我们从事的职业，同时也能说明我们对图书馆事业的热爱、执着和痴心，一个人的生活经历往往是一笔财富，但又难以传予别人，因为每个人都在走属于自己的路，从这个角度讲，每个人选择职业都可能是盲目、偶然的，甚至是无奈的。当然职业选择不妥可以改动，但不管如何改，对所从事的职业敬业乐业精神不能改，痴心和执着不应改。现在甘心从事这一清贫事业，一辈子干图书馆的人数量不多，这我能理解，但不管干多少年，既然入了圈，我都希望有一颗热爱之心，责任之心。我在图书馆干了35年，有许多同行朋友，他们关注我，尤其是民族地区图书馆同仁，这些朋友更是支持我，这些都是我这个图书馆人干好事业的力量和源泉。说到底，能够称你为“图书馆人”的志士仁人，定是与你无距离感和关注你的人，也是和图书馆事业息息相关的人。

转瞬之间，2017年是李久琦先生诞辰80年，去世7年。他的音容笑貌、他对事业的执着、对工作的敬业、对同志的真诚和他高尚的品德，将永远激励我们去为中国的图书、情报、文献事业不懈奋斗。他留给业界的勤勉风范永存！他给业界开创的事业永续！为了启迪后人，薪火相传，我们将凝聚着他的深远思索而成的文章汇集成册，给来者留下厚重的精神财富。

本文集共搜集李久琦先生发表在期刊、报纸、书籍里的文章76篇，分为四个部分：第一部分收录了他在图书馆学、情报学和资料工作方面的文章；第二部分收录了他为多种图书写的序跋和评论；第三部分收录了他为我馆重大事项或活动写的新闻报道；第四部分是他写的关于图书馆学界人物与事件的随笔。在文集的最后，收录了同行、同学深切缅怀李久琦先生的4篇文章及1篇访谈录，作为附录，它们让我们从多个侧面了解先生为图书馆学和图书馆工作勤勉奋斗的一生。

本文集在编辑过程中，得到民族文化宫领导的大力支持，得到中国社会科学院学部委员、国家哲学社会科学研究专家咨询委员会委员、国家社科基金图书馆·情报与文献学学科规划评审小组召集人、中国社会科学情报学会荣誉理事长黄长著研究员，中国科学院文献情报中心博士生导师、著名书法家辛希孟研究馆员，大连民族大学党委宣传部部长、统战部部长、《大连民族大学学报》主编包和平研究馆员，中国人民大学书报资料中心社会编辑部主任、《情报资料工作》副主编徐亚男副编审，李久琦先生的北京大学信息管理系1959级部分同学张涵、关家麟等先生的大力支持，得到李久琦先生的夫人刘鸿珠，子女李薇、李徽的大力支持，得到本馆同仁的大力支持，我谨在此表示衷心感谢。

中国民族图书馆馆长、研究馆员　　吴贵飙
2017年12月26日于北京

目　录

图书馆学、情报学与资料工作研究

序跋与评论

新闻与通讯

记人与纪事

附 录

图书馆学、情报学与资料工作研究

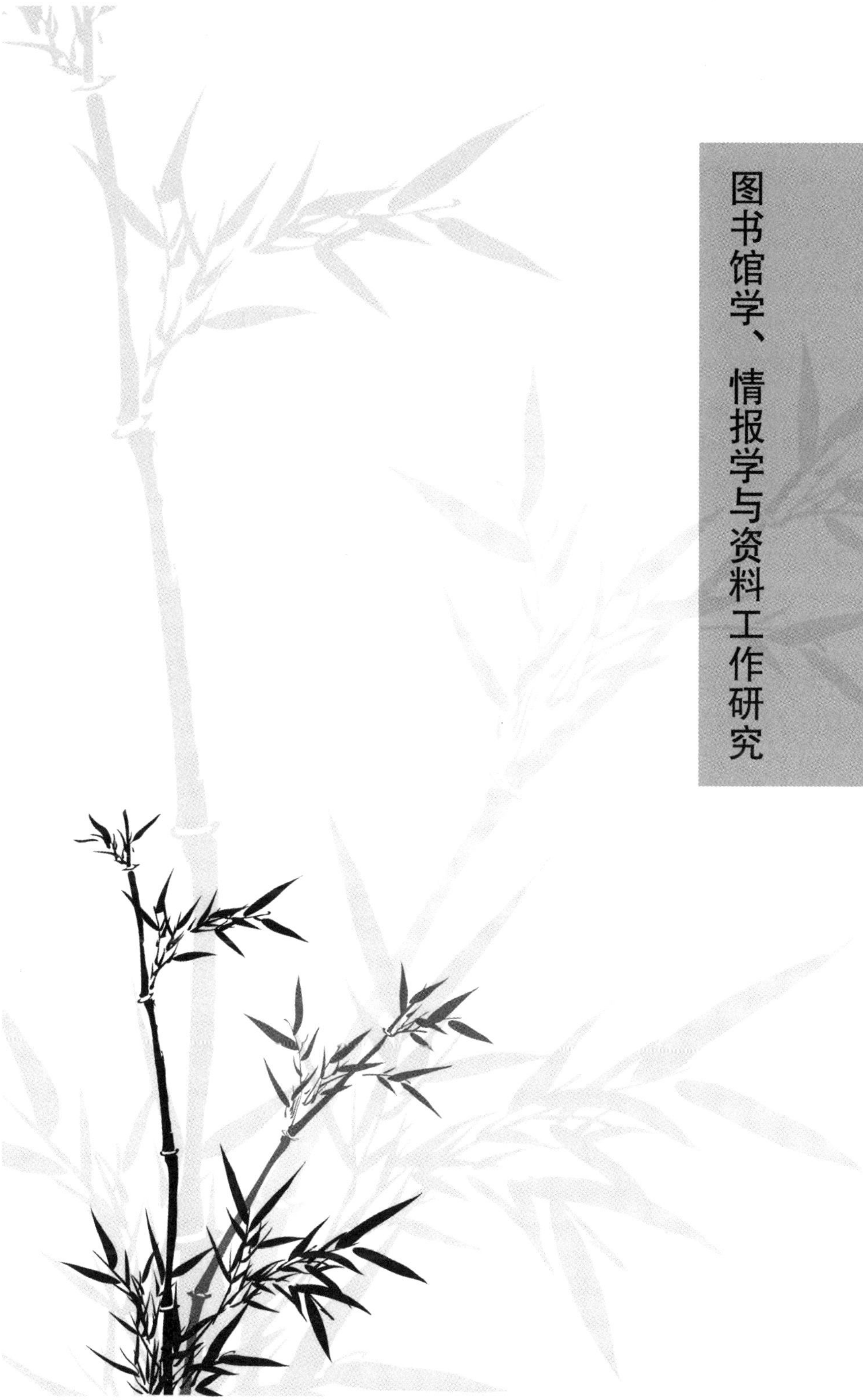

“资料”粗识

——步杨教同志文并抒己见

李久琦

应该提出的问题

十年浩劫期间，在极左的“灭资兴无”的口号下，谈资色变，资料既然姓资，当属在劫难逃，大凡均在消灭之列，横遭灭顶之灾，幸存者皆被捆绑剔入另册。代之以帮人钦定的加上“革命”标签的资料，列为样板，充塞架上，因属黑白颠倒分文不值，又毒如蛇蝎，故无人问津。十年动乱，资料工作被破坏程度之大，带来的恶果之深，乃是史无前例的。

三年恢复，资料工作起死回生，使人欣喜，新长征中，资料工作迅速发展，令人鼓舞。但对资料问题的提出和理论探讨，尚未很好展开，读了杨教同志《“资料”试析》一文，倍觉耳目一新，感受颇深，问题提得好，见解独特，使人不由得想起最先食蟹食蛇者的勇敢探索。这必将带来学术上各抒己见的民主讨论的活跃气氛。笔者虽从事图书资料工作多年，但对资料理论问题却孤陋寡闻，只能在《“资料”试析》一文的启发下，步其文，抒己见，谈谈自己的浅识，以作为学步的起点。

资料——科学技术三大支柱之一

从广义上讲，凡属一定范畴的文献，可供参考研究的均称之为资料。当今世界认为图书资料（或信息）同材料、能源一样，构成科学技术的三大经济支柱。

资料是以图书或其他形式记录于一定材料之上的社会生活的产物，是人类社会所借以进步的知识宝库，没有它人类社会就不可能像现在这样发达，资料既是一种传播知识的工具，也是一种具有物质形态的工艺品，资料作为“时代的条件”，从中可以认识一定的时代，而一定资料的出现，对社会又有一定的影响，这正是把资料看成是一种资源和无形财富的原因之所在。笔者这些粗浅的认识，只作为与资料

——“时代的条件”的观点互为补益罢了。

资料的基本属性——阶级性和社会性

把资料看作是客观存在的物质，是历史发展的痕迹的提法，这只是资料的自然属性。资料的属性很多，诸如时间性、科学性、倾向性、社会性、阶级性。从资料总体来讲，终究是几千年来古今文化发展的产物，既有其阶级的局限性，也有其不可忽略的社会性，因此资料的阶级性和社会性乃是资料的基本属性。资料无不属于意识形态，是存在的反映，是有其明显的倾向性，是属于第二性现象。但资料如何转化为第一性的，这种质变过程，《试析》作者并没详细论述，只是说它一经产生就转化为第一性的现象，这是不能使人信服的。试想今天刚刚出版的属于第二性的报纸杂志，明天收入资料就如何会改变为第一性了呢？今天作为广播的录音带，明天贮存起来收入资料就改变了性质，这种决然的骤变，实在费解。就以出土文物而论，的确表现得很明显，有相当一部分是为剥削阶级歌功颂德的，它是统治者意志的体现，是观念的东西。出土后，史学家即把它作为历史资料进行研究，去探索其历史价值，不把它作为替历史上剥削者歌功颂德，这只是在特定的历史时代而言，这是唯物主义史学家所取的科学态度。试想如果在封建历史时期，唯心主义史学家发掘同样的历史文物，那很可能被推崇为神灵而加以顶礼膜拜。而当今这些东西的出土，恰好成了剥削阶级罪行的自我写照。这充分说明它的历史和现实的阶级属性并没改变，只不过是研究者从不同的立场出发持不同观点对待而已。试举镰刀斧头旗和纳粹卐字旗，无论是插在旗杆上的或作为资料收藏的，均属进步与反动的第二性东西，根本不可能发生质变转化为第一性现象。就自然科学而论，列宁指出：“有一句著名的格言说：几何公理要是触犯了人们的利益，那也一定会遭到反驳的。自然历史理论触犯了神学的陈腐偏见，引起了并且直到现在还在引起最激烈的斗争。”（见《列宁选集》第二卷第1页《马克思主义和修正主义》）达尔文的进化论，哥白尼的日心说，遭到了封建势力和宗教集团的疯狂反对，就是最充分的例证。综上所述，资料有其阶级性，这是它的基本属性之一，但不是唯一，除阶级性之外，正因为资料有它的社会性，才使其成为人类共享的社会财富和资源之一。我们只能以拨乱反正的办法而不宜用矫枉过正的办法，去片面强调一方面而忽视另一方面。资料的社会性和阶级性是客观存在的，从二者的对立统一来认识资料的根本属性，是全面分析和看待资料基本属性的正确途径。

资料的价值——去伪存真

资料有真有伪，这是人所共知的常识，十年动乱中那种连篇累牍的虚假资料，早已为读者所唾弃，那种不择手段的歪曲篡改，早已令人生恶；但作为资料又统该收存，这是毫无疑义的。作为资料工作者和研究者，正是要从这些资料中找出真实的东西，从林彪、“四人帮”、康生一伙的大量“高举”、“紧跟”的资料中，去伪存真得出“万岁不离口、背后下毒手”的罪恶铁证，从旗手、“左”派的桂冠材料中，看出女皇和顾问的祸心和反动本质。

资料工作者的责任在于搜集、保存、整理、使用资料，从去伪存真中找出资料的价值，但却无权去做删、改、剪、撕、涂的技术处理。保存正反两方面资料的完整性和本来面貌是我们的责任，而通过对大量资料的占有，去伪存真地加以利用它的价值，是资料工作者和研究者的天职。这一点革命导师马克思给我们做出了榜样，他在通过搜集和研究关于资本主义历史的大量资料的基础上，透过掩盖资本主义剥削的种种现象，把剩余价值的真正源泉揭露出来。剩余价值学说这一科学上的伟大发现，成为我们认识资本主义制度的一把钥匙，成为“马克思经济理论的基石”。(《列宁选集》第二卷第444页）为无产阶级的胜利提供了强大的思想武器。

资料是宣传品的一种形式

无论是科技产品目录、广告、说明书和专利等资料，还是社科的论文、报道、简介和文艺作品等资料，均属宣传品，这是不容回避的问题。无论以往还是现在皆是如此。无论敌我友三方，还是正反两面的资料概莫能外，承认这一点正是面对历史、面对现实，这并不妨碍资料工作者去搜集、整理和研究使用。尤其把反面资料提供给读者，是为了知己知彼，研究它、利用它为我服务，这正是贯彻“古为今用”、“洋为中用”的原则。正视资料本身是宣传品，和替资料去做宣传是两码事，更不能因为收藏和提供了这些资料，就给人家扣上宣扬封资修而加以全面专政。十年闭关锁国，夜郎自大的教训是深刻的，不去认真搜集和研究世界上每年以爆炸性速度增长的正反两方面的资料，闭上眼睛是捉不到麻雀的。总停留在“一无图纸、二无资料，白手起家搞科研”的境地，正是自己欺骗自己，这正是害怕接触这些作为宣传品的资料，尤其是反面宣传品，吃亏的正是自己。但这恰恰反证了资料是宣传品，否则绝无可怕可言。正视、借鉴、研究和利用一切资料，采取拿来主义为我所用，这种办法才是上策。

作为正确的资料，除了收藏、研究外，还要大力宣传，我们目前所做的一切正是如此。资料本身是宣传品，我们编制的资料分类法更是体现了对有利于四化的资料的宣传工作，诸如将其列于分类法的首位，出版专题资料等无不为了突出加以宣传，中国人民大学书报资料社去年为配合形势出版的《为真理而斗争——学习优秀共产党员张志新烈士专辑》就是突出的一例。这充分说明资料本身是宣传品，我们的工作又加强了这一宣传，这样做起到了有益的宣传、鼓动和教育作用，收到了良好的社会效果，深受读者欢迎。资料作为宣传品的一种形式，其阶级性和社会性的对立统一得到了极好的体现。

资料本身是宣传品的一种形式，这是客观存在的实际，承认这一点有百利而无一害。

也谈关于资料就是资料

《试析》作者既已说明："资料就是资料。这句话是同义的反复，没有说明任何问题……"笔者认为的确没有商榷之必要。

但有一点必须加以严格区分，《试析》作者担心把"资料与宣传品"两者混为一谈，使"我们的工作又会重蹈以前的覆辙"。这种担心实在是多余的。几个丑类实行文化专制愚弄中华民族整整十年的历史悲剧，决不会重演。十年逆境，资料工作和资料工作者遭受的厄运，决不能归咎于资料工作者本身承认了那种资料基本属性所致，更不能归咎于把资料与宣传品混为一谈的不同学术观点的缘故。十年浩劫，在"四害"的强权之下，无民主和学术讨论可言，有的只是一言堂和以我画线的全面专政。

今天时代不同了，在新的历史时期，开展民主讨论，各抒己见，决不会重蹈覆辙，有的只能是推动学术研究的进展，加速四化的进程。

此文刊载于《资料工作通讯》1980年第2期
此文亦收录于《笔耕集》辽宁民族出版社 1999年版

应当重视民族资料工作

李久琦

在伟大祖国历史发展的长河中，我国五十多个民族都做出过自己的贡献。他们共同开拓了祖国的疆域，共同开发了祖国的经济，共同创造出灿烂的古代文明，使我国成为世界上文明古国之一，这是中华民族的光荣。今天，在向四个现代化的进军征途中，要批判地继承我国各民族的文化遗产，创造新的文明，争取新的光荣，使我国能立于世界先进民族之林。

如何利用古往今来的民族资料，为继往开来的新时期服务，这是关系到加强民族团结和巩固祖国统一的大事，是摆在资料工作者面前的重任。

近二十年来，由于种种原因，民族资料工作往往处于被忽视的地位，虽有时强调，但是起色不大，收效甚微。尤其在十年浩劫期间，民族资料工作遭到了极大的干扰和破坏，致使有些科学研究领域，诸如西藏学、蒙古学、敦煌学和西夏文、满文、八思巴文的资料研究工作，与世界上某些国家和地区有很大的差距。这是不容小看的问题，是有关民族的尊严和国威的大问题，我们必须改变当今民族学中的蒙古学、西藏学等研究工作以外国为中心的怪现象，必须彻底改变这种与中华民族的地位不相称的状况。这项任务责无旁贷地落到我们每个资料工作者身上。

我国是一个统一的多民族国家，除人口众多的汉民族外，还有55个少数民族，他们分布在祖国960万平方公里疆域的60%的土地上。五十多个少数民族大都有自己的语言，新中国成立初期有21个民族有自己的文字，此外，还有十几种已经停止流通的少数民族古文字。新中国成立后党和政府帮助壮族、布依族、苗族、侗族、哈尼族、黎族等十几个没有文字的民族创立了文字，并帮助一些民族改进了原有的文字，对少数民族的文化发展起了积极的推动作用。

少数民族古文字和现代文字记载并传播着本民族的悠久历史和丰富的精神财富。这些文化绚丽多彩，极富民族特色。然而从全国资料工作角度而言，往往只重视汉文和世界范围资料的研究工作，而偏废了对少数民族资料的发掘、搜集和研究工作，致使一些资料工作者只知世界上有西班牙文资料，不知我国有西夏文资料。就我国古代少数民族古文字资料而言，就有佉卢文、焉耆—龟兹文、西夏文、八思巴文等十六种之多。这些不同历史时期形成的少数民族古文献资料，是中华民族历史上最精粹的部分之一，成为民族历史的珍品；同时也极大地丰富了世界文化的宝库。这些源远流长的文献资料，不仅是研究历史学、考古学、民族学、语言学、哲学、法学和宗教学的重要资料，而且也是研究天文、历史、地理、医药、卫生的百科全书，这些少数民族文献资料不仅是研究中华民族古代文明的一把金钥匙，也是为四化服务的宝贵财富。

新中国成立后，党和政府建立了少数民族地区的科研单位和书刊资料的出版机构，派出很多调查组，搜集整理了大量的少数民族文献资料。粉碎“四人帮”后，重新恢复和加强了少数民族文献资料的研究工作。最近举办的《中国民族古文字展览》，就是极好的例证，定会引起国内外资料工作者的广泛重视。但就某些民族资料的研究工作而言，仍处于落后状况。仅以民族学中的西藏学为例，目前世界上就有近二十个国家和地区设有专门研究机构，十几个国家的高等学府中有西藏学专业和课程，此外还有十多种专门学术刊物和二三种国际会议。承认落后，看到差距，为的是引起重视。我国的资料工作者应当以构成整个中华民族的文献资料为搜集、整理和研究的对象。党中央领导同志在全国科学大会上指出：“提高整个中华民族的科学文化水平，是摆在全国人民面前的一项极为巨大的任务。这是一项战略任务，这个任务不解决，新时期的总任务是不可能完成的。”这是摆在每个资料工作者面前的光荣而艰巨的任务，任重而道远。愿资料工作者携手并进，共同努力去开发全民族的知识文献宝库。

抢救民族文献资料是当务之急。十年动乱中，在林彪、“四人帮”的封建法西斯文化专制主义和文化虚无主义的统治下，少数民族文化事业遭到严重的摧残，他们扼杀了少数民族文学艺术，诬蔑少数民族文字是“宗教文字”、少数民族语言是“黑话”，少数民族艺人、歌手惨遭迫害，少数民族文献资料被当作四旧焚毁的不计其数。“四人帮”不准少数民族使用本民族的语言文字，不准说拉弹唱，不准发展民族文化。据云南民族学院的调查，拉祜族居住地区，文盲越来越多，某些生产队找不出一个识字的人，结绳记事者有之，刻木记数者有之，20世纪社会主义中国的民族居然倒退到原始文化的生活状态，真是“史无前例”的。抢救存留的民族文献资料，除包括一切有形的物质文献资料外，还应包括一切无形的口头文献资料；无形的口头文献资料是民族文化的重要组成部分。由于过去政策上的失误，加上十年的动荡，往往把民族地区具有歌手、医生、巫师三位一体的许多少数民族文化人士扣上“迷信宗教者”的帽子，当作牛鬼蛇神加以专政，致使一些丰富的民族文化得不到传播。最近云南历史研究所的同志谈论了这样一件事：该地区一位七十多岁高龄的能唱几万行长诗的少数民族歌手，由于长期被专了政，现在虽然落实了政策，但仍心有余悸，这位少数民族老歌手要凭县公安局长亲批的准唱条子，并小心翼翼地保存起来，才敢演唱。这不能不引起我们的深思。对这些年迈的口头歌手，亟待进一步落实党的民族政策并采用现代化的手段去抢救和挖掘这些宝贵的文献资料，机不可失，否则会人亡歌绝。我们应该注意民族文化的这种特殊性。此外，我们有责任把十年灾难造成的文化大倒退中重现的落后的刻木结绳记事等有形资料搜集和保存起来，为将来到2000年中华民族实现四化之日，书写这段从起步到飞跃的艰难历程时保存一份起跑线上的旁证材料，来证实今天我国少数民族需要四个现代化，现代化需要少数民族的预言是何等的正确。我们每个资料工作者都应用不懈的努力去进行民族资料的抢救和研究工作。

民族资料的一般性和特殊性。除具有与其他资料所具有的社会的、科学的、阶级的、历史的、物质的一般性外，民族资料还有其特殊性。诸如种类繁多的古今文字资料，除物质的性质外，还有大量保存在老歌手、老知识分子的记忆中的活资料，这些资料都具有本民族喜闻乐见的民族形式和民族特色，此外还涉及民族传统、民族自尊心、民族自信心等方面的问题。这些均属资料工作者应充分加以注意的。如忽视了这些特殊性必然会影响民族资料工作的开展。

大力发展少数民族经济文化，重视民族资料工作，除必须有国家的大力帮助和扶持，包括国家从财力、物力上的积极帮助外，还必须制定行之有效的措施，像建立民族资料中心，形成网络，进行广泛的交流和复制，互通情报，等等。组织力量编辑全国少数民族文献资料目录，可从某一文种入手，循序渐进全面铺开。加强国外对我国少数民族资料研究的情报搜集工作，掌握动态，对已取得的成果采取拿来主义为我所用。普及少数民族资料工作的业务知识，大力培养少数民族资料工作队伍，以适应开展这一工作的需要。组织专业和群众相结合的普查、挖掘和整理、研究工作，翻译出版各民族文献资料，编辑民族资料的分类法和统一著录条例，使民族资料的整编工作进一步科学化、系统化、规范化。

“社会主义新时期我们在民族工作方面的主要任务，是团结全国各族人民建设社会主义现代化的强大祖国，并在这个过程中，大力发展少数民族的经济文化事业，发展少数民族的文学艺术，是新时期民族工作任务中的一项重要内容。”[①]加强民族资料工作无疑是新时期民族工作任务一项重要内容的一个重要方面，做好这一工作对促进少数民族科学文化的繁荣和发展，推动国内外的学术交流，使中华民族宝贵的文献资料成为全中国和全世界共享的资源，都具有极其重要的意义。

注释

①杨静仁.《在全国少数民族文艺会演大会开幕式上的讲话》.人民日报，1980-9-22（4）

此文刊载于《资料工作通讯》1981年第1期

图书、资料分类的异同

一　之[☆]

图书、资料被看作是“国家资源”，越来越引起人们广泛的重视，越来越显示出不可估量的作用。但到底什么是图书，又何为资料，至今却难以得出非常确切的定义。从广义上讲，图书、资料都是一种以不同形式记载于材料之上的社会生活的产物，皆是传播文化的工具。因而很难说谁从属于谁，但可以说二者是同族之内的兄弟关系。虽然国内外学者对图书、资料的解释其说不一，所下的定义达几十种之多，至今还没有一个为人所公认的规范化、标准化的定义。为了避免理解上的隔阂，暂且为图书、资料寻找一个共同语言，不妨将较为通行的两条解释引录如下。

“图书”：有意识地将知识用文字写在和印在一定形式材料之上的著作物，它是人们表达思想，总结经验、传播知识的工具。“资料”：凡是因学习、工作、生产和科研等参考需要而收集和编写的一切公开或内部材料，包括文字记录和非文字记录。

从上述两条解释中可以看出，一没离开所记载的材料；二没离开传递信息和参考使用的功能。无论何种物质形态，图书、资料的内容乃是其本质属性，离开这一点，就失去了任何意义。这些都是图书、资料的共性，是大同，只是二者在类型和特点上各有所异罢了，但这只是小异方面。

目前世界上的图书、资料（包括期刊），已近500万种，其中资料约占400万种。随着科学技术的发展，大约按十年递增一倍的惊人速度发展着，这是要认真加以对待的。

现在图书馆界根据图书、资料没有什么本质上的区别和明显的界限，从大同方面考虑，主张将来从工作机构上和工作内容上，自下而上地过渡到一体化，合并为文献中心。也有的认为，从图书和资料的发展史上看，一体化提法不甚科学，分开合适。各有各的道理，合分既不可排斥，又不可强求，二者均不能操之过急，而最

☆　李久琦笔名。

重要的是解决目前图书、资料在收集、分编、贮存、传递等一系列工作环节中的实际问题，做好这些工作皆为将来的合与分打下良好的基础。

我国图书馆习惯上或传统区分图书、资料的方法不外乎有以下几点：

1. 从出版发行方式上分：正式或公开发行的出版物（均有统一书号），按图书对待；非正式或非公开发行的出版物（有的无统一书号），按资料处理。

2. 从篇幅的多寡上分：49页以上的出版物按图书对待；49页以下的所谓“小册子”（联合国教科文组织就曾建议过用这种叫法），或零散的片断材料，作资料处理。

3. 从物质形态上分：印刷型及其复制品按图书对待；而非印刷型的多作资料处理。

4. 从文献级别上分：第一次文献多按图书对待；第二、三次文献（也称第二、三手资料），多作资料处理。

上述图书、资料均包括各种不同文种。但切忌以书名作为划分图书、资料的依据，对某些出版物要做具体分析，如由北京大学中国文学史教研室选注，由中华书局1962年8月出版的《两汉文学史参考资料》（统一书号为10018·335），虽名曰资料，但却不宜作资料处理。

图书、资料区分上的异同，导致分类上的异同。本文单就国内社会科学图书、资料的一个侧面来加以分析。

新中国成立后，我国使用的图书、资料分类法，大都按1942年毛泽东同志在《整顿党的作风》中，对知识的论述作为确定分类法结构的理论依据，将知识门类分为“哲学”、“社会科学”和“自然科学”三大部类。而“马克思主义、列宁主义、毛泽东思想”是指导我们思想的理论基础，列为基本部类的首位，这正是按我国的国情所必须坚持的。对内容庞杂、类无所属的无法按学科内容性质分类的概括为“综合性图书”或“综合参考”部类。

一些常用的分类法社会科学部分均超过了分类法全部大类的一半以上。诸如《中国图书馆图书分类法》（中国图书馆图书分类法编辑委员会编，1980年6月修订版）、《中国图书资料分类法》（由中国科学技术情报研究所会同有关单位组成的《中国图书资料分类法》编辑组编，1975年6月出版），这两部大型分类法，在编制体系、类目设置上均相一致，在22个大类中，社会科学部分占11大类；《中国人民大学图书馆图书分类法》（由中国人民大学图书馆编，张照、程德清主编，1962年增订第4版），在17大类中，社会科学部分占12大类；《中国科学院图书馆图书分类法》（由中国科学院图书馆编，《自然科学部分》和《社会科学部分》修订第2版，分别于1974年和1979年出版），在25个大类中，社会科学部分占13大类。

此外，各单位在分编资料时又根据需要制定了相应的分类法或划分不同的专题，如中国人民大学书报资料社就将《复印报刊资料》按学科或专题分为74个类目。

以上的分类法，都是进行图书、资料或专门进行资料分类的工具，它们基本上体现了思想性、科学性和实用性。

社会科学图书、资料在分类法中，占有重要的位置，在类目中占有很大比重，因此分类工作是一项思想性和技术性很强的工作。在分类中要力求做到共同遵循分类的基本原则和一般规则，以及严密的工作程序，使之达到归类正确，前后一致，充分揭示内容。

此外，在使用上采用交替、参见、组配、复分等方法，图书与资料的分类毫无两样。所不同的是根据图书和资料的内容繁简、深浅，采用粗分和细分，分散和集中的不同分类和处理方法。资料的分类较图书的分类有更大的灵活性和多样性，资料与图书相比，资料大多数涉及一个事物的多、专论的多、单一主题的多（大多并非绝对）。专业图书馆或资料室往往把这方面的资料尽可能地细分到该学科的下位类中去，换言之，对本专业密切相关的资料要细分，更多地参考分类法中增加的注释去细分。

另外还要考虑到资料寿命的长短，对时间性强、保留价值较短或即将成书成刊的资料，像宣传性小册子、零散片断、局部统计资料、通告、传单等均可采用灵活多样的按组分类的办法处理，就是将相近的学科内容的资料，汇集成组，按组整理分类，以便快速传递和转换。这是图书分类中所不及的。

除按学科体系分门别类地组织资料外，往往还广泛地采用主题法组织资料。主题法又叫标题法，是一种以规范化的语言作为资料的主题标识和查找依据的一种检索方法，这种规范化的名词术语，称为主题词。在逐步采用现代化手段处理资料时，主题法在这方面显示出广阔的前景，现在已由国家统一组织中国科学技术情报研究所和北京图书馆编制了《汉语主题词表》，在范畴表（也称分类表）中，将社会科学和自然科学两大范畴分成58个大类，社会科学范畴占20个大类。

主题法是按知识对象来集中资料，是从事物本质出发的。主题词及其选定原则就规定了："对新生事物，新兴学科以及各专业领域中的新词，考虑到现实需要和将来的发展，也选定为主题词。"又规定："但对那些正在发展变化中的或者是把握不准的新词，暂不选用。”分类法和主题词表永远跟不上科学和事物发展的进程，这就是矛盾。而资料在分类和选用主题词上，就能很好地解决这一矛盾，在这方面，显示出更大的灵活性，除采用分类法和主题词表中原有的类和词，或将二者兼用来取长补短，揭示资料内容外，还可根据资料所讨论的、研究的中心问题，构成新的标题，以补充主题词表中“暂不选用”的新词。如“五讲”“四美”的讲文明、讲礼貌、讲卫生、讲秩序、讲道德和心灵美、语言美、行为美、环境美。这类资料按内容分极为广泛，按主题词表中选定的主题词的范畴索引中，就得将这部分内容分散到：02哲学中的02G美学（美学教育）、08教育中的08G思想政治和品德教育、47CB卫生学（卫生）和91A总环境（即环境），甚至其他范畴中去。按图书分类法分类亦然。“五讲”“四美”，正是主题词表中所来不及提出的，但目前已构成事物变化中的新词。也正是分类法中所无法集中设立的类目。而资料分类就不受上述限制，可随时划分出或增加上新的概念和主题词，或专题，将“五讲”“四美”的资料进行集中分类整理，这就充分显示了资料在分类中的灵活性、多样性和集中分类的长处。

图书、资料分类的异同，可相互转换，彼此推动，互为促进。因此这种异同只是相对而言。

此文刊载于《资料工作通讯》1981年第3期

搞好业务培训势在必行

一　之☆

《新春畅想录》犹如一枝报春花，给图书资料工作者带来了春天的信息。在编者按和谈话中，曾多次提到“资料情报工作的队伍建设问题”，“培养合格的资料情报人才”，呼吁“认真解决”，并强调“要多干实事，少说空话，切切实实解决一两个当前迫切需要解决的实际问题”。问题提得贴切中肯。笔者在《新春畅想录》的启发下，愿做一点补录，谈一谈近年来为大家所关心的在职干部培训这样一个当务之急的问题。

从一个培训班的调查情况说起

最近对中央国家机关和科学研究系统图书馆学会举办的图书馆学专业培训班，进行了一番调查。这个培训班共招收学员213名，学员们大部分来自中央国家机关、科学研究单位和部队系统，及部分高等院校、中等专业学校和北京市的一些部门，共计140个图书情报资料单位。其中社会科学单位69个，科学技术单位71个，约各占一半，属于图书馆的66个，属情报资料室的74个。年龄从19岁至55岁不等，其中30岁以下的103人，51岁以上的仅10人。文化程度：大学毕业的47人，高中毕业的118人，初中毕业的48人。从事图书情报资料工作3年以下的110人，4—5年的56人，6—10年的31人，11—20年的14人，30年以上的2人，这140个单位共有工作人员2388人，参加这次培训的仅占8.9%。这些单位中原有图书馆学、情报资料、档案专业的大专院校（包括函授）毕业生118人，占全体工作人员的4.9%左右，平均每个单位不足1人，但这些专业干部是单位的业务骨干和中坚力量，这些同志成为这次培训班的课外义务辅导员。

调查表明，参加培训班的学员中，新手和中青年占绝大多数，这充分说明我们

☆　李久琦笔名。

的事业后继有人，中兴有望，是可喜的一面；但由于种种原因，这些同志未曾受过专门业务培训，有的甚至参加工作三十余年，也未能得到培训的机会，这又是可忧的一面，是值得严重注意的问题。

结论产生于事实之后，这是马克思主义告诉我们的认识方法。面对这一现实，广大图书情报资料工作者，对在职培训呼声甚高，要求甚切。因此，搞好培训工作，势在必行。

几个月的培训实践证明，学员学习热情高，求知欲旺，收效显著，其培训方法，行之有效。只要切切实实地抓下去，少说多干，三五年就可普遍轮训一遍。“这里谈的并非绝对办不到”。

试想，倘若不是两年前，在家徒四壁的临时棚子里，薄薄的24页《资料工作通讯》创刊号脱颖而出，为广大社会科学资料工作者辟出一块园地，栽上一片新绿，哪有两年后的芬芳花朵和丰硕果实?

倘若不是有关负责同志汇报了图书馆工作，哪有载入史册的中央书记处通过的《图书馆工作汇报提纲》的问世？正是各地加速落实《图书馆工作汇报提纲》中指出的：“对图书馆现有工作人员进行业余培训和短期训练”这样一种最主要的形式，来“加速图书馆专业人员的培养”，才有了这些人员的业务素质的明显提高。

但进展并不平衡，尤其是对社会科学资料工作人员的培养，至今还是一个薄弱环节。关键是各部门的领导要高度重视，真正把职工培训当作一件大事抓紧抓好。东风可借，不妨摘录深受启示的——

一段引言

《列宁论图书馆工作》一文中指出：“没有图书馆员图书馆就不能进行工作。图书馆员是图书馆事业的灵魂……正规地训练和轮训他们，是极端重要的。”“在图书馆干部战线上我们还是有严重的缺点的。这一点应当公开地说出来。我们应特别注意培养干部的工作，这是当前的迫切任务。对于图书馆员应当像对待教师那样加以重视和关怀。”（《列宁论图书馆工作》第132—134页，北京大学图书馆学系编，1973年4月）

在《列宁论图书馆工作》中，列宁夫人、苏联著名的图书馆学家克鲁普斯卡娅在1929—1933年间，大量引用列宁的言论对图书馆轮训干部做了非常具体的阐述，虽隔五十年左右，但对今天仍不失其现实意义。从这两段引言中不是可以得到很好的启示吗?

再看看中央国家机关和科学研究系统图书馆学会图书馆学专业培训班学员们的要求，他们在调查表中，非常中肯地写道：“建议本学会能对图学馆负责同志进行一些短期培训，使他们对图书馆在四化中的作用有清醒的认识，对自己所在的馆的各项具体工作心中有数，抓紧对图书馆的工作人员从思想上帮助，从技能上培养，从生活上关心。”这种呼吁并不苛刻，而是恰中要害。领导重视，培训领导，是至关重要的环节，这方面不是没有先例，同行的经验值得借鉴——

有这样的良好尝试

文化部图书馆事业管理局和北京图书馆在1980年底联合举办了为期一个月的“全国省、市、自治区图书馆馆长业务研究班”，其学员均为新参加领导工作的正副馆长或担任图书馆领导多年，但对图书馆业务缺乏系统了解的同志。通过学习提高他们对公共图书馆的方针、任务及其在四化建设中重要作用的认识，重点地掌握基本业务知识，以便逐步提高管理水平。

中国科学院也于1981年春、秋，先后举办了两期“图书情报管理研究班”，共招收了60余名担任情报研究室主任、副主任职务的基层领导干部，进行两个月的脱产学习。此外，该院还先后举办了两期“图书馆情报干部训练班”，共培训了142人。

以上这些，都是为提高管理干部的业务水平，做了有益的尝试。轮训的干部普遍感到：开阔了眼界，增长了知识，明确了方向，提高了认识，交流了看法，提出了建议，看到了前途，增强了信心。一位从事图书馆工作22年的“老”图书情报工作者，学后有了新的体会，写了深刻感受：“二十多年……工作带有很大盲目性，做好了，讲不清做好的道理；没做好，也找不出没做好的原因。通过学习才懂得，最根本的原因是自己没受过图书情报工作的专门训练，未掌握理论知识，干起来好比夜间走路，不会看北斗，只会看月亮，但月亮的位置不断变化，是没有指向作用的。……只有用理论来指导业务实践才能避免盲目性，保证科学性。(《图书情报工作动态》1982年1期第24页)

由于中国科学院对在职干部重视培训工作，专门成立了教育机构——院图书馆教育科，统一规划全院系统的图书情报专业干部培训和进修工作，从组织上保证了培训工作的顺利进行。该院图书馆建立了经常性的全员、定向、循环培训制度，或与高校合作，选送干部学习，或自己办学习班、培训班、研究班或讲座，或定期举办学术报告会，或参加各种国际活动。几年来，他们直接间接的经验证明：进行智力投资是一本万利的事情。从长远看，教育机器的正常运转的效益，肯定会大于它的投资。有领导的重视，有专门教育机构设立，在职干部的培训工作就有了切实的保障，培训工作就能搞得灵活多样，有声有色，收效显著。但在大多数没有专门教育机构的单位，或领导还不够重视的单位，亦不应光靠上面的安排，不能等待，还必须有人铺路搭桥——

群策群力搞好培训

图书情报资料事业的发展，靠大家。大家的事情大家办，因地制宜，简便易行地开展培训工作，如请专家学者进行专题学术讲座或报告，组织巡回讲师团，筹集资金举办短训班，各单位联合互助，有钱出钱，有人出人，有场地提供场地，分别承担义务，协同配合，走群众办学的道路。

去年中国图书馆学会组织了讲师团到五省（自治区）六市，共讲了39场，听讲人数约12000人次。

中央国家机关和科学研究系统图书馆学会是一个包括中直机关、国务院各部委、各军兵种总部三大系统130个图书馆、情报资料单位。在“一大二穷”（“财穷”——袋无分文专款，“人穷”——无一专职人员）的情况下，利用积极分子多的特点，扬其所长避其所短，1981年举办了专题讲座20次，直接听讲者达4000多人次，组织收听录音者，逾20000人次以上。此外还尽一切可能开办培训班、进修班、研究班、报告会，组织学术论文交流，编辑参考资料放映专业教学影片和录像，代售教材参考书等，运用多种方式，广开学路，培训干部，收到了理论联系实际，普及提高兼顾的效果，深为广大图书情报资料工作者所欢迎，反应极为热烈。

有些单位在培训干部中，总结出一些值得推广的好经验。像二机部五八五所图书馆，在培训干部中，实行以在职学习为主、分散活动为主、业务工作实际中提出课题为主、从事的专业知识为主、自学为主的“五为主”办法，并采用了专题讨论、业务讲座、出差汇报、馆外参观、人员交换、向读者请教等一系列易学易记易接受的学习方法，在形成一支了解本职工作、有事业心的骨干力量上做出了成绩。他们取得成绩的根本点，是把业务人员的培训工作视为当务之急。

当前形势非常有利，去年2月，党中央、国务院做出了关于加强职工教育工作的决定，继而国务院又召开了全国职工教育工作会议。今春国家领导同志又多次做了指示，加上近两年来各地各单位的先进经验和广大图书情报资料工作人员对业务培训的迫切要求，已是上下一致，万事俱备，只欠积极行动，认真解决，如何抓紧抓好了。

此文刊载于《资料工作通讯》1982年第3期

两部新版中文著录条例之比较

李久琦

我国各图书馆，中文图书著录，历来无章可循，各行其是。即便同出一馆，图书著录因人而异，亦不统一。这种状况，给编目人员和读者带来极大的不便，直接影响了目录发挥其揭示馆藏、宣传图书、辅导阅读的作用。

去年10月，两个有影响的图书馆，分别编了两本著录条例：北京图书馆编的《中文普通图书统一著录条例》（试用本）（以下简称《北图条例》）和中国科学院图书馆中日文编目组编的《中国科学院图书馆中日文图书著录条例》（试用本）（以下简称《科图条例》）。两部新版著录条例，不约而同地问世，这对图书馆编目人员来讲，毕竟算得上一件值得称道的事情。两部条例均根植于长期工作实践，又糅合了传统的著录方式，并汲取了当代外来的营养，无疑为我国图书馆异常纷繁的著录方式，逐步趋向统一化、规范化寻求了一些依据。两部新版著录条例，博采众长，又各具千秋。

现将两部著录条例，“基本著录”部分摘录如下：

《北图条例》	《科图条例》
一、书名项	（一）书名项
二、著者项	（二）著者项
三、出版项	（三）出版项
四、稽核项	（四）稽核项
五、附注项	（五）丛书项
六、提要项	（六）附注项

从项目上看，两部条例均为六项，有五项相同，关于提要项，《科图条例》可能出于考虑从手写或刻印卡片角度加以省略之。明显的区别在于，《科图条例》增加了“丛书项”，这是我国著录条例上的重大变革，其目的是逐步向国际著录标准化靠近所做的有益尝试。其具体做法是：将“附注项”内的丛书名及卷次号移至附

注项前，另立门户，单独作为一项存在，并用（　）作为丛书项的专用符号。

除这一项重要区别之外，现将其他不同点，分别做一比较：

《北图条例》规定	《科图条例》规定
“著者项位于第二行”	“著者项位于书名项下一行” 这样的规定，较为确切，因书名长者必须回行，有的书名长达三四行之多。
规定了“著录文字较长，一张卡片写不下，即可续片……写‘续二’……‘见次片’”。做法明确，不至于使初编人员茫无所措。	无规定。

【书名项】

《北图条例》规定	《科图条例》规定
“整个书名页都是外文或中外文对照时，应参照版权页等处只著录中文书名。”	“多种语文图书的著录：……均以书名文字为依据。书名页上无中文者一般不作为中文书著录。”
“著者姓名单独冠于书名的上一行，应鉴别其是否属于书名的组成部分，区别不同情况予以著录： “1. ——著者的专题汇编，书名前所冠著者姓名应属于书名的一部分。” “2. ——著者的专著，书名前所冠著者姓名则不属书名的组成部分。” 实践证明，上述问题较难处理，极易混淆，有规定有例证，使之一目了然。	无规定。

【著者项】

《北图条例》	《科图条例》
规定了“选取著作方式”，如“著：辑、编、编辑：改编：缩写：执笔”等廿一条。从而解决了著录工作难以区分的问题，很有实用价值。	没列入。
“朝鲜、蒙古、越南、日本、匈牙利等国家，著者的姓名排列与中国著者相同，姓在前，名在后。	较《北图条例》多列“芬兰”一国。

【出版项】

《北图条例》	《科图条例》
不省略出版地，著录时为“天津□□天津人民出版社”。 完全无此必要，该省略则应省略之。 出版机构均用全称著录。	规定“如出版社名称中已冠有地名者，出版地可从略。如“上海人民出版社”。 规定“有些出版机构为大家所熟知而又习惯以简称代替者，可用简称著录。如‘商务印书馆’简称‘商务’，‘生活、读书、新知书店’简称‘三联’”。 后者用“三联”简称亦通行于世，其实三者有合并经营之意。而“中华”、“商务”仍用全称为好，仅以“熟知”和“习惯”而定，实难掌握，不易规范。而《科图条例》一书本身，所列出版机构，繁简亦不统一，同是中华书局、商务印书馆，就有两处全称，三处简称，造成繁简混乱。

【稽核项】

《北图条例》	《科图条例》
“页数按单面编码计算，如一书系按双面编码的，则页数加倍计算。”	“页数按单面编码计算。如一书按双面编码者，则著录为‘叶’。”
“以图为主的画页（散页）、挂图等，页数以张计算。”	“挂图著录为×幅；画卷著录为×轴。”

上述规定，异曲同工，各有可取之处。

“原书未标明开本，又不能确定时，则空之。	未规定。
“原书未标明定价或建国前及台、港等海外出版的图书，均从略不予著录。”	未规定。

笔者认为，目前从台、港新置的图书，应著录购书时折合人民币的实际定价做参考为好。

【丛书项】（仅《科图条例》有，见前从略）

【附注项】

《北图条例》	《科图条例》
除规定内容外，又规定了①—⑥的顺序。严格分明，井然有序。	无顺序规定。使用起来不便利。如“发行方式”放何位置。

这里还要特别提一下，《科图条例》中辅助著录（又称补充著录）中的简易著录法，即在基本著录款目的书名或著者下画红线，分别作为书名附加片或著者附加片。简易法——顾名思义，简便易行，可省却烦琐的刻片手续，省事省力，它犹如一把钥匙，打开了一个复杂的问题。使之易于掌握，便于使用。

在参照（参见）著录中，加上了简单的解释，明确了参照的目的为“指引读者从不同角度检索所需文献”，用字不多，明了易懂。

此外，《科图条例》在多卷书、丛书、学术会议录、科技报告的著录中，还采用了“子目缺口卡片”，醒目，易于区分，方式独特。

《科图条例》除上述优点之外，亦有些疏忽和不足之处，如虽规定了“第××篇”、“上册”、“第××辑”著录在书名之后，用圆括号括起，但多处并未按规定加圆括号。此外，在两个著者之间，仅空一格即可，亦不应该再加顿点。

作为广大图书编目人员，在欢迎两家有影响的图书馆著录条例问世的同时，更希望扬长避短，求同除异，珠联璧合，早日编制出一部统一化、标准化的中文图书著录条例。

此文刊载于《冶图通讯》1982年第1期

我国的通俗图书馆

李久琦

我国通俗图书馆发端于民国初年，大量涌现于五四运动前夕，是由于进步知识分子和资产阶级教育家大力提倡社会教育和通俗教育的结果。民国教育部1912年设立通俗教育研究会，确立通俗图书馆等作为推行社会教育的中心机构后，通俗图书馆先后在各地出现。1913年10月，具有代表意义的京师通俗图书馆在京成立，与此前后，北京还设立“公众阅览处即通俗图书馆”24所，京兆20个县皆有通俗图书馆和阅览处。此外，安徽、天津、山东、江浙一带也相继承设之。

1915年，北洋政府教育部颁布《通俗图书馆规程》，规定了各省县应设立通俗图书馆和储集通俗图书，供公众阅览等11条。从而推动和促进了这一事业的发展。据1918年统计，全国通俗图书馆共285所、巡回文库259所、阅览所（处）1825所。由于通俗图书馆没受封建藏书楼的影响，而以它独有的活动方式和特点，开创了新局面。诸如开馆时间长，借阅简便，免收费用，书刊易晓，附设演讲厅、体育场等多样活动，均为读者所喜闻乐见，深受公众欢迎。据京师通俗图书馆1918年统计，每季读者平均多达3950人次。这与当时保存国粹，限制藏书，征收阅览费，衣冠不整不得入内的其他类型的图书馆相比，形成了鲜明的对照。

通俗图书馆一般入藏几千册书刊，均是通过通俗教育研究会定期公布的书目加以挑选的。鲁迅先生对入藏的图书发表过有益的建议：“惟通俗图书馆，则鄙意以为小说大应选择，而科学书等大可购置。”并极力主张通俗图书馆成为宣传民主科学的新文化运动的基地。他不但热心于这一事业，并尽力促其成长。民国初年，他在教育部任职期间，就专门负责社会教育和图书馆方面的工作，除亲自主持京师通俗图书馆开幕式，并成为该馆的常客外，还多次捐赠书刊加以赞助。此外，他还参与制定了具有进步意义的《通俗图书馆规程》。

李大钊同志也很重视通俗图书馆，他主张“应该多设市立图书馆，通俗的尤其紧要”，“必须用通俗的文学，使一般苦工社会也可以了解许多道理”。

通俗图书馆的广泛发展和采用多种方式开展活动，面向工农普及文化科学知识，这些进步的作用是值得肯定的。

五四运动后，由于反动政府对通俗图书馆这一新兴事业的惧怕，极力加以限制和控制，使之日趋变化和衰退。到1925年全国仅存128所，所剩不多的通俗图书馆，在经费奇绌的情况下，选书“标准则首重党义”，增辟“党化阅览室”。鲁迅先生当时尖锐地指出：“在通俗图书馆里……书却无可看，旧的陈腐，新的是几乎没有的。”后期的通俗图书馆已完全失去了进步作用，失去了民心，彻底走向了反面。

通俗图书馆的兴起，是适应本国情况和历史条件而产生发展和衰亡的。从目前掌握的史料来看，得出从某国“直接传入”的说法是缺乏足够依据的，是值得商榷的。

通俗图书馆与平民教育的关系。过去的一些文章中认为，在大办平民教育的同时，也大办通俗图书馆。其实二者是毫不相干的两回事，我国的通俗图书馆最早产生于1913年，而到了1915年就颁布了详尽的“规程”，1918年已进入全盛时期。而平民教育从1918年至1922年刚进入“运动的胚胎时代”，1922年至1925年才进入“提倡时代”。这时的通俗图书馆已处于衰退阶段。再看看平民教育的内容和活动方式，用陶行知先生的话讲：“平民教育是一个平民读书运动。这个读书运动多半是识字，因为它主要教材是一本千字课。其活动方式是平民学校；平民读书处（为不能按钟点上学的人以一家一店为单位专人教字念书）；平民问字处。”这些根本不涉及通俗图书馆，故不可相提并论。因此，“通俗图书馆作为资产阶级推广‘平民教育’的一种措施得到重视，开始产生并在这一时期得到较大的发展”的说法是牵强的，是欠妥当的。

此文收录于《中国图书馆学会第一、二次科学讨论会论文摘要》中国图书馆学会编1982年

新疆地区图书馆事业调查访问侧记

一 之☆

由国家民族事务委员会、文化部图书馆事业管理局、中国图书馆学会联合组成的“少数民族地区图书馆调查组”于1982年秋，赴新疆维吾尔自治区进行了新中国成立以来第一次对我国少数民族图书馆事业近一个月的专门访问调查。

调查组先后调查访问了乌鲁木齐市、昌吉回族自治州、吐鲁番地区、喀什地区、克孜勒苏柯尔克孜自治州等共20个区、市、地、州、县、公社和高等院校、机关等各种类型图书馆（室），此外还参加了由区文化厅、区图书馆、吐鲁番地区维吾尔族文教干部和图书馆工作者、疏勒县等负责同志组织的座谈会4次及区图书馆学会举行的学术报告会。

新疆维吾尔自治区地处祖国西北边疆，地域辽阔，占全国总面积的六分之一，又是一个多民族地区，有维吾尔、哈萨克、汉、回、内蒙古等十几个民族，占全国人口总数的1.3%。全疆共有公共图书馆27个，藏书共计156万册。高等院校图书馆15个。全疆图书馆工作者1300余人。

党的十一届三中全会以来，尤其是中央书记处通过的《图书馆工作汇报提纲》下达后，区文化厅对图书馆事业实行了经费、人员、馆舍三落实，全疆公共图书馆由原来的9个发展到了27个，县馆从原有的3个增加到了14个，全区公共图书馆藏书从几十万册增加到一百多万册，有的地区（如昌吉回族自治州、吐鲁番地区）正在建设新馆舍。近几年，全疆先后举办了12次图书馆专业干部培训班，培养和轮训了千余名干部，成效显著。区图书馆学会成立三年来，举办了两届科学讨论会、6次专题报告会和讲座。

全疆各族图书馆工作者，团结一致，奋发图强，为办好图书馆做出了努力。如区图书馆在抢修危险楼房停馆期间，想方设法开展对全疆专业干部的在职教育，加强同全国图书馆之间的业务交流，收集民族书刊资料，组织人力翻印民族文字的专业教材

☆ 李久琦笔名。

和分类法，积极发挥书刊资源在建设社会主义两个文明中的作用，为边疆四化服务。

成立时间较短的乌鲁木齐市图书馆，在不到40平方米的8间平房内，因陋就简，克服困难，开展了为全市各族读者服务工作，书刊年流通量日增。此外还建立了全市图书馆、资料室协作网，建立郊区图书流通点，增辟了图书流动借阅业务，举办青少年自学丛书展览，扩大了图书宣传和利用率，把工作搞得有声有色。有些县馆，坚持晚间开馆到11点半（时差两小时）和节假日开馆，方便读者借阅，长年坚持服务基层，送书到公社，开展代购书刊工作。一些公社图书室采用民办公助即国家、集体、个人共同筹集资金，艰苦创业，自己动手打土坯，盖馆舍及种义务田，代销书刊、百货，代存自行车等多种自力更生，广开财源以发展和巩固图书室。开辟农村文化阵地。

在艰苦条件下，为开创边疆图书馆工作的新局面而团结奋战，为宣传党的路线、方针政策，促进民族团结，为边疆社会主义建设做出了巨大的努力。

高等院校和科研单位图书馆广泛利用馆藏书刊文献开展为教学科研服务工作，编印有关专业资料、文献目录，翻译民族文字专业书籍，与国内外图书馆进行书目文献交流，有效地为教学科研工作服务。

国家民委民族文化司、文化部图书馆事业管理局，对新疆图书馆事业的发展给予极大的关怀和重视，在财力和物力上给予了必要的支援。自治区党委书记王恩茂同志在去年5月27日的高级知识分子座谈会上指出“要建设好自治区图书馆”。

但目前新疆地区图书馆存在着三少一小：图书馆数量少、藏书少、经费少；馆舍小等问题。由于民族文字书刊出版数量不多，经费不足影响图书的入藏。这些问题，关系到图书馆基本建设问题，相信经过相当的日时，全国文化教育事业发展规划将会有一个相适应的统筹安排。目前，新疆地区各级图书馆已加强对本地地方文献的搜集和研究工作。这些文献资料的收藏是今后研究民族历史、政治、经济、文化、习俗等方面的重要材料，搜集这方面的文献资料也是带有抢救性的迫在眉睫的事情。

在调查访问的过程中，区文化厅、区图书馆学会、区图书馆广大干部，普遍要求发展民族地区图书馆事业的步子要快；首先要抓紧培训专业干部，先培养懂汉文或汉语的少数民族干部，然后再进行专业培训。

最近国家民委文化司及民族宫、文化部图书馆局、民族文化司及中国图书馆学会等有关方面详细听取了“少数民族地区图书馆调查组”赴新疆维吾尔自治区的调查报告，并为落实“六五”计划，开创民族图书馆事业新局面问题进行了研究磋商。

此文刊载于《图书馆学通讯》1983年第1期
此文亦收录于《笔耕集》辽宁民族出版社1999年版

走图书资料“资源共享”的必由之路

张文彬　李久琦

图书资料被确认为资源是现代科学技术发展的必然结果，是人们对图书资料认识上的一次飞跃。图书资料“资源共享”这一概念在世界上形成的时间不长，被介绍到我国仅三年的时间。1979年5月丁志刚同志赴澳大利亚参加“亚太地区图书资料资源共享问题的国家图书馆馆长国际会议”，同年6月与会者把这一信息传递给北京的图书资料界的同行们，很快为广大图书资料工作者所接受，并引起普遍重视。大家认为，这对提高图书馆、情报资料单位的社会地位，促进科学技术的发展，有积极的作用。几年来，围绕“资源共享”这个问题，引述者、出谋献策者、为之呼吁者甚多，有一定的研究成效。笔者究其“资源共享”之内涵，不避固陋，谈一些极不成熟的看法。

图书资料“资源共享”的问题，绝非凭人们的主观愿望所能达到的，它取决于社会制度的变革，经济文化的发展和科学技术的进步。在我国奴隶制社会，广大的奴隶只是会说话的工具，根本谈不上利用“图书资料”的问题，加之生产极端落后，那些少量的刻在龟甲、牛骨、石头上，铸在青铜器上，写在竹简、木板上的“图书资料”，只能为奴隶主阶级所独占。春秋战国时期，由于阶级斗争的尖锐化，过去的生产关系逐渐被打破，因而固有的“学在官府”的局面，也难以维持了，随着“私学”的兴办，社会上的图书资料的利用范围逐渐扩大。

封建社会对于奴隶社会来说，无疑是一个进步，生产力获得了解放，经济得到了进一步的发展，特别是造纸术和印刷术的发明和利用，使社会上的图书资料大大增加，藏书机构也日趋多样，利用图书资料的手段，诸如分类、编目、典藏、借阅等历代皆有进展。然而，由于封建小农经济的分散落后，宗法制度的严格等级，以及广大农民的极端贫困等，都使社会上的图书资料不可能得到广泛的利用，在很大程度上，它仍为封建统治阶级所垄断。

资本主义的出现和发展，使图书资料被广泛利用。首先，它以资产阶级的“平等”观念，替代了封建宗法制度的羁绊；其次，以社会化的大机器生产，替代了那种自然的手工业生产；以无情的自由竞争，改变了那种行会壁垒的状态。由于生产的发展，引起了图书资料的迅猛增长，从而决定了在利用图书资料方面，不能再像封建社会那样为少数人所垄断了，必须随着科学文化和经济技术的日益发展，而相互联系和补充；再者，资产者为了从工人身上榨取更多的利润，也逐渐知道对工人进行一定的文化教育，以适应大机器生产的需要。这完全是从本阶级利益出发，正如列宁所说的“专门替资产阶级训练资本家的走卒和奴隶”，其手段之一，就是使图书馆和资料单位社会化、公共化，使图书资料有更多的利用机会。为此，不仅建立了各种类型的图书馆和情报资料中心，还使其逐步网络化，并且采用先进的科学技术加以装备。但是，在资本主义制度下的图书资料“资源共享”，就其本身来说还有它的局限性。首先，资本主义生产的社会化和生产资料的私人占有的固有矛盾，是不可克服的，它导致了不断出现的经济危机和社会的动荡不安，从而给图书馆事业的发展带来了不稳定性。其次，采用先进的技术设备方面，受到了垄断集团最高利润的制约。就整个资本主义社会来讲，由于不能做到有计划按比例地发展各种事业，实现图书资料“资源共享”，不可避免地造成失调和浪费。

社会主义社会以资本主义社会无法比拟的优越性出现在世界上，它消灭了剥削制度，生产资料实现了公有制，生产力得到了彻底的解放，人民成了国家的主人，国民经济、科学文化有计划按比例的高速度发展，而它的宗旨又是为人民大众所享有、所利用，因而为“资源共享”开辟了无限广阔的前景。

我国的社会主义制度确立的时间尽管不长，其间又受到一些干扰和破坏，但我国经济发展速度之快，是资本主义社会所不能同日而语的。为促进社会主义经济和科学文化发展的图书馆事业，也有了长足的进步。1956年全国公共图书馆会议，规定了“全面规划，联系合作”的原则，1957年国务院颁布制订了《全国图书协调方案》，并在国家科委领导下成立了一个由中国科学院、文化部、教育部、卫生部、地质部、北京图书馆等单位组成的图书小组，负责全面规划和统筹安排全国图书馆为科研服务的工作。在京、沪两地分别成立了全国第一、第二中心图书馆委员会，使我国各系统、各类型、各地区的图书馆逐步形成一个密切联系的图书馆网。在为科学研究工作服务，在书刊搜集、编制联合书目和新书通报，国际交换、照相复制、规划和培养干部等方面的工作开展了广泛的协作。

1979年，中国图书馆学会和各地区图书馆学会的相继成立，以及不断加强同国际的交往，都很大程度地促进了图书资料的“资源共享”。

特别令人兴奋的是，胡耀邦同志在党的十二次全国代表大会上的报告中，明确地把发展教育、科学作为今后二十年内战略重点之一。并且着重指出：“四个现代化的关键是科学技术的现代化。”第一次提出了：“社会主义精神文明是社会主义的重要特征，是社会主义制度优越性的重要表现。”“社会主义精神文明的建设大体可以分为文化建设和思想建设两个方面”，而“文化建设指的是教育、科学、文学艺术、新闻出版、广播电视、卫生体育、图书馆、博物馆等各项文化事业的发展和人民群众知识水平的提高，它既是建设物质文明的重要条件，也是提高人民群众思想觉悟和道德水平的重要条件”。

从党中央的这些指示中，我们清楚地看到：作为社会主义文化事业之一的图书馆，在实现四化的宏伟进程中是具有多么重要的意义！党中央是何等地重视图书馆的发展啊！十二大的精神，极大地鼓舞了广大图书馆工作者，它必将成为强大的物质力量，为开创我国图书资料“资源共享”的新局面起到不可估量的作用。

但是，我们还应该清醒地看到，目前我国各种类型的图书馆中所收藏的图书资料还不能充分地发挥其作用，还不能在更广泛的范围内，使需求者得到共同享受。

现就目前存在的问题，谈点粗浅的看法：

第一，在社会主义公有制中，属于全民所有的图书馆藏书，绝非某个团体的专利品，更不是个人的私有财产，因而在这方面要求图书资料面向整个社会。然而，我们却常常看到这样一种与之不相称的局面，一些图书馆存在着本位主义，以邻为壑，封锁图书资料，变全民所有为小团体所有。

第二，社会主义社会，要求经济文化发展按客观规律办事。图书资料“资源共享”问题，正是社会主义的客观规律所应遵循的原则。那种不按客观规律办事，盲目追求大小皆全，万事不求人的做法，必将事与愿违，造成图书资料的积压和浪费。

第三，社会主义新的历史时期，不但要求国民经济走联合发展、专业分工的道路，在图书资料的利用上，更不能各自为政，同样要求走联合的道路。那种各系统的图书馆各成一块，缺乏联系，甚至还有门户之见，甘于割据状态，就连同一系统内部的联系也甚疏，尤其对一些珍本、孤本借出不行，复印不能，只可独家享用，一部完整的图书资料，“龙头龙尾”各分两处，亦不能成龙配套，真是大伤脑筋。就我国整个藏书而言，资源相当丰富，但重保管轻使用，使图书资料难以得到开发，很难达到“资源共享”的目的。

第四，各图书馆的分类编目五花八门，既不统一又不标准，给图书资料人员和广大读者造成了人为的障碍，有些人会使用某馆的检索工具，未必会利用其他馆的检索工具。面对浩如烟海的图书资料，往往望洋兴叹，束手无策，客观上也妨碍了图书资料“资源共享”。

第五，图书馆干部队伍素质较差。有的主管部门把图书馆当作安置老弱病残的地方。目前严重存在干部文化水平低，大多数干部缺乏基本的图书馆理论和业务技术，直接影响了图书馆的科学管理水平，使图书资料资源不能广、快、精、准地为读者所享用。

产生上述问题的原因，固然由于我国社会主义还在发展中，经济还较落后，图书馆事业现代化正在逐步实现过程，这是物质基础因素的一面。但在我国图书馆事业中，存在的小生产管理方式，也是不容忽视的重要因素。

小生产管理方式是由小生产的特点所决定的。马克思在《资本论》中对小生产有这样一段精辟的概括：“这种生产方式是以土地及其他生产资料的分散为前提的。它既排斥生产资料的积聚，也排斥协作，排斥同生产过程内部的分工，排斥社会对自然的统治和支配，排斥社会生产力的自由发展。它只同生产和社会的狭隘的自然生产的界限相容。”（《马克思恩格斯全集》第23卷第830页，人民出版社1972年9月第1版）从马克思的论述中，可以看出，小生产的特点是自给自足。新中国成立前，我国广大农村就是自给自足的小农经济占统治地位。新中国成立后，虽然对生产资料逐步进行了社会主义改造，生产社会化大大提高，但是几千年自给自足的小生产的经营方式和经营思想，并不能一下根除，它还支配着我们的一些同志。

首先，反映在图书馆事业的管理上，不积极促进专业化和协作，走图书资料“资源共享”的道路。当今国内外出版物如此浩瀚，而每个图书馆又受财力、物力、人力所限，要想做到“大而全”、“小而全”是绝对办不到的，相对而言，只有互通有无，相互协作，走“资源共享”的道路，才能充分发挥图书资料的作用。

其次，小生产是以简单再生产为其特征，即在原有的规模上的重复。因而决定了其因循守旧，不求进取，在经营管理上很少精确计算劳动效果和技术水平的提高。反映在我国图书馆管理上，往往存在着“大概齐”，不计算图书资料的利用效率和效果，重复劳动，吃“大锅饭”等现象，究其根源就不足为奇了。

第三，小生产一家一户为生产单位的分散性，是对社会化大生产的排斥，无疑它不可能使“社会对自然的统治支配”。我们社会主义图书馆事业，只有彻底摆脱小生产分散性的影响，乃至几千年封建藏书楼的习惯势力，认识到分散性的弊端和藏书楼思想与今天的形势和需要不相容。充分发挥社会主义的优越性，才能使图书资料资源得到充分的开发和利用。

根除小生产的影响，当然不是一朝一夕能做到的，但是，只要我们对这一问题有了足够的认识，走图书资料“资源共享”的必由之路，那就好办得多。如何改变我国图书资料资源不能充分利用，以达到最大范围的共享呢？我们认为，当前应抓以下几个方面的问题：

首先，图书馆事业要与我国新的历史时期的经济政策相适应。我国目前的经济政策对外实行开放，对内搞活经济，我们图书馆的工作就要放在这个基点上，坚持四项基本原则，充分认识小生产影响的消极作用，并主动地、自觉地去改变那种目光短浅，只见一隅，不顾全局，只着眼于本单位的想法与做法。

改变我国图书馆事业的管理体制，应加强统一领导，分工负责，打破部门分割，走联合的道路，向专业协作方向发展。使全国各图书馆成为一个既有分工，又互通情报，配合和谐，通力合作的有机整体。最大限度地发挥社会主义图书馆事业的优越性，使其逐步达到图书资料“资源共享”的目的。

其次，在图书馆工作中，也要提高经济效益。我国图书馆经费都是由国家统一拨款，专款专用，从而保证了图书馆事业的日益发展，这显示了社会主义的无比优越性。但是，由于对图书资料资源的发掘和共享，以及所起的社会作用和经济效益，既没有检查，又没有衡量的标准，从而存在着重藏轻用的现象，严重影响“资源共享”。国家应对图书馆制定检查标准，对经费使用合理，图书资料流通量大，社会效果和经济效益显著，“资源共享”做得好的图书馆，国家拨给的经费就多。反之就少，并限期进行必要的整顿，经济领域中的调整、改革、整顿、提高的方针，在图书馆中值得借鉴。

第三，加强思想政治工作，教育全体干部懂得本职工作的意义，使之热爱并献身于图书馆事业，树立全心全意为人民服务的思想。此外，在图书馆中，还应该实行思想政治工作与物质鼓励相结合的原则。以此鼓励先进，赞扬勤奋努力；推动后进，鞭策懒惰怠工。从而改变那种不关心读者痛痒，不积极开展“为读者找书，为书找读者”的现象，只有这样才能扭转干好干坏一个样的“大锅饭”状况。

实行思想政治工作与物质鼓励相结合的原则，可以进一步调动人们的积极性，最大限度地发挥图书资料的作用，最广泛地使读者享用图书资料资源。

第四，搞好在职干部的培训工作，下决心，花本钱，进行智力投资。干部轮训搞好了，干部素质提高了，图书馆事业肯定会发展得更快更好。对搞好图书资料“资源共享”和由此产生的效果是不可估量的。

第五，尽快地推广先进的技术设备，加速图书馆工作的规范化、标准化，这也是达到图书资料“资源共享”的重要前提。

走图书资料“资源共享”的必由之路，是新的历史时期赋予图书馆的使命，是四化建设的需要。走“资源共享”的必由之路，又必将促进我国社会主义四化建设的飞速发展。

此文刊载于《资料工作通讯》1983年第2期

精辟的论述　光辉的榜样

——学习毛主席有关资料工作的教导

于久锦☆

不久前，我们瞻仰了中南海毛主席故居。看到书房、客厅、卧室乃至卫生间都摆着各种各样的书刊资料。毛泽东同志重视书刊资料，生前孜孜不倦地学习和研究的精神，我们非常感动。

毛泽东同志在他革命的一生中，对图书馆和图书资料在革命事业中的地位和作用，予以高度的重视，并为我们留下了许多宝贵的财富。

首先，毛泽东同志从领导中国革命的实践中切身感到认真搜集资料的必要性。他曾大声疾呼，“我们自己非做搜集材料的工作不可。”他一针见血地指出：“中国幼稚的资产阶级还没有来得及也永远不可能替我们预备关于社会情况的较完备的甚至起码的材料，如同欧美日本的资产阶级那样，所以我们自己非做搜集材料的工作不可。”①毛泽东同志就是在这种思想指导下，通过长期不懈的努力，搜集积累了敌、我、友三方面的资料，把马克思主义的普遍真理和中国革命具体实践有机地结合起来，正确地指导了伟大的中国革命，并取得了彻底的胜利。毛泽东同志的名言“没有调查就没有发言权”，以及“不做正确的调查同样没有发言权”的论断，都强调了搜集资料的必要性。

毛泽东同志不仅强调搜集资料的必要性，而且还反复论证做好资料工作的重要性。他认为，资料是制定方针、政策、从事著述的基础。他说：“中央领导机关是一个制造思想产品的工厂，如果不了解下情，没有原料，也没有半成品，怎么能够制造出产品？”②又说：“指挥员的正确的部署来源于正确的决心，正确的决心来源于正确的判断，正确的判断来源于周到的和必要的侦察，和对于各种侦察材料的联贯起来的思索。”③这里，毛泽东同志不仅强调了侦察资料对于指挥员的重要性，同时指出要对这些材料进行“联贯起来的思索”。他一再强调要详细地占有材料，并

☆　于久锦系李久琦与陈锦榕等3人合写此文时用的笔名。

加以科学的分析和综合的研究，然后在马克思主义一般原理的指导下，从这些材料中引出正确的结论来。

毛泽东同志不仅在资料工作的理论方面有许多精辟的论述，在实践方面，也给我们树立了光辉的典范。

“深入实际，博采四方”，这是毛泽东同志搜集、积累资料的方法。他多次论述过，研究问题切忌片面性，决不可凭一知半解或道听途说去判断问题，制定政策。毛泽东同志从实践工作中告诉我们，在搜集资料方面，首先要明确目的。在过去长期的艰苦的革命斗争中，客观上不允许我们从容地去搜集资料，毛泽东同志总是围绕着研究的问题来搜集资料。在建党初期，中国最迫切的问题是农民问题，他先后花了六七年的时间做农村调查。《毛泽东农村调查文集》就是他做农村调查所得资料的汇编。我国革命的一大特点就是武装斗争，为了取得战争的胜利，必须了解敌情，知己知彼，百战不殆，在第二次国内革命战争时期，江西苏区被敌人封锁得很厉害，但是毛泽东同志为了战胜敌人，千方百计利用敌人的报纸及其他一切可能的条件来搜集敌人的情报资料，确定作战行动计划，从而取得了一个又一个的胜利。在长征途中，他为了确定红军的行止，仍然把搜集资料的目标放在了解敌情上。在对敌斗争实践中是这样，在他的理论研究和著述工作中也是这样。他在陕北写《实践论》和《矛盾论》等哲学著作时，就曾搜集了大量的资料。这些资料来自中外的现实的、历史的文献材料。在搜集资料的过程中，他仍然本着一个明确的目的——解决革命斗争中迫切需要解决的哲学理论问题。所以，他搜集的资料，大都用于著述之中。

其次，毛泽东同志搜集资料，总是亲自去做，力求掌握第一手资料。他决不依赖别人，也不轻信传闻。他批评说，道听途说，粗枝大叶，满足于一知半解是要贻害革命的，是异常危险的。他为了掌握中国农村状况的第一手资料，他亲自下乡去做调查。他向中下级干部调查，向农民、商人调查，也向旧狱吏、穷秀才、钱粮师爷调查；而且“恭谨勤劳”，甘当小学生。正因为如此，他才获得了大量的中国农村的实际材料。

在漫长的革命历程中，毛泽东同志利用书报上的资料来研究各种问题的例子是很多的。比如他的《矛盾论》，除引用了马、恩、列的许多著作外，还有先秦诸子、史学名著等众多文献资料。毛泽东同志酷爱读书，且多做摘录和批注。在长征途中，别的东西扔掉了，但马列主义的重要书籍一直随带在身边。在江西苏区时弄到了一本《反杜林论》中译本，他如获至宝，反复阅读[④]。我们在《实践论》、《矛盾论》这些哲学名篇中可以看到他摘录引用《反杜林论》的一斑。在延安时期，他读《辩证法唯物论教程》，用了半年时间，先后做了近一万三千字的批注，最长的一条有近千字[⑤]。他一边读书，一边联系中国革命的实际，用唯物辩证法的观点，进行分析研究，写下了许多批注。而这些精湛的批注，正是他撰写哲学著作的资料。

“去粗取精，辨别真伪”，这是毛泽东同志鉴别、选择资料的原则。人们认识事物是由表及里、由浅入深的，毛泽东同志在处理资料时，就是按照这条唯物辩证法的原则来进行的。他说“要像马克思所说的详细地占有材料，加以科学的分析和综合的研究”。所谓“科学的分析”，就是用马克思列宁主义的一般原理，对资料进行检验。所谓“综合的研究”，就是去粗取精，由表及里，求其真谛，引出科学结论的过程。在这里，无产阶级的立场和辩证唯物论及历史唯物论的观点、方法是至关重要的。著名的《湖南农民运动考察报告》是毛泽东同志在1927年年初，用了三十二天的时间，“实地考察了湘潭、湘乡、衡山、醴陵、长沙五县的情况”[⑥]。我们可以想见，在他所搜集到的材料中，对农民运动赞同的、反对的，准确的、传闻的，直接的、间接的资料一定极其丰富。毛泽东同志对考察来的材料，去粗取精，辨伪存真，选取了那些十分雄辩的资料，得出了“和在汉口、长沙从绅士阶级那里听得的道理，完全相反”[⑦]的革命的正确的结论。

“推陈出新，灵活运用”，这是毛泽东同志驾驭、使用资料的精湛艺术。《湖南农民运动考察报告》的写作，典型地体现了毛泽东同志驾驭实际资料的艺术。在毛泽东同志的其他著作中，他在运用文献资料方面，不论是中国的还是外国的，不论是古典的还是现代的，不论“经、史”还是“子、集”各类文献资料，他都能推陈出新，为我所用。这里仅举几例：像取材《左传》的“庆父不死，鲁难未已”；取材《老子》的“鸡犬之声相闻，老死不相往来”；取材《孟子》的“为渊驱鱼，为丛驱雀”，等等。

毛泽东同志在资料工作的理论和实践两方面都给我们留下了宝贵的财富。我们应该认真地学习并加以研究和继承。

注释

①《毛泽东选集》第三卷，横排本第749页。

②《毛泽东选集》第五卷，人民出版社1977年4月第1版，第91页。

③《毛泽东选集》第一卷，横排本第163页。

④ 吴黎平：《〈反杜林论〉中译本五十年》，《文汇报》1982年5月12日。

⑤ 邱德新、徐中远：《毛泽东同志的读书生活》，《红旗》1983年第1期。

⑥《毛泽东选集》第三卷，横排本第757页。

⑦《毛泽东选集》第一卷，横排本第12页。

此文刊载于《资料工作通讯》1983年第4期

毛泽东同志青年时代在图书馆的实践

李久琦

在中国人民伟大领袖毛泽东同志诞辰九十周年之际，我怀着崇敬的心情，再一次来到北大旧址红楼，瞻仰了毛泽东同志在北京大学图书馆工作室。室内依当年原样布置，书橱、阅览桌、几把座椅，靠门处是一张当年毛泽东同志办公用的三屉桌。置身于这个工作室内，仿佛使我看到了毛泽东同志当时工作和学习的情景，我为青年时代毛泽东曾是我们图书馆队伍中的一员，由衷地感到亲切。在毛泽东同志早期的革命活动中，十分注重图书馆这个阵地，并与图书馆结下了不解之缘，毛泽东同志在图书馆的革命实践，已载入我国图书馆事业的光辉史册。

1918年秋，毛泽东同志怀着寻求马克思主义革命真理和为组织留法勤工俭学运动，第一次来到了北京。经当时在北大任教的杨昌济先生介绍，到北大图书馆做助理员。毛泽东同志早已钦佩的北大教授、优秀的进步学者、马克思主义传播者李大钊同志，当时任北大图书馆主任（馆长），毛泽东被派在紧靠李大钊办公室的第三阅报室工作，其职责是登记阅报者姓名，每月薪水八块钱，工作不算太忙，大部分时间可以自己看书阅报，既解决了生活问题，又得到了学习上的方便。李大钊很尊重这位有抱负、有理想、有才能，被公认为湖南青年杰出领袖，不满二十五岁的助理员。由于在图书馆工作的关系，毛泽东有机会经常同李大钊探讨马克思主义真谛和革命道理。一方面，毛泽东在北大图书馆继续自修，如饥似渴地阅读研究各种新学说的报章杂志和书籍，获得了许多前所未闻的新知识。

北京当时正处于“山雨欲来风满楼”的五四运动前夕，北大当时是一所充满新精神的最高学府，全国新文化运动的司令部；李大钊主持的北大图书馆成为宣传马克思主义和进步书刊的阵地。毛泽东在这里得到李大钊等著名学者的器重，使毛泽东以图书馆为阵地投身于轰轰烈烈的革命活动中去；但同时生活是十分清苦的，八块钱仅够糊口，毛泽东等八人住在三眼井一所平房里，“隆然高炕，大被同眠”，挤得连气都透不过来。在当时充满趋炎附势等腐朽思想的落后社会，给他的工作和生活带来了种种困难。他曾回忆道："我的职位低微，大家都不理我。我的工作中有一项是登记来图书馆读报的人的姓名，可是对他们大多数人来说，我这个人是不存在的。在那些来阅览的人当中，我认出了一些有名的新文化运动头面人物的名字，如傅斯年、罗家伦等，我对他们极有兴趣。我打算去和他们攀谈政治和文化问题，可是他们都是大忙人，没有时间听一个图书馆助理员说南方话。"（埃德加·斯诺《西行漫记》）毛泽东回忆说："我并不灰心。"艰苦的环境进一步磨砺了他的意志，火热的斗争激发了他的革命豪情。在北京大学图书馆工作的五六个月期间，他获得了一个读书的好机会，经李大钊的热心介绍，阅读了马克思主义书刊，能参加各种社会活动，这一切使他有机会开阔了眼界，正如他自己概括这时的思想状况是"政治的兴趣继续增加，头脑越来越前进"。从这时起正如毛泽东讲的，他在"担任国立北京大学图书馆助理员的时候，曾经迅速地朝着马克思主义方向发展"。（同前）的确，图书馆成了他汲取革命思想和文化的重要宝库，人类知识的结晶伴随着青少年时代的毛泽东，度过了一个又一个革命行程。

早在1910年毛泽东在湖南湘乡县东的高等小学堂读书时，学堂后斋就有个藏书楼，收藏许多中外书籍，他到校不久就成了这里的常客，他借阅了各种书籍。从关于中国近代历史和现状的一些书籍中，他对近半个世纪以来，帝国主义的入侵，清政府的腐败卖国，祖国同胞惨遭蹂躏的历史，感到十分痛心。从一些中国古代历史书籍中，看到过去祖国曾是何等统一强大，使他感到振奋。从外国史地书籍中，他第一次知道华盛顿领导的美国独立战争。所有这些历史和现实景象，总是萦绕在他的脑际，他身无半文却忧国忧民，使他对救国救民的志向更加明确坚定。

1912年夏，毛泽东离开了湖南省立一中，开始了在王定台湖南图书馆的半年自学生活。每天一开门，他总是第一个走进图书馆，中午也不休息，或饿肚子或吃两个烧饼充饥，直到晚上闭馆时才离去。从夏到冬，顶酷暑冒严寒，风雨无阻，天天如此。在图书馆里就像他童年在池塘里游泳一样，他全部身心都投入了书海之中。强烈的求知欲望，驱使他贪婪地读，拼命地读，每读一本书，都觉得有了新的收获，新的体会。后来，毛泽东回忆这段图书馆自学生活时说："一到图书馆，就像牛进了菜园。"图书馆墙上挂的一幅《世界坤舆大地图》，也使他发生了极大的兴趣，每天经过这里总要停下来细看一阵，他觉得天下人世真大，使他的眼界开阔。

1913年至1918年夏，毛泽东在湖南省立第一师范就读时，借助藏书丰富的学校图书馆，一直坚持自己的读书计划。他在图书馆借了许多史地方面的书籍，看得非常认真仔细，并多方搜罗新出版的报刊上的史地资料。由于他借书频繁，和该校毕业的图书馆管理员熊光楚成了好朋友，五年多的自学生活，他纵览今古，勤学苦思，涓涓细水，汇成浩瀚的知识海洋。

毛泽东早在湘乡中学读书时，就注意研究时事和社会问题，他非常喜欢看报，一张四版的报纸，他一字不漏地读，被同学称为“报癖”和最忠实的报纸读者。在湖南一师学生自习室西头，有一间宽敞的阅报室，置有省内外许多报纸，他利用课余饭后和空堂时间，每天看报，从不间断，有时一看就是一两个钟头。他看得认真仔细，凡属重要材料，不论篇幅长短，必定从头至尾看完，并做摘记。此外，他自己还订一份报纸，常将重要的材料剪下，积久装订成册。

1917年至1918年，毛泽东在湖南一师担任校友会总务兼做教育研究部部长，据《一师校志》载：由毛泽东提议通过校友会工作六项决议，其中之一是设立图书馆，购置新书杂志。

1920年，毛泽东从北京回到家乡在湖南一师附属小学任教时，他经常号召学生看报，他说报纸是一种“活叶文选”，并利用上国文课时，不断向学生介绍报纸内容，在他的诱导下，许多学生都养成了读报习惯，学校阅报室由冷清渐渐变成了人满为患。

同年夏天，毛泽东在长沙创办了文化书社，7月31日长沙的报纸上刊登了一篇由毛泽东草拟的《发起文化书社的缘起》，指出“没有新文化，由于没有新思想，没有新思想，由于没有新研究，没有新研究，由于没有新材料。湖南人现在脑子饥荒，实在胜过肚子饥荒，青年人尤其嗷嗷待哺。文化书社愿以最迅速、最简便的方法，介绍中外各种新杂志，以充青年及全体湖南人新研究的材料”。文化书社不只是单纯地出售书报，它还想方设法发动和组织群众阅读新书。为了使无钱买书的工农大众有机会看书，书社内设立了书报阅览处，陈列各种书报，供大家免费阅览。每逢有新书还在报纸上刊登介绍新著。此外，书社还与亚东图书馆等几十个单位进行联系。文化书社不仅起了传播新思想新文化的作用，还起了组织广大读者学习新思想新文化的作用，文化书社为建党做了准备工作。

1921年，社会主义青年团成立后，毛泽东还在长沙办起了青年图书馆，杨开慧为该馆的负责人之一。青年图书馆组织青年阅读进步书刊，发展团的组织，成为宣传马克思主义的阵地和青年之家。

1921年8月，毛泽东创办了我党最初的“党校”——湖南自修大学，并附设了一个藏书丰富的图书室。1923年，毛泽东举办农民运动讲习所，附设了图书报刊阅览室。这两所图书室收集了大量进步报刊，供读者借阅，并经常召开座谈会，讨论和研究马克思主义，对培养党的干部，推动革命进程，起了积极的作用。

1922年，赣西成立了安源工人俱乐部，11月，毛泽东来安源巡视工作，此后毛泽东从长沙请来了许多进步教员，帮助俱乐部开展工人文化生活，并设立了十二个读书处，日夜开放，以便于成年工人阅读书报。

青年时代的毛泽东同志，在图书馆革命实践中，为我国图书馆事业做出了杰出的贡献，为我们留下了极其宝贵的精神财富，对今天正处于社会主义两个文明建设中发挥重要作用的图书馆来说，有其重要的指导意义，让我们从中不断汲取营养，继承和发扬这些光荣革命传统，为开创社会主义图书馆事业的新局面共同努力。

此文刊载于《图书馆学研究》1983年第6期

此文亦收录于《人大复印报刊资料》（图书馆学、情报学、资料工作）1984年第1期

此文亦收录于《笔耕集》辽宁民族出版社1999年版

五四时期的通俗图书馆

李久琦

我国通俗图书馆发端于民国初年，发展于五四时期，存在时间虽则不长，却横跨旧民主主义和新民主主义革命两个历史时期。通俗图书馆独树一帜，在我国图书馆事业史上占据了重要的地位。

通俗图书馆的产生和发展

清末民初，在封建藏书楼的基础上发展了一些公共图书馆，个别经济发达地区还涌现了一些市、县图书馆，但从整体看来，这些图书馆不能适应资产阶级发展教育的需要，何况这些图书馆大多受封建藏书楼的影响，故不能成为名副其实的教育机构。

通俗图书馆的出现，正是适应当时国情的需要，和由进步知识分子和资产阶级教育家大力提倡社会教育和通俗教育的结果。

我国的许多教育家从1911年就极力提倡社会教育。蔡元培任教育总长时，就在教育部内设立社会教育司，和普通、专门教育司并立。与此同时又大力推行通俗教育；1912年1月，教育部通令全国提倡社会教育，在社会教育司特设博物与通俗二科，同年6月设北京教育调查处，8月设通俗教育研究会，规定提倡通俗教育五项办法。1913年公布视学规程，规定社会教育和设施状况为视察范围。此外又颁布章程作为地方设施之准则，并通令全国从速设置社会教育机构。

作为社会教育与通俗教育设施之一的通俗图书馆，最早于1913年10月初先后在天津、安徽等地出现。具有代表意义的京师通俗图书馆于同年10月21日在北京宣武门内头发胡同成立，鲁迅曾亲自主持了开幕式。该馆附设公众体育场、新闻阅报所各一处。该馆是“以启发一般人民普通必要之知识为主，采集之图书，人民必需且易晓者为宜”[①]的专门进行通俗教育的机构。

此外，京师学务局通俗教育科设置阅报所11处，公众阅书处12处，每日平均阅览人数逾千。这些设施的开创，有的早于京师通俗图书馆，但均属通俗图书馆性质。正如京师学务局教育报告中所载："公众阅览处即通俗图书馆。"[②]京兆的通州、武清、密云等7县有通俗图书馆，其余各县有阅报所20个。继津、皖、京之后，山东、浙江等省也先后承设之。

1915年10月，北洋政府教育部颁布"通俗图书馆规程"11条，规定各省应设立通俗图书馆和收集通俗图书供公众阅览等事项。从而推动和促进了通俗图书馆在各地的发展。到1916年9月，全国21个省就有通俗图书馆237所，巡行文库30所。"巡行文库为通俗教育之一种，其办法较之通俗图书馆稍繁，须由各县设通俗文库总部一所，采集人民必需而易晓之各种图书输送城镇各支部，再由支部转送各村落阅览所"[③]，阅览所共1807所。到1918年，全国通俗图书馆达到285所，巡行文库也从1916年的几十所，发展到259所，阅览所1825所。

自从"通俗图书馆规程"颁布后，京师通俗图书馆也有较大的发展。1916年，该馆藏书仅1400余种，平均每日读者620余人，直到1918年增至15460种。据1915—1918年统计，每日图书流通量达800余册次。"阅览者尚称繁盛"[④]，固然与该馆"其地即当要冲"[⑤]有关，更重要的是新书种类繁多，约占80%，因而颇受广大读者的欢迎。从1916年的山东、河南、湖北三个省立通俗图书馆调查情况看，每日平均阅书者600—1000人，更可充分说明通俗图书馆读者"繁盛"。

通俗图书馆的形式和特点

通俗图书馆在形成和发展过程中，形成了区别于其他类型图书馆的一整套独特的活动形式。

讲求实效，方式简便。省、市、县、区及学校、工厂、公共团体和私人，可根据条件设置通俗图书馆，而在穷乡僻壤，条件尚不具备的地方，可因陋就简设立阅览所，并有市、县的定期巡行文库，服务于没有设馆的地方，开展借阅流通活动，借阅手续简便灵活是各地通俗图书馆的共同特点。

活动形式多样，丰富多彩。很多通俗图书馆设体育场、演讲厅等文娱设施，举办各种活动吸引读者到馆；设立儿童阅览室接纳少年儿童读者。为争取社会各阶层对通俗图书馆的关心和支持，还广泛开展向公共团体和私人征集图书，充实馆藏，并对捐赠书刊者提供种种阅览上的便利。这些活动无疑是受读者欢迎的。

开展外借业务，延长开馆时间。通俗图书馆不但入馆阅览不取分文，往往还允许将书刊借出馆外，以便广大读者利用馆藏。如鲁迅在编写《中国小说史略》一书时，所参考的许多图书就是从京师通俗图书馆借到的。在《鲁迅日记》中，经常有去通俗图书馆借还书刊的记载。开馆时间长是另一特点，像京师通俗图书馆是从上午9时至晚8时全天连续开放。又如江西省通俗图书馆阅览规则也明文规定，1—4月、9—12月每日开馆8小时，5—8月每日开馆9小时。这样长的开馆时间是当时一些公共图书馆所不能比拟的。

藏书数量不多，但进步的实用的多。通俗图书馆藏书一般千余册，但这些为数不多的书刊，大多是通俗实用和有进步影响的书刊。这些书刊一般都是按通俗教育研究会定期公布的通俗书目来选藏的，这些书目一般均登报通知各省教育厅转饬所属通俗图书馆照目采办。此外还定期公布通俗教育演讲参考用书。1916—1918年通俗教育研究会审定的书目就有《黑奴吁天录》、《鲁滨逊漂流记》、《新聊斋》、《文天祥》、《岳飞》、《班超》、《哥伦布》、《中国工业史》、《国耻小史》、《历史挂图》等社会科学书籍，也有《鼠疫》、《农话》、《生理学问答》、《日用卫生》、《动物与人生》、《天空现象》、《种树浅说》、《千里眼》、《日用工艺制造法》等科学书籍及《新青年》、《小说林》、《妇女杂志》等期刊。随举数例可见一斑。

这些通俗书刊是为读者所喜闻乐见的，是能吸引广大读者的。这与京师图书分馆（公共图书馆）1916年度总结中所说“彼都人士，来馆浏览，所取阅书，每多为本馆未收藏者”[⑥]的那种专藏经史子集，缺乏新书和通俗书刊的大多数其他图书馆相比，恰好形成了鲜明的对照。

通俗图书馆的地位和作用

通俗图书馆从开创之日起，就成了被一些教育家和进步的知识分子用来宣传民主和科学的新文化阵地，在这些进步势力影响下，使得通俗图书馆成为五四运动文化革命统一战线的一员。通过书刊宣传新道德反对封建旧道德，提倡新文化反对旧文化，广泛吸引各阶层读者，起到向广大群众普及文化的社会作用，在民主主义革命时期起到了同封建主义文化做斗争的革命作用，使之与其他新文化组织一道为五四运动做了思想上的准备，对民主主义革命做出了贡献，成为传播新文化运动的基地之一。

伟大的革命学者鲁迅，一生中对图书馆事业做出了不少的努力，他从民国初年担任教育部社会教育司第一科科长职务时，就专门主持图书馆工作。1915年在其职权范围内，制定了有进步作用的“通俗图书馆规程”。他是热心创办和普及通俗图书馆的先驱，并尽力促其成长。1913年10月21日，他除主持京师通俗图书馆开幕仪式外，随后又赠送《新青年》、《炭画》、《绍兴教育会月刊》等书刊。他不仅是通俗图书馆借阅书刊的常客，还特别重视通俗图书馆在宣传新文化，启发人民的民主思想，改造中国广大民众等方面的作用。他曾对通俗图书馆的小说和科学书籍的选择，发表过有益的见解，“惟通俗图书馆，则鄙意以为小说大应选择；而科学书籍等，实以广学会本为佳，大可购置，而世多以其教会所开而忽之矣”⑦。

我国早期的马克思主义者李大钊也十分重视通俗图书馆，他在《北京市民应要求的新生活》一文中谈道：“应该多设市立图书馆，通俗的尤其紧要。图书馆宜一律公开不收费……”⑧在《劳工教育》中也谈道：“必须用通俗的文学，使一般苦工社会也可以了解许多道理……必须多设补助教育机关，使一般劳作的人，有了休息的工夫也能就近得个适当的机会满足他们的知识的需要。”⑨他把满足劳工的文化需要、了解道理看作是通俗图书馆等文化设施的首要任务，从而给通俗图书馆的发展指明了方向。

正是由于进步知识分子的倡导和扶植，才使通俗图书馆在五四运动前夕能顺应时代的潮流，得以健康地发展，对革命做出了可贵的贡献。

通俗图书馆作为一种崭新的图书馆问世，是对封建藏书楼的根本否定，也不受正统的资产阶级图书馆学理论的束缚，这是在我国图书馆事业上的重大突破。

1915年鲁迅主持制定的“通俗图书馆规程”，就明文规定了一些前所未有的重要条文，如：

“第一条　各省治县治应设通俗图书馆储集各种通俗图书供公众之阅览。各自治区得视地方情况设置之。私人或公共团体公科学校及工场得设立通俗图书馆。

第七条　通俗图书馆不征收阅览费。

第九条　通俗图书馆得附设公众体操场。

第十条　私人以资财设立或捐助通俗图书馆者由地方长官依照捐资兴学褒奖条例咨陈教育部核明给奖。”

各省参照上述规程制定了省通俗图书馆规程，如“江西省通俗图书馆规程”中规定，“本馆遵照部颁通俗图书馆规程办理以公众阅览之便利为宗旨。本馆储备图书以关于通俗为限但亦得酌备程度较高之图书。本馆各部领取证券概不收费”等等。

这与当时公共图书馆规程有明显的区别。尽管1915年的公共“图书馆规程”要比清政府1909年规定的“图书馆通行章程”中规定的“保存国粹，限制藏书”的那种专门收藏古董的封建藏书楼式的图书馆要开明得多，但仍旧在某些条款中承袭了旧式藏书楼的衣钵，对读者进行了种种限制。当时公共图书馆“门口挂着游人止步的牌；使得一般人还当是衙门谁还敢进去看书呢”[10]。“虎头牌”上写着“书籍重地，闲人免进，衣冠不整，不得入内”的字样，本来劳工群众连一般图书都难看懂，哪里还敢问津那些经史子集呢，况且还明文规定“收阅览费”，书越贵收费越高，如京师图书馆征收1—10个铜圆不等的高额买进钱，开馆时间短暂，对读者进行种种限制，根本把劳工读者拒之门外，当时这些作为大都会装饰的公共图书馆，虽珍藏万卷丛书巨帙，“但一年360天还不知有没有360个读者进大门呢”[11]。

而通俗图书馆恰恰避免了这些弊病，着力普及文化和趋于下层，在工场设置则便利工人阅览；储集通俗图书，使粗识文字的读者可接受文化知识；通过附设体育场、演讲厅、儿童阅览室开展各种文体活动，吸引了广大读者的兴趣；不征收阅览费减轻了读者的经济负担；延长开馆时间，允许外借均方便了读者。此外，鼓励私人创办与捐助，举办巡行文库，使书刊遍及城乡各个角落，就从多方面促进了通俗图书馆的兴旺发展。这些进步之处是当时其他一些类型图书馆所不及的。通俗图书馆在群众中有雄厚的基础，普遍受到群众的欢迎，使得通俗图书馆在图书馆事业中的地位和声望不断提高，影响不断扩大。从而开创了当时图书馆事业的新局面，其中有些做法和活动形式为后来的图书馆所继承和发扬。

通俗图书馆的局限性和后期的蜕变

五四时期通俗图书馆的进步作用是值得肯定的。但在当时的社会条件下不能不存在一些局限性。尽管当时大力提倡通俗图书馆，但有些地方仍旧不加重视，有的根本没设立通俗图书馆，就连数百万人口的大都会——上海，也始终是个空白点。

通俗图书馆大多收藏较为进步的书籍，但也有些并不认真进行通俗教育与普及文化工作，像浙江省瑞安县公立通俗图书馆竟超出该馆宗旨，出版了一些《韩文笺正六卷》、《辛白论文二卷》、《屈本方言考》等文言古本。此外，有的通俗图书馆还酌收阅览费。

五四运动后期，通俗图书馆一方面遭到排挤，一方面由于国民党政府政治腐败，经济奇绌，民不聊生，使得通俗图书馆日趋没落，侥幸存留下来的也渐渐被反动当局所利用，发生了蜕变，失去原有的进步意义。

1925年，全国通俗图书馆比五四运动前减少了一半，仅剩下128所。颇有声望的京师通俗图书馆在1924年度总结里说：“经费奇绌，设备不充，新书缺乏，因之阅览人数逐渐下降。”鲁迅在1925年写道：“在通俗图书馆里……书却无可看：旧的陈腐，新的是几乎没有的。”[12]有些通俗图书馆变成了挂着招牌的“庸俗图书馆”了，为迎合小市民的低级趣味，充斥了一些黄色、荒诞、淫秽的庸俗图书，什么《嫖赌百弊大观》、《古今艳史大观》、《小广东嫖院记》、《大姑娘养儿子》……这样一些乌七八糟不堪入目的书刊。1927年后，则更加改头换面，有的合并，有的改成所谓“革命图书馆”，设“党化图书馆”，增藏党义图书，选书“标准首重党义”[13]，遂成了蒋介石文化“围剿”的反动工具。

通俗图书馆五四运动前后的变化说明，进步的符合人民需要的事业就一定兴旺发达；反之，就必定没落和衰亡，失去原有的群众基础和民心，历史的客观规律就是如此。

通俗图书馆与“平民教育”无关

以往，在谈到通俗图书馆时，总与平民教育相提并论，往往认为“在大办‘平民教育’同时也大办通俗图书馆”[14]，这牵扯到通俗图书馆的起源的因素和产生的时间，是值得商榷的问题。

通俗图书馆的兴起与“平民教育”是完全不相干的两码事，单从各自创办的时间上就不难加以区别。通俗图书馆最早于1913年产生，而到1915年就已公布了较为详尽的“规程”，而“平民教育”据《中国教育史》载：“此项运动分为三个时期：

第一，自民国七年（1918年）至十一年（1922年）为运动的胚胎时代；第二，自民国十一年至十四年（1925年）为运动的提倡时代；第三，自十四年以后为运动的研究时代。”[15]

又据《第二次中国教育年鉴》载：“晏阳初于九年（1920年）回国，提倡‘平民教育’，先后在长沙、烟台、杭州、嘉兴、南昌各地开办平民学校，举行大规模平民教育运动。”[16]由此可见，“平民教育”提倡时期和大规模举行正是在五四运动之后，此时通俗图书馆已经走向衰退变化阶段，这两种事业产生于“五四”前后两个不同历史时期，因此说后者影响了前者是不可能的。

再看看“平民教育”的活动方式和内容。著名教育家陶行知当时说：“中国现在推行的平民教育是一个平民读书运动。这个读书运动多半是识字，因为它主要教材是一本千字课。其活动方式是平民学校；平民读书处（为不能按钟点上学的人以一家一店为单位专人教字念书）；平民问字处。”[17]

此外，还采取以下方法：1. 举办平民教育活动；2. 提倡平民教育促进会；

3．开展平民教育电影活动；4．发行平民教育画及劝导平民入学之各种传单；5．巡回讲演；6．开办讲习会；7．特约通信；8．其他各种宣传方式，等等。再有“平民教育”当时只限于平民——即市民，远非有通俗图书馆那样广泛的读者阶层。综上所述，那种把“通俗图书馆作为资产阶级推行‘平民教育’的一种措施得到重视，开始产生并在这一时期得到较大的发展”[18]的说法是牵强和欠妥当的，二者不应混为一谈。

通俗图书馆的传入问题

关于通俗图书馆的传入问题，向来有几种不同的看法，有的认为是中国土生土长的；有的说是从欧洲传入，也有的认为是从日本而来。

欲弄清这些，不得不追溯一下通俗图书馆的历史了。世界上通俗图书馆最早要算1852年设在英国曼彻斯特的，此后逾二年在德国柏林也初开此馆。这些图书馆开设目的“予一般人民之便益开通社会智识者也，图书馆主张藏娱乐之图书借人阅览及借贷者”[19]。又规定“收集各种政治上之杂志图书等大背通俗之旨焉，借贷既不收租金，又规定不收保证金，此为图书馆当然之义务”[20]。办馆宗旨及借阅方式各国通俗图书馆都很相似。再看看日本的通俗图书馆，中国通俗教育研究会翻译的日本《图书馆小谈》中，提到过日本通俗图书馆的一些概况，这可算是较早介绍到中国的著作了，但这毕竟是1917年的事了，距中国产生通俗图书馆已四年之后了。

在另一本《现代图书馆序说》中，提到1922年日本名古屋市不过仅有极小的通俗图书馆，书中虽未提及日本通俗图书馆始于何年，但所举之例，很难看出其发展程度超乎中国之上。

综上所述，根本否认中国社会现实对本国图书馆事业的影响，也不承认东西方文化对我国的影响，都是不恰当的。西方通俗图书馆早于中国六十年，这正是西方资产阶级为适应本国资本主义发展需要的产物。这正如后来我国通俗图书馆的产生，是适应我国的社会变化和发展应运而生一样，这是内因，这是产生通俗图书馆的主要根源。但它的产生和发展，也不能不受外国的影响，但这是外因，是次要的。

正因为中国国情需要出现通俗图书馆，才使得一些人开始注意研究一些外部的情况。1915年，陆规亮撰写的《通俗图书馆》就是最早介绍外国这方面情况的专门文章。中外通俗图书馆有许多相似之处，正是互为汲取互为影响的结果，这绝非是简单的耦合，这种有益的学术交往是必要的，是值得肯定的。但单凭这种影响的存在和经验的取得，却很难看出中国通俗图书馆是从某国某洲直接传入的。

各国的科学文化一向是通过各种渠道进行广泛交流的，而这种合作与交流过去和现在都证明是非常有益的，科学文化的财富应该属于全人类。

注释

①《中国近代现代图书馆事业史》北京大学图书馆学系编，1960年第11期。

②—⑤《京师学务局教育报告》载《教育公报》第8年第10期，1916年第9期。

⑥《图书馆二三事》魏聿生、方兴艾著，《北京日报》1963年2月16日。

⑦《给许寿裳的信》《鲁迅全集》第9卷。

⑧《北京市民应该要求的新生活》见《李大钊选集》。

⑨《劳动教育》见《李大钊选集》。

⑩《藏书楼与公共图书馆》李小缘著，载《图书馆学季刊》第一卷第8期，1926年第9期。

⑪《教育与公共图书馆》胡庆生著，《时事新报》1923年6月14日。

⑫《彷徨》见《鲁迅全集》第2卷。

⑬《河北省第二通俗图书馆沿革史略》载《河北教育公报》第8年第6期，1930年。

⑭同①。

⑮《中国教育史》陈青之著，商务印书馆，1936年第4期。

⑯《第二次中国教育年鉴》教育年鉴编纂委员会编，1948年。

⑰《陶行知教育论文选辑》方与严编，三联书店。

⑱同①。

⑲⑳《通俗图书馆》陆规亮著，载《教育公报》第2年第4期，1915年。

此文刊载于《图书馆学研究》1984年第1期
此文亦收录于《笔耕集》辽宁民族出版社1999年版

我国文献标准化工作进展迅速

奇☆

文献资料工作现代化的前提条件，是文献资料的标准化。党的十一届三中全会以来，我国文献标准化工作，取得了重大进展。文献标准化工作，由全国文献工作标准化技术委员会统一组织各方面的专家、学者起草各种标准，经过广泛地征求意见，专门开会讨论研究，经过几下几上，多次反复推敲，然后报请国家标准局批准。业经国家标准局批准的中华人民共和国国家标准（GB）有关文献部分的14个项目如下：

标准名称代号

《中华人民共和国行政区域代码》GB2260—80

《人的性别代码》GB2261—80

《世界各国和地区名称代码》GB2659—81

《信息交换用日的时间表示法》GB2809—81

《信息交换用顺序日期表示法》GB2810—81

《文献目录信息交换用磁带格式》GB2901—82

《科技学术期刊编排规则（试行）》GB3179—82

《中文书刊名称汉语拼音拼写法》GB3259—82

《中国各民族名称的罗马字母拼写法和代码》GB3304—82

《检索期刊编辑总则》GB3468—83

《文献类型与文献载体代码》GB3469—83

《文献著录总则》GB3792・1—83

《检索期刊条目著录规则》GB3793—83

☆ 李久琦笔名。

《文献主题标引规则》GB3860—83

上述有些文献既参照国际标准，又考虑到我国实际情况及将来发展的需要。这些文献标准的颁布实施，对文献交流、提高利用率，达到资源共享，为建立和健全我国统一的文献报道和检索体系，并为将来逐步实现机读目录打下基础，此外还有利于开展国际目录情报的交流。

目前，除由国家标准局正式批准颁布的上述标准外，这方面的工作仍在继续进行，正在起草和制定或报批的标准还有：

《非书资料著录规则》(报批稿)《音乐印刷品著录规则》

《地图著录规则》(送审稿)《古籍著录规则》

《文摘的编写》(讨论稿)《文后参考书目著录规则》

《档案著录规则》(报批稿)《索引编制规则》

《普通图书著录规则》(报批稿)《缩微平片片头著录规则》

《连续出版物著录规则》(报批稿)《蒙文图书著录规则》(征求意见稿)，等等。

通过不断加强和完善文献工作的标准化，对我国的图书情报、资料出版工作的现代化建设都有重要意义。

此文刊载于《资料工作通讯》1984年第5期

开发信息资源　服务四化建设

朱　宁　李久琦

邓小平同志最近给《经济参考》报题词："开发信息资源，服务四化建设"，这不仅对国民经济部门，同样，对图书馆、情报资料部门也具有重大的指导意义。随着信息化社会的到来，开发信息资源，加速信息传递，成了迎接新技术革命挑战的一项有效对策。经济部门在这方面首当其冲走在前面，举办全国性的经济技术信息市场，开辟信息茶座、信息"大集"，试办信息"沙龙"等信息交流的新形式。信息资源的开发，有力地推动了图书馆、情报资料部门的改革。各地图书馆、情报资料部门，勇于探索，开展了多种形式的信息服务工作，这些不拘一格、广开门路的有效尝试，使得图书资料部门生机勃勃，充满活力，它突破了原有的模式，引起了社会各个方面的普遍关注和欢迎。

目前，首都和一些省市图书馆、情报资料部门创办的诸如北京大学图书馆读者文献服务部、首都图书馆科研技术开发服务社、南京图书馆创建的南京时代信息资料公司、四川省图书馆兴办的四川省智力资源开发公司，以及天津图书馆拟成立的社科科技服务中心等，这些名称不同的馆办企业，都是在改革中出现的崭新机构，它已成为用户与信息、用户与科技、经济、商业市场之间的纽带，也是图书馆、情报资料部门力图使工作社会化、信息资料商品化、事业单位经济管理企业化等方面，突破传统框框，开拓新的服务领域，探索新的经验的大胆尝试。

首先，它有利于图书馆和情报资料事业的发展。馆、部门办的信息服务公司（或中心）是以图书馆、情报资料部门的资源为依托，以信息、资料、图书、情报人员为后盾，以专家、学者为顾问，以本馆、本部门精通图书情报的专业人员为骨干力量，以智力开发智力，智力开发财力，发挥群体作用，组成一个开发技术服务的群众性社团。这样的新型信息资料网络的建立，有利于组织社会力量，开拓图书馆、情报资料单位的服务领域，不断扩大其社会职能，为国家和社会创造更多的经济效益，从而促进图书馆、情报资料事业的繁荣和发展。

其次，它有利于更好地为科研、生产和建设服务。馆、部门办的信息资料服务公司（或中心）服务的范围和内容广泛，例如，为领导机关制定政策提供文献和咨询服务；为科研单位的科研项目查找文献和开展咨询服务；为沟通基层、乡镇中小企业信息渠道服务；为新技术应用、新产品鉴定以及国内外专利考察咨询服务……，为一系列宏观和微观方面的战略性问题研究服务，以保证政策规划的正确制定与人类活动的有效管理；推动科研的发展，使科研活动避免重复，少走弯路，节省经费和时间，用最省时省力的方法创造最优秀的成果；促进生产建设和各项事业的顺利发展。

开展多层次、多渠道的有效信息服务，将使图书馆、资料室的读者（用户）服务工作从被动转变为主动、高效优质服务，从而密切图书馆与社会的联系。

北京大学图书馆在中关村科学城设立的读者文献服务部，面向社会取得了良好的效果。到这里查找文献资料，不要图书证和工作证，只要向服务人员提出要查找的具体内容，几天后便可得到答复。如果图书馆查到了用户所需的资料，还会有一份相关的静电复印资料交到用户手中。北大图书馆一位负责同志说得好："为了充分发挥图书馆在提高全民族文化水平中的作用，我们决心改变'衙门'作风，走向全社会，用实际行动去实现文化资源共享的目标。成立读者文献服务部，就是向这个目标迈进的一次尝试。"

再次，它有利于贯彻社会主义按劳分配的原则，调动和发挥图书资料工作人员的积极性。

馆办信息资料服务公司（或中心）是在图书馆领导下的独立核算、独立经营的经济实体，是企业单位，其性质属于集体经济，在为国家和社会创造经济效益和提高社会效益的前提下，开展有偿服务。

集体经济的信息资料服务公司（或中心）实行承包制，自负盈亏，按劳计酬，实行多劳多得，超额奖励。在国家、集体、个人三兼顾的分配原则指导下，实行企业自己管，干部自己选，职工自己招，工资自己定。这样，不仅在图书馆资料室体制上以及开辟财源方面推动了改革，而且克服了吃"大锅饭"、捧"铁饭碗"的平均主义弊端，有利于调动每个工作人员的积极性。

图书馆虽然不是一个生产部门，但在开发信息资源中，可以将信息转化为生产力，为社会创造财富。信息是决策的基础，"信息就是财富"的提法已经被更多的人所接受。过去由于认识不足，片面强调图书馆、资料室仅仅是一个消费单位，对它的投资是一种消费性投资，因此不计算和检验图书馆的经济效果。即使是研究和探讨图书馆的经济效果，也仅仅限于图书馆在充分地、合理地运用一定的人力、物力和财力的条件下，做到增收节支。

信息服务是一种有偿服务，其主要服务方式是用现代信息工具传播信息，还采取一些传统的方法做补充。诸如载体文献再生性服务：如静电复印、光电誊印、音像复制、缩微复制及微电脑，等等。

开发性信息服务：如定题、定向提供情报、代译资料，编制多次文献、举办培训班、讲座等。

其他服务：如修理、业务用品的销售、书刊代售等。

以上服务的收入主要用作单位发展基金、集体福利基金和个人奖金。在兼顾国家、集体、个人利益的原则下，因地制宜扩大服务项目，开辟合理的收入，逐步争取做到“以书养书”、“以文补文”，为国家增加财富，为职工增加福利，为扩大再生产、奖励先进而积累基金。这样做对稳定队伍也起到一定作用。

图书馆情报资料部门提高经济效益，不仅能继续开拓新的服务领域，充分发挥和不断扩大其社会职能，而且能为科研、生产提供高速度优质量的信息情报资料，为四化建设做出应有的贡献。

可以肯定，随着图书馆情报资料部门服务内容和形式日益丰富多彩，信息服务范围的日益扩大，用户与信息关系的日益密切，图书馆将成为现代社会中不可缺少的图书情报资料中心和学术中心，它在社会中的地位将愈来愈高，吸引力将愈来愈大，服务于四化建设的作用将愈来愈显著。

此文刊载于《资料工作通讯》1984年第6期
此文亦收录于《新的技术革命与图书情报工作》，光明日报出版社1985年版

追上来，迎接挑战，超过去，面向未来

——论我国民族地区图书馆事业的现状和前景

李久琦　魏克智

目前，新技术革命的浪潮正在冲击着世界，它已引起了我国图书馆界的密切关注和研究。对一个幅员广阔、人口众多的多民族国家来说，少数民族地区如何迎接这场挑战，是关系到我们这个具有56个民族的大家庭如何并肩迈向“四化”的大问题。

昨天的差距

我国是一个统一的多民族国家，近六千万少数民族同胞居住在占全国50%—60%的疆域上。他们用辛勤劳动和聪明智慧共同创造了祖国光辉的历史和灿烂的文化。但是，作为构成成分并促进边疆文化教育事业重要因素之一的图书馆事业目前状态如何呢？

新中国成立以后，党和政府对民族地区图书馆事业十分重视，特别是在党的十一届三中全会以后，图书馆事业有了长足的发展。在全国578个民族自治州、县（旗）中，已建图书馆262个。在多民族聚居的吉林省，县级图书馆已全部建立，延边朝鲜族自治州所属8个县早都有了自己的图书馆。新疆在1966年前只有4个地、州级公共图书馆，近几年发展到27个。在有24个民族聚居的云南省，国家拨款160万元，用来发展图书馆事业。西藏高原也将建起有史以来的第一个自治区图书馆。内蒙古图书馆已初步形成一个保存蒙文图书与蒙古族有关的多种文字的图书资料中心。蒙、满、彝等民族古籍的挖掘整理、联合目录的编写和组织都已取得较大成绩。我们已经有了一定数量的图书情报专业队伍，民族图书馆学的研究也在个别地区萌芽，这种欣欣向荣的局面是前所未有的。

然而，同国内外先进的地区和国家相比，现状是不能令人满意的。馆舍少、经费少、人员少、水平低，这“三少一低”是目前普遍存在的问题。全国总共有三分之一的县、市没有建立图书馆，而少数民族地区则有半数以上尚未建图书馆。具有

1283万人口，120万平方公里面积的西藏自治区，只有一个800平方米的市级图书馆附设在拉萨市劳动人民文化宫内，工作人员仅有12名。新疆地区尚有68%地、市、州、县没有图书馆。内蒙古二连市图书馆全年购书费才40元，四川凉山会东县图书馆是老馆长用自己的270元钱买个废厕所修修补补办起来的。我国文化部部长朱穆之曾讲过：“不到500平方米，叫作什么图书馆？可民族地区的图书馆竟有90%不足500平方米，其中有相当一部分不足100平方米。在全国700多所高等院校中，已有17所设立了图书情报专业，但是现有的十几所民族院校中却没有一个图书情报专业系科。藏书贫乏、设备简陋、技术落后、服务手段原始、专业人员奇缺现象是十分严重的。

根据1980年的统计数字，我们将广西、宁夏、西藏、新疆、内蒙古五个自治区及多民族聚居的云南、贵州、青海三省的公共图书馆概况进行了调查。

自治区(省)	图书馆数				无馆地州盟县旗数	藏书(册)	馆舍面积(平方米)	工作人员	技术设备			工农业总产值(亿元)
	省区级	市级	盟州县旗级	合计					电算机	静电复印	缩微复印	
广西	1	5	81	87	23	5429065	23782	531		1		127.81
宁夏	1	2	11	14	6	2840841	22010	264			1	19.03
西藏		1		1	76	156000	800	12				6.04
新疆	1	5	21	27	73	1522098	6969	156		1	1	58.20
内蒙古	1	5	70	76	22	3201352	18255	520			1	80.58
青海	1	1	19	21	29	1979852	12508	121				20.37
云南	1	4	61	66	80	3370953	27725	362		2		102.34
贵州	1	5	37	43	49	1813155	9595	338		1		73.27

我们再抽出内地两省做对比：

自治区(省)	图书馆数				无馆地州盟县旗数	藏书(册)	馆舍面积(平方米)	工作人员	技术设备			工农业总产值(亿元)
	省区级	市级	盟州县旗级	合计					电算机	静电复印	缩微复印	
江苏	1	11	66	78	4	11725884	70797	837		3	1	604.84
吉林	1	9	38	48	0	6867123	29503	711		2	1	169.48

从上述数字不难看出，民族地区与内地图书馆事业的发展是有相当差距的。土地面积是八省区二十分之一的吉林、江苏两省，其馆舍面积相当于八省区馆舍总面积的83%，图书馆工作人员数相当于67%，藏书数量大致相等。民族地区在现代化技术设备和建馆比例上也远远落后于内地。

至于同国外经济发达的国家相比，不仅是民族地区，就是我们整个国家的图书馆事业也是相形见绌的。我国六十年培养的图书情报专业大专生（包括函授生，近3000人），不及美国一年毕业生的三分之一，而苏联每年要培养出2万多人。我国平均每1万人才有一个图书馆员（民族地区是每2.5万人中有一个），每30万人中才有一个图书馆学专业毕业生，而苏联按人口平均每3万人就有一名，是我国的1000倍。美国仅国会图书馆馆藏就有7700万件，是我国民族地区八省区馆藏总和的3.4倍；职工5440人，是八省区的2.8倍。苏联仅一国立列宁图书馆的面积就有15万平方米，比八省区全部公共图书馆面积还多3万平方米。我国民族地区图书馆总共有静电复印机6台，而英国一个不列颠国家图书馆就有60多台。

科技文化的发展是一个国家经济发展的重要因素，图书情报工作是经济发展的催化剂。信息、情报工作搞得好，经济就上得快，收益也显著。我们知道，日本是十分重视图书情报和信息技术的，我们把民族地区同吉林、江苏及日本的情况比较一下。

国家（地区）	面积（万平方米）	人口（万人）	公共图书馆数	工作人员	藏书（万册）	国民经济总产值(亿元)	
民族地区（八省区）	557	13588	336	2304	1931	487.64	（人民币）
江苏	10	5938	78	837	1173	604.84	
吉林	18	2210	48	711	686	169.48	
日本	37.7	11587	1362		8021	2049760	（日元）

（以上各表中统计数字皆为1980年数字，日本国民经济总产值为1978年数）

事实证明，我国民族地区图书馆事业同内地比较已经大大落后一步，同国外科技先进的国家更是不可比拟。

造成这种状况的原因除历史、地理等各种因素外，最主要的就是认识上的原因。我们很多人看不到图书馆在民族发展史上的重要地位，看不到图书情报工作对民族地区经济发展的重要影响，看不到信息技术对生产进步的反馈作用。国家每年拨给民族地区12亿元的补助经费，而这些钱用于文化建设的很少，考虑不到补助图书馆。更奇怪的是，一些自治州县经费用不完上缴，也不用来发展图书馆事业。搞专业剧团，文艺会演，领导肯批几万、几十万元，对图书馆投资却心疼；排新戏、置道具，上级给钱，添新书、盖馆舍，上级却不拨款。乌鲁木齐市图书馆只有三间土房，共三十平方米。有的县领导人竟说："都长了工资，有了钱，要看书自己买，办个图书馆干啥?"还有的领导同志大惑不解地问："把图书馆写进新宪法干啥?"

图书情报事业是一个国家文化技术发展的重要标志，忽视图书情报的民族将是科技落后的民族，而科技落后的民族是不能屹立于世界民族之林的，也很难跨进信息社会的前列。

今天的对策

古往今来，我们中华民族经历了多少次血与火的考验，在每个历史关头，各民族弟兄都是万众一心，亲如一家。任凭王朝更替、岁月流逝，我们这个多民族的国家始终作为一个整体屹立在世界的东方。"历尽劫波兄弟在"，这种源远流长、血肉相连的民族关系使我们这个大家庭在斗争中不断前进。在这场席卷世界的新技术革命的大变革面前，我们各民族弟兄更应该发扬优良的历史传统，团结一致，共同制定我们的方针和策略，应付这场挑战，把图书情报事业繁荣起来。

1. 摸清底数、制订规划

知彼知己、百战不殆。当前，我们的第一项任务是在广泛调查研究的基础上，搜集掌握20世纪70年代末、80年代初民族地区图书馆工作的水平和现状，并同内地、国外同时期的水平，进行分析对照。从搜集整理中摸清底数，从分析对照中看到差距，以便提高认识，增强责任感；看清形势加深紧迫感，扬长补短去掉自卑感，从民族地区的特点出发，制订我们的办馆方针和切实可行的规划措施。

民族地区地域广袤，人口居住分散，各地图书馆事业发展不均衡。为了协调各地的工作，全面制定统一的应战对策，我们应尽快建立一个统筹协调民族地区图书馆事业的机构（可以叫民族图书馆工作委员会），隶属于文化部图书馆局，由它制订发展规划。还应在近期内召开一个民族图书馆学术会议，请各地区文化部门负责人和图书馆工作者共同探讨2000年前民族图书馆事业的发展方向，确定当前工作重点，制订长远战略方针。

2．培养干部、建设队伍

建立一支素质好、数量足、事业心强的图书情报干部队伍，是发展民族图书馆事业的重要保证，是当务之急。这支队伍的建设可以采取大学、中专、函授、轮训、内地代培等多级多种形式进行，努力培养出一批高、中、初级民族图书情报专业人员，使图书馆的智力结构日趋合理。目前，全国已有17所院校设立图书情报专业，但其分布侧重内地，建议应在少数民族聚居的西南、西北布点。在每年录取的一千多名图书情报专业大专生中应给少数民族一定的比例，并适当降低录取条件。在民族学院中，应尽快建立自己的图书情报专业，最近正在筹建的东北民院就有设置图书馆学系的设想，这一计划倘若实现，将为培养正规的民族图书情报干部开创一个良好的开端。在1990年前，应该建立起一所民族图书情报学院，各民族自治区应建起一所图书情报中等专业学校。与此同时，采取函授、离职培训、短期轮训等方式，对目前在职的二千三百多名干部实行在职提高，用三五年的时间把这些同志普遍培训一遍。

为适应现代化发展需要，在队伍建设中要进行普及现代化技术的教育，使图书馆工作者掌握复印、缩微、照相、声像和电子计算机的技术和知识，为将来应用新技术设备打下基础。

3．扬长补短、缩小差距

民族地区地处边陲，由于历史上造成的民族地区经济文化的落后，使边疆与内地的图书馆事业存在较大差距。但是，民族地区历史源远绵长，文献典籍丰富珍贵，是研究我国民族史、经济史、文学史、宗教史、社会思想史、国际关系史的宝贵素材。我们应该发挥优势，扬己之长，取他之优，补己之短，在不足的方面迎头赶上去。上级部门和内地同志要给予支持，民族地区的同志也要奋发自强，创造条件快上。对那些轻视民族图书情报工作的官僚作风，在那些经费、人员、设备不足的地方，对那些艰苦困难的工作，要有“硬着头皮顶、豁出脸皮要、拼着性命干”的劲头。这样干上几年，面貌总会大有改观，工作总会大有起色，差距也会大大缩短。在我们占据优势的方面，条件较好的地方，要先行一步，走在全国的前面。例如：在抢救、挖掘、整理民族文献古籍方面，民族馆的同志要做生力军和先锋队。1979年，《全国蒙古文古旧图书联合目录》已经出版，这是我国历史上第一部全国性民族图书联合目录，《全国满文图书联合目录》、《全国满文石刻联合目录》也已定稿。《北京地区彝文古籍联合目录》正在编纂之中。这些都为整理我国文化遗产做出了很大贡献。民族古籍是待开发的宝藏。我国现有满文资料一百五十万件，对研究清史、东北史和汉、满、蒙、藏、维吾尔民族历史都有重要价值。傣文佛经有八万四千部，内容丰富的叙事长诗五百多部。彝文文献只存北京就有一千多部，散藏全国的有一万多部。清代金粉大藏经是稀世珍宝。这些古籍的搜集整理，目录的编纂，不仅对相关学科的研究有现实意义，对于更好地保护民族文字善本也起到促进作用。通过这些工作，可以促进各族人民的团结，增强各族人民对伟大祖国的热爱。可以使珍贵的民族文化遗产世世代代流传下去，也可以总结历史的经验，增强民族自信心和自豪感，在新技术革命中走在世界的前面。

4．积极扶植、共同前进

民族地区图书情报事业的发展需要内地的支持和扶植。1983年7月，国家民委、文化部和中国图书馆学会在京召开会议，专门研究民族地区图书馆工作问题。根据中央领导同志的建议，会议作出的决定之一就是内地图书馆向民族地区捐献书籍。1984年6月初，文化部、国家民委在天津召开了“向民族地区捐赠图书工作会议”，对开展捐书工作、支援边疆图书馆事业的发展做了具体部署，为智力支边做了良好的开端。总之，在人、财、物等方面，内地馆都应积极地给予支持，把他们全部武装起来，为兄弟民族尽快赶上来贡献力量。

建立民族地区图书情报网络，并同内地有机地联合起来，在目前尤为必要。我国各民族大杂居，小聚居，人烟稀少，居住分散，在没有广泛应用电子计算机技术之前，民族地区应以北京为中心，以省、区为中继站，以县（旗）为终端，建立起伞状网络，做到省、区有学会，州、盟有中心馆，与各地互通信息，实行馆际协作，资源共享。

5．面向未来、高瞻远瞩

邓小平同志最近指出：“教育要面向现代化，面向世界，面向未来。”这一指示精辟地揭示了教育与新技术革命的关系，这也是图书情报事业应该遵循的基本方针。我们要全面综合分析国内外现状和发展动向，进行比较研究和未来研究。通过比较研究，知己知彼；通过未来研究，提高预见发展的能力，从复杂的现状中看到未来发展的趋势和解决问题的办法，树立雄心，高瞻远瞩，面向世界。目标要长远、措施要大胆、行动要迅速，不但使图书情报工作与边疆经济建设同步起飞，而且要争取走在前边，真正起到中枢神经和催化剂的作用。在民族地区自然资源贫富不等，科技发展梯度级别相差较大的情况下，先有重点有步骤地武装一批省（区）、州、县馆，让条件较好的地方先行起步，闯出新路。

明天的展望

从现在到2000年，民族地区图书馆事业将走过一条什么样的道路呢？未来的远景又是怎样呢？

新技术革命的到来，不仅向民族地区图书情报事业提出挑战，也为其发展提供了机会。它使我们冷静地考虑目前的处境，选择自己的出路。《第三次浪潮》的作者阿·托夫勒认为，今天第三世界国家也许可以不经过第二次浪潮的发展，而采取全新的战略达到第三次浪潮的文明。民族地区图书馆事业比内地和国外先进水平落后了十几年、几十年，它的发展是否不必经过内地图书馆走过的道路，甚至不必经过西方国家图书馆现代化走过的道路，直接采用最新的技术和科技成果跨进信息化的图书馆呢？我们认为，民族图书情报事业既要尊重历史发展的客观规律，踏踏实实、稳扎稳打，又要把握时机，勇于创新，尽量缩短图书馆现代化的道路和时间。很明显，随着新技术在图书馆的应用，传统的图书馆工作方法行将萎缩，代之的将是新的方法、设备和手段，这种剧烈转变必将使很多的图书馆工作者在20世纪90年代的变革面前措手不及，要想减轻从过去到未来的转变中搏斗的痛苦，就必须有能够适应这种变化的队伍和战略。

在未来十几年里，民族地区图书馆事业要经历打好基础赶上来、抓住战机快起飞、开拓新路超过去几个发展阶段。

在1990年以前，民族图书馆事业将与国内的水平拉齐，赶上国外20世纪80年代的水平。这段时间是打基础的时期。在六年多的时间里，要达到每个旗、县都建起图书馆。正在筹建图书馆的地方应根据新形势的需要，考虑书库的建筑设计、声像资料的存用，电子设备的应用等问题。在国家民委的重视和关怀下，今年，民族文化宫图书馆已正式改为民族图书馆，这是民族图书馆事业发展的重要标志。未来全国还要办起一个专门研究民族图书情报工作的刊物；成立一个民族图书情报研究机构，并建立一所培养民族图书情报干部的院校，随着这些事业的推进，图书馆学的新分支——民族图书馆学的研究将会蓬勃展开。各民族同志要在这段时间里对民族图书文献（如蒙、藏文等）的分类、著录、典藏等工作制定规范化的标准。我们的专业队伍也会发生质的变化。1984年开始，在全国每年招收的1500多名图书情报专业大学生中给民族地区6%—10%的比例定向招生，定向分配。加上函授等形式，那么到1990年，将有几千名大专毕业生补充到民族地区。总之，到20世纪90年代，我们要达到工作人员专业化，服务手段多样化，技术设备现代化，各项工作标准化的目标。

近几年来，国外一些经济学家预测，2000年之前，亚太地区可能代替大西洋地区成为世界经济活动中心，世界将进入“太平洋经济时代”，也就是说，随着环太平洋国家经济的崛起，过去落后的东南亚有可能成为第三次浪潮的主角。我们国家民族地区是否会在经济发展上出现飞跃和突破呢？民族地区资源丰富，地大物博，随着国家民族政策的进一步落实和经济体制的改革，前景是广阔的。云南、广西在20世纪80年代初工农业年总产值已超过100亿，内蒙古、新疆、西藏等地也蕴藏着巨大的潜力，经济超速起飞的时刻是一定会出现的。这种形势必将刺激图书情报工作的开展，同时对图书情报的要求也越来越迫切。形势将逼迫我们尽快地应用全新的手段，如微电子技术、激光和光纤通信，使现代化技术服务于社会。可以预见，到20世纪末，我们民族地区图书情报事业是能够赶上并超过国内外的先进水平的。随着信息技术的发展和电脑的广泛应用，图书情报工作将作为一个主要角色出现在民族腾飞的舞台上，一个民族图书情报事业的繁荣兴旺时期将会到来。

此文刊载于《图书馆学研究》1985年第1期
此文亦收录于《中国少数民族图书馆研究》吉林省图书馆学会出版1992年版

唤醒沉睡的图书

李久琦　张秀峰

如何把图书馆这座知识宝库变为知识喷泉；如何从旧图书中提供新情报；如何把“图书馆”变成“图输馆”，这是供需双方为了同一目的而在共同思考的问题。

随着科学文化事业的发展，传统的开馆借阅办法已经远远不能满足读者的需求。为了适应今天改革开放的需要，图书馆已在不断扩大服务范围，不断深化服务内容，不断加强横向联合，向文献资源共享的方向迈进。许多图书馆为此而采取的向社会开放、延长开馆时间、简化借阅手续、实行开架或半开架借阅、开展邮寄借书、电话借书和巡回借阅等服务方式，已扩大了书刊的流通量，产生了良好的效益。现在，虽然有人提出“无纸情报系统”、“图书馆在一张桌子里”或“没有围墙的图书馆”的理想，但还遥遥无期。根据我国的国情，较为现实的服务途径之一是从文献资源开发入手，采用现代化手段，开拓更为广阔的服务领域。目前，我国的图书专业还很不发达，图书馆数量有限，规模不大，人均占有的图书量远远低于发达国家。同时，各地区、各机构正在纷纷编史写志，对历代珍贵的史志文献需求更为迫切，许多新建馆也需要收藏一些基本图书。由于急需，使一些图书馆饥不择食，花费大量的外汇从港台进口翻印古籍。由于奇货可居，进口古书往往身价百倍，一部《四库全书》由几万元上涨到十几万元，一部《地方志丛书》从几万元上涨到几十万元。长此以往，花费巨额外汇购进翻印的古籍，各图书馆的财力是难以招架的。而这些古籍早已收藏在我们的图书馆里，其中有的仅满足于正常的保存和馆内阅览，有的却长期在酣睡。作为一个图书馆工作者，目睹这一现实，是于心不忍的。唤醒沉睡的图书，满足用户的迫切需求，是摆在我国图书馆，尤其是藏书丰富的大型图书馆和具有特藏的专业图书馆面前的紧迫任务。我们图书馆正是在这种情况下被逼上梁山的。我们馆作为一所全国性的民族专业图书馆，已收藏有34种民族文字的图书52万册。其中，古籍近半数。面向全国各边远民族地区的科研单位，为少数民族服务，是我们的宗旨。坐等读者开馆借阅，根本无法满足读者的需要。有的读者为了查找资料，或借阅几本书，千里迢迢进京看书，在人力和时间上不仅造成浪费，更是财力所不允许的。虽然我们一直采用邮借办法，但也只限古籍复本，借期借量都很有限。为加速古籍的流通，切实发挥古籍的作用，从1982年起，我们先后用复印机，日夜两班赶印资料，虽然复印价格不算便宜，也总算急人之急，给边远地区送去了一点精神食粮。后来，我们又采用了较为廉价的光电誊影办法复制古籍，复印了几十套古籍，毛边纸精印，函套包装，古色古香。不但满足了需要，又降低了成本，减轻了用户的负担。在取得印刷、出版和发行等一系列经验之后，为不断提高出版物质量，我们又增添和更新了设备，采用胶印和缩微照相办法，出版了一些急需的古籍。六年来，我们共开发汉、蒙、藏、维、哈、朝、满、彝及英、日、梵文等12种文字的馆藏文献500种317000册，提供给全国29个省市自治区的500多个单位使用。

几年来，我们复制出版的大部头古籍文献有《国朝耆献类徵》、《（钦定）平定七省方略》、《新疆图志》、《八旗通志》、《丹珠尔》等。尤其是《八旗通志》一书，替代了进口书，出版后很快销售一空，基本上满足了用户需要。仅此一书由外购变为内购，就为国家节（约）了外汇50万元。1984年李先念主席出访尼泊尔时，特意带去我们复印的豪华装梵文《妙法莲华经》贝叶写本，作为国礼赠送给比兰德拉国王，使这部由尼泊尔传入的沉睡了近千载的古籍，为中尼友谊增添了新的光彩。

几年来，我们复制的书刊，受到了少数民族地区的科研部门和图书馆的欢迎与好评，部分还销往国外，参加国际书展总计为国家创收130万元，年均21万元。在唤醒沉睡图书的同时，我们还注意在实践中培养图书馆工作人员。在我们图书馆，不少人已掌握了复印、缩微和光电誊影技能；更多的人增长了古籍整理的基本知识，掌握了编制古籍索引的工作；还有的与发行部门加强了联系，了解出版和发行动态，掌握用户的需求信息。我们在搞好传统服务基础上开展的文献开发工作，已经产生了良好的社会、经济和技术效益。

此文刊载于《图书馆学通讯》1989年第2期

我国的少数民族图书馆事业

李久琦

我国是一个统一的多民族的社会主义国家，除汉族外还有55个少数民族。新中国成立后，党和政府一贯十分注意少数民族图书馆事业的发展。目前，共有426个少数民族图书馆，是新中国成立前14所的30倍。其中，除全国性的北京民族图书馆（经国家民委批准，从1989年4月开始对外改称中国民族图书馆。英译名为CHINA NATIONALITY LIBRARY）外，还有自治区图书馆4个（就是说，80%的自治区有区级图书馆）；地、市（含地区、州、盟）图书馆49个（就是说，64%的地、市有图书馆）；县（旗）、县级市图书馆335个（就是说，54%的县、旗有图书馆）。此外，还有部分民族院校、科研、专业、新闻、出版和少年儿童等类型图书馆38个。

一、发展概况

（一）人员。在少数民族图书馆的工作人员中，有58%来自37个少数民族。就是说，在55个少数民族中有67%的少数民族都有人在图书馆工作。其中，男女比例为3∶5；文化程度大专的占27%，中专的占16%，中学的占57%。在内蒙古、广西、宁夏和新疆四个区级图书馆中，有499名工作人员。其中，来自满、朝鲜、内蒙古、壮、回、维吾尔等少数民族的有133人，占27%；有高级职称的26人，占5.2%；有中级职称的85人，占17%；有初级职称的209人，占41.9%；有中国图书馆学会会员181人，占36.3%。他们和汉族图书馆工作者一道，团结合作，共肩重任，根植于边疆和基层，采取多种方式为各民族读者服务。尤其是地处边远的高原、山区、林区、牧区图书馆的工作人员，要在人烟稀少、交通不便的地理环境中开展图书流通工作，难度之大非同一般。这些长年工作在第一线的图书馆工作者，结合本地区、本民族的具体情况，设立图书流通站、马背图书箱、帐篷借阅点、乌兰包克其（流通包）等，千方百计把图书、报刊及时送到读者手中，并想方设法解决农林牧副生产中的急需，为边疆少数民族地区脱贫致富服务。在艰苦的条件下，创造出上乘的工作水平和具有民族特点的工作方式，为边疆的繁荣、民族的进步做出了可贵的贡献。

（二）馆舍。建国初期和党的十一届三中全会以来，被认为是图书馆事业发展的两个黄金时期。据调查，有四分之三的少数民族图书馆是在这两个时期修建的。据374个图书馆的统计，建筑总面积为46万多平方米，平均每馆为1300多平方米。其中，除广西、宁夏两个区馆为2万平方米以上外，其余大部分为1000—2000平方米，2000平方米以上的有48个，2000平方米以下的有307个，另外，还有17个不足百平方米。

（三）藏书。据338个图书馆的统计，总藏书量为3470.45万册，平均每馆藏书8.94万册。其中，内蒙古、广西、宁夏和新疆四个区级图书馆共拥有508.8万册藏书（内含少数民族文字图书120.1万册），而以广西壮族自治区图书馆的藏书为最多，有176万册。

（四）设备。随着建筑面积的扩大和藏书的增加，一些大中型少数民族图书馆增添了复印机、微机、视听和印刷等现代化设备。

（五）民族文献的开发与利用。1979年，出版了《全国蒙文古旧图书联合目录》，这是我国第一部全国性少数民族图书联合目录。此后，《全国满文图书联合目录》、《全国满文石刻目录》、《北京现存彝族历史文献的部分书目》、《藏文典集类目录》、《西北地区民族院校民族文献联合目录》等相继问世。许多大中型图书馆致力于民族文献的开发与利用，复制出版了大量有价值的民族文献几十种，近50万册，受到了国内外学术界的普遍关注和好评。编纂少数民族文字的善本目录，是对《中国古籍善本书目》的补充。这些目录的编纂和文献的开发利用，不仅对整理少数民族古籍有直接的现实意义，而且能更好地保护少数民族善本，使珍贵的民族文化遗产得以世代相传。此外，还扩大了国际交流，加强了中外文化交流。近几年，我们的少数民族图书馆不但接待了许多国外同行，同时也有不少专家学者出国访问和参加国际会议，这些交往都有力地宣传和介绍了我国少数民族的灿烂文化。

二、发展保证

党和政府的支持与关怀，是发展少数民族图书馆事业的保证。在“六五”计划中，国务院明确提出：应积极发展少数民族地区的文化事业，建设和扩充图书馆、文化馆、博物馆等文化设施。

1982年，全国图书馆事业发展规划会议提出：建议增拨经费，扶植老、少、边和特殊困难地区的图书馆事业的发展。

1983年7月，文化部图书馆事业管理局、民族文化司、国家民委文化司和中国图书馆学会在京联合召开了我国首次全国少数民族地区图书馆工作座谈会。来自全国13个省、自治区、18个民族的近百名代表聚集首都，交流工作经验，共同商讨少数民族地区图书馆事业的发展问题。在开幕式上，杜克局长就关于图书馆事业的形势问题；关于如何贯彻“六五”规划，发展民族地区图书馆事业问题；根据民族地区特点，加强民族地区图书馆工作问题讲了话。他指出：发展民族地区图书馆是实现民族团结、民族平等和各民族共同繁荣的需要；是开发边疆、促进“四化”早日实现的需要；是加强国防建设、实现国家安全的需要。全国科协主席周培源及文化部部长朱穆之等到会亲切接见了全体代表，并对这次会议给予高度评价。会议是开创我国少数民族图书馆事业新纪元的盛会。在这次会议期间和会后，许多报刊、电台和电视台都做了大量报道。

1984年2月，在中国图书馆学会下成立了民族地区图书馆事业研究组。

1984年4月，国家民委决定将民族文化宫图书馆改为面向全国的民族图书馆。

1984年6月，国家民委、文化部决定在北京、天津、上海、南京、西安等城市开展为少数民族地区捐赠图书活动，对口支援西藏、内蒙古、新疆、广西、宁夏等5个自治区中尚无图书馆的263个县、旗，并成立了中央捐赠图书领导小组和对应的地方领导小组。短短几个月，共捐赠图书26万余册。这一活动对增进民族团结、支援边疆和民族地区两个文明建设是个有力的促进，为改变民族地区图书馆的落后局面做了一件实实在在的工作。

1985年4月，中央国家机关和科学研究系统图书馆学会受国家民委文化司委托，举办了全国少数民族地区图书馆馆长进修班，为发展少数民族图书馆事业培养了一批业务骨干。

1985年8月，文化部图书馆事业管理局、国家民委文化司、中国图书馆学会在乌鲁木齐联合召开第二次全国少数民族地区图书馆工作座谈会暨学术研讨会。

1985年9月，文化部图书馆事业管理局等拨专款15万元，委托北京师范大学图书馆学系举办少数民族地区图书馆干部专修班，来自10个省、自治区的17个民族的50名学员，经过两年的系统学习，获得了正式大专文凭。现在，这批学员大都已成为少数民族地区图书馆的骨干力量。

三、发展前景

少数民族地区由于历史和地区等多种原因造成的经济文化相对不发达，使少数民族图书馆的发展也大大落后于全国水平。这种状况如不尽快改变，势必要拖四个现代化的后腿。其解决办法正像杜克局长所讲：一是靠积极宣传，二是靠努力工作。多年来，文化部、国家民委等有关领导，曾多次为少数民族图书馆的发展呼吁、呐喊，力争在经费和人员分配等方面给予优惠。我们相信只要我们以战略发展的眼光把它与我们伟大社会主义祖国的长治久安和四化建设的前途命运联系起来，提高发展民族图书馆事业的自觉性，那么，少数民族图书馆事业就一定会有新的起色和较大的发展！

图1　内蒙古自治区土默特旗图书馆

图2　甘肃省临夏市图书馆

图3　云南省永平县图书馆

图4　吉林省延边朝鲜族自治州图书馆

此文刊载于《图书馆学通讯》1989年第3期
此文亦收录于《笔耕集》辽宁民族出版社1999年版

全国文献资源调查与合理布局

肖自力　李修宇　李久琦

我们的时代虽被称为“信息化时代”，但却存在着“情报饥饿”现象。这主要是指发展中国家与发达国家在情报资源的掌握与加工方面的差距扩大。发展中国家在情报存取方面处于实际上的不平等地位。正如发达国家一些情报专家所指出的那样，情报正在成为一种战略武器；谁掌握了情报，谁就掌握了支配权，甚至可用它作为一种制裁手段。作为一个发展中的社会主义国家，我们应引起警觉，并寻求对策，建立国家情报发展战略。

信息和情报有极广泛的含义。文献是信息情报的记录，文献的集合是信息、知识、情报的总汇，也是最经常、最大量、最方便的一种情报源。文献资源建设的本质就是对人类知识进行收集和组织，以便利用。文献资源建设在国家情报发展战略中具有重要的意义。为了探求我国文献资源建设方案，从1987年7月开始，我们着手进行了全国文献资源调查①。

一、文献资源的作用及其发展趋势

（一）文献及文献资源的特征。文献是记录信息、知识的载体。它包括图书、期刊、手稿、政府出版物、报告、唱片、缩微制品、声像资料、机读资料等，从古代的甲骨文资料到现在的光盘资料，以及未来可能发明的一切信息、知识的载体。

迄今所积累、存储下来的文献总和，20世纪70年代有人估计品种有5000万种，如果将各类文献计算在内，现在这个数字肯定已经翻番。这些文献构成了人类文明成果的总汇和思想智慧的结晶，是一种宝贵的智力资源，我们称之为文献资源。如同矿产资源、水资源等自然资源一样，它也是人类不可或缺，甚至在某种意

---

①此次调研由国家社会科学基金会资助。

义上更为重要的宝贵资源。

现代文献与过去相比，具有数量庞大、增长迅速、类型复杂、文种多样、内容广泛、分散交叉、不断更新等特点，如同无数河流滚滚而来，奔向大海。

与其他资源相比，文献资源有自身的一些特征：

1. 文献资源不同于一次性消耗的资源，可以重复使用，并进行复制和传递。文献资源一旦产生，并得到开发利用，就可以成为全人类所共享的、用之不竭的财富。

2. 文献是人类自身创造的一种智力资源。人们可以通过选择、组织、布局等手段，对文献资源进行建设、改造和优化。

3. 社会文献资源并不简单地等同于各单位文献的总和。相同信息的重复积累，并不增加总的信息量，也无法形成优化的文献资源体系。

4. 在现代社会中，庞大的文献数量既大大推进了社会信息化的进程，又给文献资源的调查、开发和利用带来了相当的困难。

5. 文献资源的价值是潜在的，所产生的社会作用也是间接的、潜移默化的。因此，对文献资源的调查、揭示和开发，要使用特殊的手段和方法。

文献资源的这些特点和规律，至少给了我们两个启示：首先，开发和利用社会文献资源，建设并优化国家的文献资源体系，是完全可行的，前景也是广阔的；其次，要实现上述目标，还存在相当大的困难和问题，还要经过长期和艰苦的工作。

（二）文献资源的作用。文献是适应人类的需要而产生的。作为一种社会资源既是人类知识信息的记录，也是人类活动的记录；文献成为人类传递知识情报的重要手段，既可代代相传，又可异地共享；文献作为人类发展、发现和认识进步的证明，因而也是社会经济发展和科学技术进步的主要标志；文献是人类交流思想的工具，又是普及文化、促进经济发展的媒体。一个国家的文献资源，是该国知识储备和科学能力的重要组成部分，标志着该国对人类知识情报的积累和存取水平。对文献资源的开发与利用，可带来巨大的，有时甚至是无法估量的社会效益和经济效益。

文献资源对社会经济、科技、文化的发展有着巨大的作用。第一，文献所记录的情报，特别是利用经过分析、评价、加工、提炼的文献情报，已成为科学决策的重要保障之一；第二，文献情报提供前人及旁人的成果，使社会经济、科研和生产建立在人类文明成果的基础之上，避免重复劳动，迅速获得新的进步，推动社会经济的发展；第三，文献资源可以满足人类学习、精神修养、文化娱乐等多种需求，丰富人类的生活。

（三）加强文献资源建设已成为当代社会的共同要求。我们所处的信息化社会的主要特征就是信息情报在社会发展及社会生活中的作用日益增大，甚至比物质能量的作用更重要。由于文献是知识和情报的记录，所以我们通常讲的情报资源，实际上主要就是指文献资源。从对情报的需求出发，重视文献资源已为社会所共识。

文献是社会的产物，但随意堆积的无序的文献，并不构成可用资源，反而会埋没有用的情报。因此，人们开始越来越自觉地去建设文献资源，使其能更好地为人类服务。

文献资源建设一般包括两方面的内容，一是各个国家的图书情报机构对文献的有计划的收集、贮存和剔除等工作，在图书馆常称之为藏书建设；二是一个地区、一个国家乃至国际的文献情报机构对文献的规划、协调、收集和整理，形成文献资源的整体。这两者之间，其实是一种辩证的关系，整体的规划协调可以指导各馆的建设，没有各馆的建设无法形成整体的优势；各馆的建设都是整体的组成部分，若没有整体的优势，各馆很难满足用户的全部文献情报需求。我国图书情报界多在第二种意义上使用文献资源建设一词，即从宏观上制定目标和规划，进行协调分工，以指导各文献情报机构的文献收集工作，突出各自长处，形成整体优势比较完备的收藏，并作为集体的资源，共同使用。

文献资源建设在发达国家一般称之为合作藏书。二次大战以来，他们已进行了许多探索和实践，有了大量经验和成功的先例，也已建立了一定的理论。例如，美国1942—1972年的法明顿计划，目前正在实行的480号公共法案，北美藏书目录项目（NCIP）和研究图书馆中心，联邦德国的超地区文献提供计划，斯堪的亚的四国协调计划，日本的学术情报系统，法国的科技文献传递系统（CASTI）和苏联的集中化图书馆。美国1975年提出的《图书馆和情报服务国家计划》体现了政府积极参与并承担责任的倾向。联合国教科文组织先后提出了国际科技情报系统（UNISIST）和国家情报系统（NATIS）。1971年，又将这两项计划结合为综合情报计划（PGI）。

我们从以上这些国家和国际性的计划和活动可以清楚地看出，加强文献资源整体建设不仅已成为当代国际的共识，而且已取得实践成果。

（四）文献资源建设的趋势。早期的文献收集工作，无论从官府的机构还是寺院，都是独立进行的；近代公共图书馆兴起之后，虽有馆际互借和资源共享，但各馆文献收集的指导思想依然是自给自足的完整收藏。20世纪以来，特别是二次大战之后，人类社会逐渐进入“信息化社会”，记录知识情报的文献如同一股强大的洪流滚滚而来，传统图书馆自给自足的思想由于经费紧张、人力不足和馆舍困难等已经无能为力，于是产生了两个方向的探索和实践：其一是从图书馆本身寻求对策，如明确收集目标，研究馆藏结构，提高馆藏质量，控制馆藏数量，提高馆藏效用，更新过时、陈旧或低劣的文献，使馆藏建设达到一个新的水平。其二是从馆际（包括地区的和国际的）协调协作、分担收藏、资源共享，走向整体规划建设，依靠集体力量，形成比较完备的资源优势。以上两种趋势正趋于合流，即根据国家或地区的整体目标，确定每个馆的目标和任务，集各馆之长，形成地区或国家的文献资源优势。两者的结合以现代技术，主要是计算机和电信网络作为支持，构成完善而又经济的保障体系。

二、文献资源的调查、研究与评估

我国图书情报界对文献资源建设的认识是比较早的。早在1957年国务院就批准实施《全国图书协调方案》，在全国成立了两个全国性的中心图书馆委员会和9个地区图书馆委员会，在协调采购、编制联合目录方面做了很多有意义的工作。20世纪60年代初，十二年的科学规划又进一步提出了学科分工意见。80年代，中国图书情报界以极大的热情开展了文献资源建设的研究，从一个单位的收藏结构到一个地区、一个系统以至全国的研究，获得了许多积极的成果。在实践中，一些地区，例如成都、甘肃、吉林、湖北、广东等省区的一些系统（如地质、农业和医学等系统）都已开展了不同程度的协作和协调。1988年，成立了部际图书情报工作协调委员会。该委员会下设的文献资源专业组，正大力推进文献资源的整体建设。

但是，目前困难较多。这里有体制和经费方面的困难，也有家底不清和文献资源评价方法需要探讨的问题。过去，我国图书情报界虽有过一些评估馆藏的方法，但总不尽如人意。我们这次调查，把收集文献的完备程度和支持研究决策的能力作为评估目标，并从6个方面进行评估。

A：总藏书情况，包括文献总量、收集的学科资料范围和相关学科的收集水平；

B：本学科文献收集计划、发展趋势及经费保证状况（权值0.15）；

C：本学科文献概貌，已收集的品种、类型特色、起始时间、沿革等（权值0.15）；

D：本学科文献书目核查（权值0.15）；

E：本学科引文核查（权值0.15）；

F：本学科用户评价和本馆自评（权值0.20）。

一般说来，B、C、D三个方面可作为收集完备程度的量度，A、E、F三个方面可用以评价支持研究决策的能力。其中，衡量收藏文献方面，9—10分为完备，7—8分为基本完备，5—6分为勉强够用，5分以下为残缺不全。如评判某馆文献收藏在5分以下，一般即认为其文献收集状况不属于研究级。但如该学科领域在全国属空白或薄弱的新兴学科，则应保留，或作为需要加强的项目。

三、我国文献资源的分布状况

为了弄清我国文献资源建设所面临的形势，我们需要完整地、深入地分析我国文献资源收藏分布的状况。这种状况，可以从几个方面来概括。

（一）文献类型与文献收藏组织系统。我国的文献资源主要分布在8类不同的收藏机构中。这些机构自成系统，分别承担一定的文献收集任务。从文献类型角度看，有3种情况。1．专利、标准和档案文献已由国家专门的职能部门管理，已经基本形成国家的和地方的（省级）二级保障能力。国内正式出版物和国内学位论文，已有法定的呈缴制度，也形成了比较完备的国家贮存体系。其他文献机构为方便使用可有选择地收藏。2．特种文献，像科技报告、会议文献、产品目录和政府出版物在习惯上已作为情报部门收藏的重点，但没有承担明确的法定义务。因而，未能形成可靠的保障。3．图书和期刊（特别是期刊）数量庞大，利用普遍，存在着较普遍的重复收藏现象。对普通书刊而言，重复有合理性，但少数使用频率低、价格昂贵的书刊，大量重复显然是不可取的。在我国这种条（系统）块（地区）交错的收藏体系中，各组织系统的交汇点（北京和其他省会城市）集中了这种不合理的重复收藏的矛盾，成为文献资源宏观控制的焦点。

调查表明，北京图书馆以其绝对的文献收藏优势和经费保证（藏书193万种，累积期刊7.7万种，年经费1773万元），成为我国文献保障体系的中坚。中国科技情报所收集特种文献互为补充。这是面向社会服务的我国主要的文献机构。各系统都有少数具有相当规模的文献机构以不同的组织形式作为本系统的文献支持后盾，同时也是国家文献保障体系的后备力量。各级各类文献机构都有其特定的地位和作用。为有效发挥我国现有文献优势和提高今后文献的投资效益，跨系统的宏观协调将是我们的重要任务。

（二）我国文献收藏水平。近年来，众多的研究报告分析了我国文献贮存量与世界文献产量之间的差距以及文献满足程度的令人担忧的局面。这次文献资源调查显示，我国的文献收藏的单位水平不高。以图书为例，虽然北京图书馆达到193万种，但其他馆水平与之相距甚远。除上海图书馆外，藏书在50万—66万种之间的只有8个图书馆。为了比较学科优势，我们依《中图法》基本大类统计的我国前20名具有收藏优势的图书馆发现，只有6个大类可以超过北京图书馆（占22大类的27%），有11个第2位的优势馆文献收藏量只及或不及第1位馆藏量的50%。从20个优势馆的整体水平看，平均收藏水平只相当我国最大收藏馆藏的38%（平均量级指数38）。其中，数理化类平均水平较高，达到58.7%；环境科学最低，只有20.1%。大约85%的类目中，平均水平为30%—40%。这种梯度分布说明两点，首先从学科划分后的优势看，在局部上，我们可能建立起更高水平的收藏，以提高我国文献收藏的整体水平。这为我们建立学科文献中心，提高文献保障能力提供了保证。另一方面，我们的文献优势比较单薄，个别馆孤军奋战，还不能形成方便、可靠的保障。从更具体的分析来看，真正达到完备的仅占调查学科的25%，有一半学科达到基本完备，另有25%左右的学科则属于薄弱环节，甚至可能是空白点。因此，需要在现有文献资源的基础上，考虑发展多级多个学科的文献中心，以发挥群体的力量，争取完备的收集，增强薄弱点，填补不应有的空白，以形成更高的文献保障能力。

（三）我国文献资源的地理分布。我们对22大类的图书收藏优势馆的统计表明，文献资源优势在经济地理上将我国划分为东部沿海、中部和西部三大经济地带，且与经济贸易、工业产值、科技发展水平和产业密度呈阶梯形式分布的论点不谋而合。这种态势表现出一种适应与不适应、合理与不合理的对立统一。为了不断适应内地经济发展的需要，作为粮草的科技文献，应当适当先行。同时我们也看到，我国的文献资源分布优势相对集中，也产生着一种集聚效果。这种集聚的特点表现为一种水平不高的重复。在同一个城市有好几个馆都有较多的收藏，但收藏的水平又都不太高，没有能形成各馆功能互补的文献优势。

（四）我国文献资源建设存在的问题。

1．文献入藏尚有许多薄弱环节，全国外文文献入藏总量明显不足。在266个学科和主题领域中，只有27.4%达到完备水平，即使加上基本完备部分，总数也只有74.8%。也就是说，有25.2%学科和主题领域的文献只是勉强够用，甚至有些学科或文献类型实际处于空白或极其薄弱的状态。这从总体上反映了我国文献资源建设的发展很不平衡。

据估计，世界图书产量为80万种/年，期刊为1万种/年，并以每年5%的速度增长。其中有一定价值而应当引进的，大约为20万种图书，50000种期刊。世界主要大国也是大致如此采集文献的。20世纪80年代中期，图书情报机构经费情况较好，外汇比率调整之前，我国均引进了此数的一半左右，现在可能更少一些。这从总量上说明，我们的文献数量不足是值得认真注意的。同时，这也是用户普遍反映找不到所需文献的最根本原因。

2. 在文献品种明显不足的情况下，又存在着大量的重复现象。从总体上看，1986年我国进口外文图书10万种、80万册，期刊27000种、22万份，复本率为8。这一复本率超出国力和发展程度比我们高的苏联的一倍半以上。近几年来，各系统、各地区揭示出了许多近乎奇谈般的重复现象。例如，一个地区同一系统的3个单位同时订有价值两三万元的同一种原版期刊，一种万元以上的原版期刊在几公里距离内竟订有4份，在一条大街上用吸一支香烟的时间可以见到3份台湾影印的文渊阁《四库全书》，甚至有一个学校也买了两部。所有这些，都是文献收藏大量重复总趋势的具体表现。

近几年来，在书价上涨、经费紧张的情况下，重复现象有所减少。例如，北京图书馆与中国科技情报研究所重复5000种原版刊的情况消失了。但是，抽样调查表明，情况依然是相当严重的。据地质矿产信息研究院调查，1989年预订的1990年的776种地质学及其相关的原版期刊，全国共订了6416份，复本率为8.27。这还未计算中国地质大学和长春地质学院等在教图公司所订的以及通过其他途径进口的部分。其中，复本数最高的达95份，其次还有66、55、51、49、46份等的多种期刊。这些期刊在北京市内共订了2442份，复本率为3.3，复本数最高的为21种。

3. 地理分布不尽合理。其一是我国文献资源的富集程度由东向西呈梯度递减态势。这与我国的经济、科学、文化和教育的地区发展态势相吻合。其二是部分地区畸形富集。以外文文献为例，北京竟占40%—50%。富集是形成优势、发挥作用的条件之一，但过分富集又会带来一系列问题。

4. 文献入藏量近年来普遍急剧下降。比如，中国科技情报研究所近几年内用于订购原版期刊的经费由150万元增到400万元，而所订品种却由8000种降到2700种；国防科工委情报所经费由22万元增到50万元，品种却由1300种降到500种；中国科学院文献情报中心在1985年到1988年间，经费由186万元增长到355万元，品种却由近5000种降到3500种。

四、对全国文献资源合理布局的初步构想

为了克服现存种种弊端，改进和加强我国的文献资源建设，我们提出全国布局的初步方案，包括目标、指导思想、模式和方法4个方面。

（一）全国文献资源布局的总体目标。由于情报需求是一个灰色系统，带有极大的模糊性，而且用户与文献的耦合同样带有极大的不确定性，所以我们只能提出一个满足率的指标。我们认为，我国文献资源保障体系应满足95%左右的情报需求。分开来说，应满足100%国内情报的需求，90%以上国外情报的需求。为此，国内文献应收集100%，国外期刊应订购5万种，国外图书应订购20万种左右。

（二）全国文献资源建设的指导思想。从我国的国情出发，建立有中国特色的全国文献资源布局体系。具体说来，必须充分考虑以下几点：

——我国属于发展中国家，我们必须始终注重经济，注重效益，务求以最少的投入获得最大的情报占有量。为此，应充分发挥现有主要图书馆和情报机构的优势和潜力，依靠这个群体的协调一致的努力来建设国家一级的体系。这样，就能使效率更高、效益更好，同时能适当减轻中央投资的压力。

——为了适应我国疆域辽阔、人口众多、情报需求多种多样的形势，必须建立包括国家一级、省区二级在内的分工合作、密切配合，能够满足多方面、多层次需求的文献资源布局体系。

——根据我国经济、交通、通信和国土辽阔等多种因素，必须强调以块块为主，同时，根据这种情况，在坚持珍稀、罕用文献（主要是外国的）全国收藏一份的原则下，对介于“常用”、“罕用”之间的品种可适当放宽，收藏2—3份。

——为适应国家总体发展战略的要求，在优化东部沿海和中部地带文献资源建设的同时，应加强西部地区的文献资源建设，真正做到周总理指示的那样，“兵马未动，粮草先行”。

（三）我国文献资源布局的模式。具有现实可行性的模式，可以表述为：以特大型和大型图书情报单位为骨干，联合收藏专深的专业图书情报机构，在按学科（或主题）领域、文献类型、语种和地区等择优分设专业文献中心的基础上，组成中央宏观调控、研究级公共图书馆为实施核心、充分发挥中央、地方和系统图书情报机构积极性、地理分布相对均衡、多级多面的全国文献资源保障体系。其内容主要包括：

——高度重视大型、综合性图书情报单位（如北图、科图、中情所、一些研究

级公共图书馆和综合性大学图书馆）在布局中的骨干和基础作用。它们不但在许多领域的收藏达到了专深而完备的程度，更主要的是它们的广泛全面的入藏方针、普遍高层次的收藏水平和多年有系统的积累，使其具有支持多学科研究、开发与决策的强大能力。它们是我国图书情报事业的主力与骨干。国家应继续加强对它们的领导和投资，帮助它们克服困难。当前，应着重解决物价上涨、使其文献入藏量急剧下降的问题，特别是其中的研究性公共图书馆。近10年来，各系统图书情报机构普遍处于上升时期，研究性公共图书馆的经费升幅不大，但普遍下滑时它们的跌势却十分惊人。考虑到它们的重要地位，国家应予大力扶植。

——设立专业（或学科）文献中心，以便分工明确地收集、齐备我国所需的专业文献。根据我国情况，参照国外经验，我们认为可以划定二三百个专业（包括学科与主题领域、文献类型、语种和地区等），分别指定最有优势的单位担负专业中心，务求以完备情报量作为收集国内外文献的标准。专业中心可以由各专业单位，也可由综合性图书情报单位承担，一个单位也可以承担建立若干个专业中心的任务，一切应从实际出发。

——建立“条块结合，以块为主”的布局体制，发挥各个方面的积极性。国家级布局的任务是情报完备级的收藏，担负这些任务的单位遍布全国，它可以是中央级单位，也可以是某系统布局或某地区布局的成员。地区布局主要是省区一级的布局，它的任务是核心收藏，只满足本地区最常用的需要，比如说，满足当地文献需求的80%左右。英国不列颠图书馆外借部订有5万多种期刊，但其需求的80%是由5500种满足的，这可以说明核心收藏的特点与意义。系统布局的任务是保证本专业文献的完备收藏。其最高层单位必然是国家一级布局的成员，其第2层次的单位应与地区布局相结合。但是，我国的大多数系统都是需要使用多学科文献的综合产业部门，因此，只有真正属于它们专业的学科文献才应追求完备收藏，其他交叉专业的文献则应采取核心收藏方针。只有这样，才能分工合作，各得其所，既最大限度地发挥了多方面的积极性，又避免了平行重复建设的浪费。

——促进文献资源地理分布上的相对均衡，改变北京地区文献的畸形集中，更多地重视西北地区的文献资源建设，使其超前于科技和文教事业的发展，为它们准备腾飞的粮草。根据历史传统、现实需要和未来发展的需要，在全国因势利导地形成京津、沪宁杭和川陕三个文献资源较为集中的区域可能是最为经济而有效的。

——整个系统必须有完善的调控、运行机制。在权威的统管全国图书情报工作的中央机关出现之前，部际协调委可以发挥相应的作用，因为这符合中央精神、历史传统和普遍的愿望。由于公共图书馆是国家主办的、面向全体社会成员的综合性文献保障系统，所以在国家或地区文献资源保障系统的起动和运行中应发挥核心作用。多年来，公共图书馆在文献工作的协调协作中实际上也已发挥了这种作用，并得到了公认。只有明确责任，上有领导机关，下有实施组织单位，才能建立正常运行，并得到不断反馈、调整的系统。

（四）全国文献资源布局的布点方法。通过普遍调查和馆藏评估，选择各学科文献的最好收藏单位，将其确定为国家级的专业中心。这次全国文献资源调查和布局研究采取的这种方法是可行的。当然，即使这样提供了完整的方案，也只能作为决策的参考草案，因为最终确定尚需经过同行评议、专家咨询和领导机关批准等多种步骤。由于参加调查单位不全，我们目前尚不能拟订这样一份完整的草案。但作为本项目子课题的部分省区（如湖北、甘肃、辽宁和内蒙古等）已经过详细研究，提出了切实可行的方案。实践证明，这套方法是可行的。一旦数据齐全，就可以完成布点方案的草拟任务。

五、全国文献资源布局的实施和起动：对策建议

近两年来，全国出现了推进文献资源布局的前所未有的好形势，我们应当抓紧时机，及时起动。总结国内外的经验，我们认为下面几个问题具有首要的意义。

（一）紧紧依靠部际协调委的正确领导，大力推进全国布局，并力争不断提高和加强部际协调委的权威。全国合理布局是协调协作的高级形式，其根本点在于必须有中央的宏观规划、指导和调控，没有一个权威的领导机关，是不可能成功的。部际协调委虽然不是一级实体政权单位，但它获得了图书情报界的拥护和支持。它有责任、有能力组织实施全国文献资源的合理布局。我们相信，在它有效地领导图书情报界进行文献资源的整体化建设中，它的权威将一步步得到加强和获得更广泛的拥戴。

（二）进一步开展资源共享和全国布局的宣传，以奠定推进布局的思想基础。虽然我们全行业的认识水平有了极大的提高，但发展很不平衡，距离建立普遍的共识相去甚远，何况更重要的是求得党政机关和教、科、文各界的理解、关怀和支持。因此，必须高度重视宣传工作，充分利用各种形式进行宣传，务使各界人士，特别是政界领导，明白文献资源建设是一种智力投资；在信息变化时代，文献资源具有巨大的经济效益和社会效益，文献资源正在成为一种战略手段，国家必须予以高度重视。

（三）在确定大目标和总体方针之后，及时起动，鼓励各地区、各系统进行该地区、该系统的布局工作，如同参加本次调查而制定地区文献资源建设方案的甘肃、湖北、辽宁和内蒙古等省区所做的那样。编制全国布局的定点方案需要较长时间和更细致的工作，但基本的目标、原则、方针是可以较快确定的。比如，各省区应以核心收藏为目标，不盲目追求完备；各系统对自己专业的文献采取完备收藏，而对相关专业则应以核心收藏为原则；综合性研究级公共图书馆、情报部门、科研机关和综合大学的基础理论研究文献，可能出现重复，但属于国内文献或常用文献，适当重复是必要的，属于价格昂贵的文献则应重视横向协调和学科布局的分工等。这些问题一旦明确之后，就应该充分发挥各地区、各系统的积极性，分步起动，使全国文献资源布局进入全面实施阶段，因为这些局部的布局活动，是完成全国合理布局的必要步骤和组成部分。

（四）抓紧编制布点方案，描绘全国布局的蓝图。本次调查为全国布局研究准备了大部分必需的资料。我们据此提出了布局的原则、模式和如何定点的方法。因为调查单位不全，我们按此方法提出的布点方案仅具有试验和模拟的性质，目的不在于推荐具体的布点单位，而在于讨论这种方法。需要继续展开调查，收集数据，提出一个较好的可供讨论的布点方案，经过各种必要的程序，修改完善后公布施行。当然，本报告所提的方案、方法也可能并不完善，我们衷心盼望同行提供更多更好的方案，使决策部门择其善者而从之。

（五）必须逐步解决立法保证和国家经费支持的问题。国内国外正反两方面的经验都表明，没有国家法律法令的保证和一定的经费支持，实现宏观控制的全国布局是困难的，即使初步实现了也是难以持久的。但是，国家的立法和颁布的政令，应以大量的实践活动为基础；而经费支持，即使经济情况完全好转之后，也必须以事业的进展和效益为前提。因此，布局伊始，就以这两者为追求目标是不现实的。我们已具有了全面开展布局的一切条件，只要正确处理各种矛盾，充分调动各地区、各系统的积极性，全面起动，做出成绩，争取国家在立法、经济两方面的支持是完全可能的。而只要我们取得进展并日见成效，争取国家像建设重点实验室一样支持文献资源建设也是完全可能的。

（六）建立完善的传递、利用体系，是实现全国布局的必要保证和配套工程。全国文献资源保障系统包括文献的收集、传递和利用三个部分，资源布局所解决的是收集问题，即龙头部分。但后两个部分如不根据全国文献资源布局的新形势进行必要的改革，势必将影响、抵消，甚至葬送全国的布局。比如，目前的目录报道，杂乱无体系，断续不连贯，覆盖面窄，发行量小，滞后期长等，如不加以彻底改造，用户怎能找到自己所需的文献？若如此，无论如何完备的收藏和合理的布局都是难以发挥作用的。再如，借阅和复制文献的种种困难，包括名目繁多的创收活动和昂贵的收费，也使非本单位的读者望而止步。因此，文献资源的报道、开发、利用和共享既是文献建设的后续工程，又是文献资源建设的目的和前提，要在进行整体建设的同时，制定法规性文件，明确责任和义务。这些虽不属本课题的研究范围，但我们期待着这方面的改革与进步。

此文刊载于《图书馆学通讯》1990年第4期
此文亦收录于《笔耕集》辽宁民族出版社1999年版

有关国际图书馆协会联合会（IFLA）的信息

久　琦☆

（A）国际图书馆协会联合会（IFLA）自1927年9月30日在英国爱丁堡成立已有64年历史了，现有123个国家和地区参加该组织，总部设在荷兰海牙，IFLA的旨意在于促进图书馆各项活动的国际合作；为图书馆工作者建立一个在国际上代表其利益的机构；组织情报交流与人员培训；促进图书馆各项活动领域理论和实际目标管理等，迄今为止已分别在世界各地举行过56届大会。

（B）中国图书馆学会于1979年成立后，即派员出席IFLA大会，1981年在菲律宾马尼拉召开的第46届大会上，正式恢复了中国图书馆学会的合法席位。目前中国有11个机构会员，分别为北京图书馆、北大图书馆学情报学系、中科院图书馆、清华大学图书馆、南京图书馆、南京大学图书馆学系、华东师大图书馆学情报学系、复旦大学图书馆、上海交大图书馆、上海图书馆、武汉大学图书情报学院等，参加了IFLA32个专业组中的国家图书馆、大学图书馆、社科图书馆、科技图书馆、公共图书馆、书目、著录、采访与交换、国际互借、图书馆建筑与设备、情报技术、统计、教育与培训、图书馆理论与研究、地区活动等15个专业组。专业组是属于总部的业务有关组织，各专业组由会员、准会员、有顾问资格的实体及执委会和专业委员会成员组成，并向专业组注册。专业组着重研究某一特定类型图书馆；某一特定类型图书馆用户的服务；在特定领域中的图书馆技术或服务。

（C）20世纪90年代首次IFLA会议即第56届大会已于1990年8月18—24日在瑞典斯德哥尔摩举行，其大会主题是“图书馆——为知识服务的信息”，来自世界各国的1777名代表出席，并提交论文177篇。我国以文化部图书馆司司长、北京图书馆常务副馆长、中国图书馆学会副理事长杜克为团长一行4人组成的中国图书馆学会代表团参加了大会。

☆　李久琦笔名。

（D）IFLA第57届大会和理事会定于1991年8月18—24日在苏联莫斯科举行。其主题是“图书馆与文化——它们之间的关系”，分主题是：1. 互相认识和了解；2. 多民族国家的图书馆；3. 充任国际主义者的图书馆；4. 儿童是21世纪的创造者；5. 用现代技术方法获取世界文化情报源；6. 保存作为保护世界文化遗产的一种手段；7. 图书馆员与继续教育系统。

（E）IFLA第58届大会将于1992年8月30日—9月5日在印度新德里举行。1992年印度将庆祝“印度图书馆运动之父”——杰出的图书馆学家SR. 阮冈纳赞诞辰100周年活动。其主题是：1. 国家图书馆和情报政策的基本概念；2. 为有效地工作、组织和设计国家图书馆系统——世界地区与地区之间的差别；3. 满足情报需求的公共、院校和专业图书馆；4. 用户以及他们的需求——促进读书识字，为多元文化人口、少数民族以及贫民服务，支持情报需求的新技术作用；5. 图书馆工作人员的训练和发展；6. 国家政策对科学、技术、文化和社会发展的影响；7. 区域和国际合作的作用。

（F）IFLA第59届大会将于1993年在西班牙巴塞罗那、第60届大会将于1994年在古巴哈瓦那、第61届大会将于1995年在保加利亚索非亚举行。据悉第62届大会1996年可望在中国北京举行。

此文刊载于《情报资料工作》1991年第2期

《中国大百科全书》（图书馆学、情报学、档案学）词条

李久琦

中国民族图书馆（China Nationality Library）

中国中央级民族专业图书馆，设在北京民族文化宫内。1958年筹建，1959年9月建成开放。原名民族文化宫图书馆，1984年4月经中华人民共和国文化部同意、国家民族事务委员会批准，改名为中国民族图书馆。截至1989年12月，藏书共51万册。其中汉文书籍25万册，民族文字书籍24万册，外文书籍2万册。民族文字书籍中有蒙、藏、维、哈、朝、壮、傣、景颇、拉祜、傈僳、佤、布依、彝、锡伯、满、哈尼、侗、苗、塔塔尔、乌孜别克、柯尔克孜、水、黎、纳西等24种，民族文字古籍17万册，其中不少是国内外罕见的民族文字写本、刻本、金石拓片、舆图。还有贝叶、菩提叶写本等珍贵的特藏。馆舍面积2700平方米，有阅览座位96个。该馆除开展阅览、邮借等服务业务外，还增添了缩微复制机、复印机、微型计算机、电脑打字机等设备对外服务，服务范围已遍及全国30个省、市、自治区。每年接待全国各民族读者1万人，该馆设采访编目、流通保管、文献开发、信息服务、藏文文献、缩微复制6个部门，有汉、蒙、回、藏、维吾尔、朝、彝、壮、满、哈萨克、水、达斡尔等12个民族的工作人员45人，其中研究馆员1人、副研究馆员4人、馆员8人、助理馆员18人。该馆编辑出版有《中华人民共和国民族工作大事记》、《中国少数民族图书馆概况》、《馆藏线装古籍目录》、《馆藏藏文典籍目录》等。1983年起先后与有关单位举办民族地区图书馆馆长研讨班、进修班，采取驻馆学习、代培和实习等多种方式培训人才；加强与民族地区图书馆的联系，建立几十个边疆服务、协作网点；开展捐书支边等活动。

此词条收录于《中国大百科全书图情档卷》中国大百科全书出版社1993年版

此词条亦见于《图书馆学百科全书》中国大百科全书出版社1993年版

浅议振兴和发展民族地区图书资料工作

李久琦

民族地区图书馆是我国图书情报事业的重要组成部分。新中国成立以来，在党的民族政策的指导下，我国的民族地区图书馆从小到大，从弱到强，获得巨大发展。据1992年年底统计，民族地区图书馆已达573所，从业人员7024人。随着西藏自治区图书馆的落成，省、区级图书馆覆盖率已达100%。仅内蒙古、广西、宁夏、新疆、西藏五大自治区图书馆馆舍即达86772平方米，藏书508.8万册。目前已基本达到县县都有图书馆之目标。但是，由于我国地域辽阔，经济、科学、文化事业发展很不平衡，与沿海内地相比，少数民族地区仍然落后。本文仅就民族地区图书资料事业今后的振兴和进一步的发展，发表一些看法。

一、进一步明确民族地区图书馆深化改革的路向和目标

1. 牢固确立社会主义市场经济体制的思想，进一步解放思想，更新观念，促使我国民族地区图书资料工作登上一个新台阶。

在民族地区，图书情报事业发展受民族地区经济、科技和文化、教育诸社会因素之制约。长期以来，民族地区仍以农牧业为主，工业、科技基础相对薄弱，第三产业更为落后，外向型经济比重很小。此外，由于文化教育平均水平较低，致使人们的思想观念较为保守，商品经济意识淡薄。这些深层次原因，严重影响了人们对于情报的多方面需求，制约了图书情报事业深化改革的进程。因此，要振兴和发展民族地区的图书情报事业，就必须明确深化改革的路向和目标，牢固树立社会主义市场经济体制的思想，更好地为建立社会主义市场经济体制的各种需要服务。

2. 充分利用现行有效的法规和经济杠杆，调动民族地区广大图书情报工作者的积极性、创造性，加强信息服务工作。

现代图书馆的最大功用是其直接为用户服务，也就是说，图书馆或其他情报

机构都必须进入直接为人们提供信息服务的渠道之中才有意义。因此，必须充分利用现行有效的法规和经济杠杆，调动民族地区图书情报工作者的积极性、创造性，在建立市场经济体制，发展商品经济过程中提供各种信息服务。

3. 搞好有偿服务，强化自我生存和发展的能力。

为了摆脱民族地区图书馆的困境，自然要尽量争取国家的投入。但是事实证明，“等、靠、要”的日子再也没有了。现在，只能抓住有利时机和政策，积极开展各种形式的有偿服务，根据“一馆两制”的原则，统筹安排基础业务、信息开发和经营活动，以强化自我生存和发展的能力。

二、调整业务范围，延伸服务领域

我国图书馆，特别是公共图书馆的管理体系和服务模式，基本上是在适应计划经济体制的需要和纯手工式劳动方式的基础上形成的。所以，许多人不适应各项改革接轨转向。在这种情况下，研究影响服务模式的社会环境，决定业务范围的依据，既是理论工作的重要课题，也是从事图书资料实际工作者的迫切任务之一。

决定现代图书馆业务范围的主要依据是：(1) 社会需求。图书情报工作之所以能够长期存在，而不被其他事业所替代，且随着社会的发展而发展，其最根本的原因是社会政治、经济、科学、文化、教育发展的需要。因此，在深化改革图书馆工作的今天，必须研究现实社会对它需求的程度。(2) 新技术的广泛应用。科学技术的迅速发展需要情报资料的服务；而科学技术在图书资料工作中的广泛应用，又为图书情报工作的服务提供了新的保证。

随着市场经济体制的建立，一切社会经济、科技和文化等活动都无例外地受价值规律的制约和支配。随着经济市场的发展，科技市场、教育市场和文化市场都日益成熟和发展，图书情报工作面向市场，并且有计划地走向市场已是大势所趋。而任何市场的繁荣和发展，又无不与信息相关。因此，在人们的效益观念、经济观念、竞争观念日益强化，工作节奏日益加快的情况下，也越来越重视图书资料和信息服务的“针对性”和“有效性”；也越来越不满足于以往的服务方式。希望扩大业务范围，延伸服务领域。

鉴于民族地区图书馆的特殊性和民族地区发展经济，加强科技和文化教育活动正在提到重要日程上来的现实，各民族图书馆应该根据社会需求，大幅度调整业务结构，延伸服务领域，逐步建立新型服务体系。

在建立民族地区图书情报服务体系过程中，应该充分考虑到那些较深层次的工作，逐步树立和塑造图书馆的“知识信息库”、“信息收集与交流中心”的良好社会形象，特别是在“老、少、边、穷”地区，现代图书馆大有用武之地。

三、关于振兴民族地区图书情报工作的具体建议

1．积极探索，大胆试验、筛选和推荐一批典型经验和典型单位。

在民族地区图书情报工作的直接主管部门，建立专门研究基金，根据实事求是的原则，筛选和推广一批适合本地区图书情报工作发展需要的典型经验和先进单位，引导大家尽快走出一条适合于“老、少、边、穷”地区图书资料工作发展的新路。

2．多方开辟经费来源。

由于现代图书馆社会职能的变化，以及计算机、光盘技术的广泛应用，有偿服务与无偿服务并存的局面已经成为世界各国图书情报界存在的主要方式。无论是在发达国家，还是发展中国家，有偿的信息服务正在进一步发展，其所占比例也不断提高。

根据科技市场、文化市场日益成熟和繁荣的发展趋势，我国的信息产业和咨询产业将有一个长足的发展。因此，图书情报界宜根据国家有关法规，充分利用各种有利条件积极组织信息咨询、文献开发、技术中介等产业实体。对已办的各种信息、咨询公司或其他开放机构，给予充分的自主权或经营权，调动各方面的积极性，不断提高经济效益和社会效益。凡具备条件的图书馆，均可根据“两制”的原则，建立与科学技术发展相关的经济实体，以增加自我发展之能力。

3．改革劳动人事制度，逐步建立一支有活力的专业队伍。

事业成败的关键是“人才”。不管哪种类型的图书馆，只要有那么几个“能人”，局面就打开了。在目前情况下，我们主张少背包袱。根据国家有关政策及图书情报工作的特点，最好执行多种形式的用人制度，即固定编制、流动编制、事业编制、企业编制相结合的灵活的劳动人事制度，逐步建立一支结构合理、充满活力的专业队伍。逐步建立有利于图书情报工作特点的竞争机制与激励机制。

4．增加经济收入，改善工作与生活环境。

图书馆工作是一种清贫的公益性劳动，或者说是一种服务性的学术活动，不可能得到丰厚的待遇，特别是民族地区的图书馆，更是清苦。因此，在力所能及、国家政策允许的情况下，应多开辟一些经费来源，增加专业人员的经济收

入，改善他们的工作和生活环境。

在图书馆切实贯彻奖勤罚懒、“按劳付酬”的原则，拉开档次距离。根据分类管理的办法，使那些从事采、编、阅业务的人员与工作数量、质量挂钩；从事实体经营的人员与经济效益、创收成绩挂钩，以确定其工资和奖金额度的分配办法，使各类人员各得其所。

5. 完善奖励制度，建立专门基金。

除自治区首府图书馆外，其他民族地区图书馆一般规模较小，地域差别较大，困难较多。对于在民族地区长期坚持图书资料工作，并为当地脱贫致富服务做出突出贡献的同志，给以适当的奖励是非常必要的。另外，由于历史、自然或交通方面的原因，有些民族地区尚未解决温饱问题，亟待脱贫致富的各种支持，因此，筹集和建立专门基金以支持那里的图书情报事业亦属当务之急。为此，我们建议，由国家民族事务委员会、文化部会同农业部、国家科委等国务院领导主管部门共同主持协商此事。当然，也欢迎海内外的仁人志士或企业家支持赞助。

我们建议文化、科教系统的领导部门，在贯彻有关法律、规章制度时适当地向图书馆事业，特别是民族地区的公共图书馆给以适度倾斜和优惠，以调动在这条战线上奋斗的人们的积极性和创造性。

6. 切实抓好民族地区图书情报工作者的继续教育。

继续教育在科学技术急速发展进入“信息社会”的今天，更加显得重要。为了解决一些同志的学历问题，花费一定的财力和时间是必要的。更为重要的是，应该为所有工作人员，根据其原有基础和新的岗位要求，提供一个更新专业知识和新的工作技能的机会，酌情以举办进修班、研究班、研讨会等方式，提出硬要求。这个问题我们主张在图书馆司、科技信息司的规划和领导下，充分发挥已有校、系和各级图书馆学、情报学学术团体的积极作用。

7. 加强民族地区图书情报工作的理论方法研究。

在“建立充满生机和活力的社会主义经济体制，相应地改革政治体制和其他体制”的过程中，不可避免地要涉及诸如图书情报工作的性质、地位、内容、作用和自动化过程等理论方法问题，不可避免地要突破图书情报工作原有的格局、制度和模式，以新的理论、新的思维方式来考虑和处理服务和管理过程中出现的各种新问题。因此，加强有关民族地区图书馆事业发展的理论和方法是非常重要的。我们建议，国家民委、文化部有关领导部门规划一些研究项目，以研究课题立项方式下达，委托较有基础的单位负责组织和完成。另外，要充分利用自治区已有的几种图书情报专业刊物，有计划有组织地刊载一些重要研究成果，及时交流报道有关学术观点和经验，根据理论联系实际的原则，发动群众共同探讨与解决深化改革和自动化建设过程中的理论与实际问题。

此文刊载于《情报资料工作》1994年第2期
此文亦收录于《笔耕集》辽宁民族出版社1999年版

民族图书馆事业的现状、特色与展望

李久琦

一、简略的回顾

改革开放以来，党和政府十分关怀我国少数民族图书馆事业。1982年秋，由国家民委文化司、文化部图书馆事业管理局、中国图书馆学会特别组成“少数民族地区图书馆调查组”，赴新疆维吾尔自治区首次对民族地区图书馆状况进行调查，调查组在调查报告中建议召开全国性民族图书馆会议，得到国家民委、文化部有关部门的高度重视。1983年7月，标志着我国民族图书馆事业新局面的“全国少数民族地区图书馆工作座谈会”在北京举行。这次会议是由文化部图书馆事业管理局、民族文化司、国家民委文化司、中国图书馆学会联合召开的，来自全国13个省、自治区、直辖市的18个民族百余名代表聚集首都，共商“加快民族地区图书馆事业建设，努力开创新局面”的大计，并交流了工作经验。这次会议不但是新中国成立以来的首次，也是有史以来的头一回，与会代表受到了中央领导人的亲切接待和鼓励，这次载入史册的盛会，对民族地区图书馆事业的发展起到了极大的推动作用。

1984年2月，中国图书馆学会学术工作委员会成立了少数民族地区图书馆事业研究组，同年4月，国家民委决定将民族文化宫图书馆改为面向全国的民族图书馆，1989年4月，经国家民委批准、经文化部同意，对外改称中国民族图书馆。

1984年6月，国家民委、文化部在天津召开会议，决定由北京、天津、上海、南京、西安等5市开展为民族地区捐赠图书活动，对口支援西藏、内蒙古、新疆、广西、宁夏等5个自治区中尚无图书馆的263个县、旗，并成立了中央捐赠图书领导小组和对应的地方领导小组。短短几个月共捐赠图书26万册，这一活动对增强民族团结、支援边疆和民族地区两个文明建设是有力的促进，为改变民族地区图书馆落后局面做了一件实实在在的工作。

1985年8月，文化部图书馆事业管理局、国家民委文化司、中国图书馆学会在乌鲁木齐召开第二次全国少数民族地区图书馆工作座谈会暨学术研讨会。1989年4月，中国图书馆学会在云南大理举行全国少数民族地区图书馆研讨会。

为培养民族地区图书馆工作人员，1985年4月，中央国家机关和科学研究系统图书馆学会受国家民委文化司委托，为全国民族地区图书馆馆长举办了进修班。同年9月，文化部图书馆事业管理局、民族文化司拨专款15万元，委托北京师范大学图书馆学系举办了“少数民族地区图书馆干部专修班”，参加学习的有来自西藏、新疆、内蒙古、宁夏、广西、青海、四川、云南、贵州、广东、湖南、湖北、吉林等13个省、自治区的45个图书馆，包括藏、维吾尔、哈萨克、蒙古、回、壮、满、朝鲜、土家、苗、仫佬、侗、布依、黎、纳西、白、汉等17个民族的51名学员。经过两年的系统学习，喜获大专文凭，成为各民族地区图书馆的业务骨干。

10余年的时间，在历史的长河中只是一瞬，上述的一切均为民族地区图书馆事业的发展打下了坚实的人力、物力基础。

二、目前的状况

截至1992年底，民族自治地方图书馆已达573个，职工人数达7024人。图书馆数量比1981年增加242个，人数增加4171人。

数字是最有力的说明，这充分表明民族地区图书馆事业有了长足的进步和较大的发展。上述数字显然还不包括北京地区的中央民族学院图书馆、民族研究所资料室、民族出版社图书馆、中国社会科学院民族研究所图书馆、少数民族文学研究所图书馆、中央民族语文翻译中心图书馆、中国藏学中心图书馆、中国民族图书馆等。

由于西藏自治区图书馆的建成，为我国5大自治区的区级图书馆的数量由以往的80%增至100%，这座位于世界屋脊的图书馆，坐落在拉萨美丽的罗布林卡对面，占地3万平方米，建筑面积1万平方米，预计藏书150万册。内蒙古、广西、西藏、宁夏、新疆五大自治区馆舍面积已达86772平方米，藏书508.8万册（西藏自治区图书馆藏书未计在内），各族工作人员达550人，各馆分别出版了《内蒙古图书馆工作》（汉、蒙文）、《图书馆界》（广西）、《图书馆理论与实践》（宁夏）、《新疆图书馆》（汉、维文）等4种定期学术刊物。

表1

民族自治地方	图书馆	职工人数	民族自治地方	图书馆	职工人数
1981	331	2853	1987	547	5775
1982	332	3031	1988	549	6124
1983	407	3722	1989	551	6241
1984	409	4278	1990	556	6507
1985	494	4698	1991	561	6794
1986	533	5411	1992	573	7024

表2

分布地区	图书馆	职工人数	分布地区	图书馆	职工人数
河北	6	44	海南	9	109
内蒙古	106	2044	四川	18	152
辽宁	11	161	贵州	47	379
吉林	11	298	云南	77	556
黑龙江	1	12	西藏	18	34
湖北	11	123	甘肃	19	127
湖南	18	156	青海	35	226
广东	3	19	宁夏	20	521
广西	99	1313	新疆	63	743

（以上由国家民委经济司统计处提供）

民族图书馆学研究从1980年首次提出后，已有较大的突破，并出版了第一部图书馆学专著《民族图书馆工作概况》（刘瑞、包和平主编），从对象与任务、性质与任务、事业建设概况、民族文献概述、藏书建设、分编、横向联合与协作、读者工作、业务工作、科技信息工作、科学管理、民族专业干部的培养、现代化等13个部分，从民族图书馆工作实践经验上升到理论加以科学论述，是民族图书馆工作者心血的结晶。此外，一部全面系统地介绍中国少数民族图书馆的资料性工具书《中国少数民族图书馆概况》及《中国少数民族图书馆研究》的相继问世，标志着民族图书馆科研工作日趋发展成熟，引起全国同行乃至国外学者的关注。

在普及与提高方面，各族图书馆工作者在极其艰苦的条件下，做出了非凡的努力，取得了可喜的成就。1949年全国解放时，全国少数民族地区图书馆仅有14个，而县以下根本无图书馆可言，在这块空白点上，目前已基本上达到了“七五”计划目标，实现了县县旗旗有图书馆，这是个了不起的变化，现在全国少数民族图书馆是新中国成立初期的40多倍。全国各民族图书馆中半数以上是民族干部，他们和汉族图书馆工作者一道，团结合作，共肩重任，植根边疆和基层，采取多种多样的方式为各族读者服务。尤其是在地处高原、雪域、山区、牧区、林区、戈壁的工作者，在人烟稀少、交通不便的地理环境中，以特有的手段搞活书刊流通工作，其难度之大非同一般，他们创立了马背图书箱、骆驼仓、大篷车、帐篷借阅点、乌兰克其（流通仓）、汽车流动图书室、自行车书架、图书赶集等多种形式，千方百计解决农林牧业生产急需的书刊资料，为边疆贫困地区送去了脱贫致富的金钥匙。他们送交到手，服务上门，结合地区和民族特点，结合经济建设实践，编写科技快报、实用手册、致富信息等，在艰苦条件下，创造出上乘的工作水平。此外，还克服经费不足、人力不够的困难，建立和巩固乡、镇（苏木）、村、屯（嘎查）文化站和图书室。各族图书馆工作者为边疆民族地区的繁荣做出了可贵的贡献。

各自治区、地、州、盟图书馆还注重网络化建设，建立了协作关系，建立了计算机中心、信息室，民族文字文献著录标准化工作有所加强，在编制全国性民族文字图书联合目录做出了很大成绩，诸如蒙、藏、满、彝文等均有专门的联合目录问世。一些有条件的大中型图书馆增添了复印、打印、视听、缩微、微机等现代化设施，一些专家、学者走出国门，参加国际学术会议、组团出访，或接待国外同行，建立馆际友好关系。这些交往加强了国际的相互了解与合作。

各地图书馆着力培养民族专业干部，因地制宜开展多种形式培训，编写和翻译民族文字专业教材，采用本民族语文授课，1988年9月，内蒙古大学创办了蒙语图书馆学情报学专修科，培养了内蒙古、达斡尔、鄂温克学员87人。此外，还采用与内地交换馆员、互相访问等多种培训方式，起了较好效果。

发掘民族文献宝库，改变重藏轻用状况，各地民族图书馆、民族文献占绝对优势，如何把知识宝库变为知识喷泉是民族图书馆的重任。各馆经过数十年的搜集、整理、翻译、缩微、出版，逐步建立了本地区、本民族特点完整的藏书体系，成为民族文献的存贮中心、流通中心、交换中心，像内蒙古自治区图书馆成为全国蒙文文献书目中心，云南省大理白族自治州图书馆成为白族古今文献中心，这些中心受到国内外学术界的重视和好评，中国民族图书馆多年来致力于唤醒沉睡化为财富，古籍生辉服务四化，开发出民族文字数十种、文献古籍30余万册，提供给29个省、市、自治区500多个单位使用，并发往世界各地，有力地介绍了我国灿烂的民族文化，起到了良好的社会效益。

三、困难和挑战

目前，少数民族地区图书馆还面临着许多困难，馆舍不足、经费短缺，工作人员少，队伍不稳、设备陈旧、书刊利用率低等。虽然现在达到了县县旗旗有图书馆，但数量与质量悬殊极大。甚至有的自治区图书馆新馆工程因经费原因，一拖就是数年，成了“胡子”工程，难以建成。

我国地域辽阔，经济文化发展很不平衡，民族地区比起内地相对落后，现在国家重点扶植的300多个贫困县、旗，少数民族地区就占半数左右。在经济大潮中，如何看待图书馆的地位和作用问题，明智的文化部门领导，往往把图书馆当作大潮中一艘航船，他们深知图书馆是宝库，信息是财富，载着它不是负担，而是有了罗盘可导航，站在船头可高瞻；可有的领导却把船当成负担，将其淹没，水把舟翻。当然图书馆事业的发展亦离不开经济发展，这就是水涨船高的辩证关系。

我国少数民族主要居住在边疆地区，陆地边防线长达2万多公里，与10多个国家接壤，全国有20多个民族跨境而居，因此，民族地区的经济、文化发展与否直接关系到国防的巩固、民族的团结、国家的统一，并有广泛的国际影响，民族地区图书馆的发展状况，对沟通中外经济文化交流发挥着直接和重要作用。

我国的蒙古学、藏学以及满文、彝文、纳西文和一些民族古文字、民族文献有的成为国际性研究学科，有的成为研究热点。党的十一届三中全会以来的十余年间，从根本上改变了以往蒙古学、藏学研究以国外为中心的现象，各地区科研硕果累累，成绩卓著。但在科研经费、设备条件上仍有一定难处，国内外、地区之间尚有差距，是激励亦是挑战。我们应珍惜以往，着眼未来，冷静地面对现在。在制定对策、领导重视、人才培养、积极扶植上下大气力，抓住机遇，迎头赶上，一个民族图书馆事业繁荣的局面一定会到来。

此文收录于《中国图书情报工作文库》第5卷，中央编译出版社1996年版

此文亦收录于《同人文集》中国民族图书馆编1994年版

原名《我国民族图书馆事业概况》，由李久琦、宝音合写

中国少数民族文献资源开发与利用

杨长虹　李久琦

中国是一个统一的多民族国家。在历经数千年发展形成的灿烂的中华文明中，除汉族外，还交融着其他55个少数民族的优秀文化，流传至今的大量民族古籍和口碑文献是其具体体现，它与目前仍在大量产生的民族文献共同构成中国珍贵的少数民族文献资源。如何科学地管理、有效地开发及充分利用这部分文献资源是信息界、图书馆界所关注的焦点问题。

1. 中国少数民族文献的构成

1.1　中国少数民族语言文字概貌

在中国55个少数民族中，除回族长期以来通用汉语和满族近代普遍转用汉语外，其余53个少数民族有各自的语言。分别归属五大语系，即汉藏语系、阿尔泰语系、南亚语系、南岛语系和印欧语系。使用情况较为复杂。有些民族不同支系使用不同语言，有的则一部分或大部分兼通汉语，有的还兼通其他少数民族语言。目前，已知的中国少数民族语言有80种。

中国少数民族文字的种数与语言相比略少，但是情况亦相当复杂。部分少数民族的先民和历史上的一些古代民族曾经分别使用过卒利文、突厥文、回鹘文、契丹文、西夏文、女真文、八思巴文、察合台文、于阗文、焉耆—龟兹文、佉卢文等十余种文字。这些文字由于各种原因早已废弃不用，成了古文字。

然而，有些民族文字则延续下来，历经千载，如藏文、彝文。有的也有数百年的历史，如蒙古文、维吾尔文、哈萨克文、柯尔克孜文、朝鲜文、傣文等。有的历史较短，20世纪初叶才创造，如景颇文、拉祜文、老傈僳文、滇东北苗文等。更有一些是20世纪50年代至80年代创造的，如布依、哈尼、侗、佤、黎、土等民族文字。

目前，中国有文字的少数民族25个，包括古文字在内和不同支系使用的文字，中国少数民族文字有60种左右。现在比较通用且出版量大的民族文字是蒙古文、藏文、维吾尔文、哈萨克文、朝鲜文、彝文和壮文。

1.2 中国少数民族文献概念界定

中国少数民族文献是各民族文献的统称，可简称民族文献，它是一个集合概念。具体某一民族文献，应具体冠名，如藏文献、蒙文献、彝文献等。采用集合概念，是为了方便从宏观角度，对民族文献进行整体研究。其概念含义是指一切有关民族的知识信息载体。换言之，民族文献的区分是以学科内容为主要判定标准的。因为，文献的基本属性是记载知识和信息的，而按学科分类最能准确地反映这一本质属性。

但是，目前仍有部分人对民族文献概念有模糊认识。他们把知识信息与载体和创造者混为一谈，认为凡是内容、文种、著者这三要素之一具备民族特征的文献，即为民族文献。这种提法缺乏科学的严谨性。我们不妨分析一下，文种是内容的载体，是著者将其脑中的知识信息表现出来的方式，著者是知识信息产生的创造者，内容则是通过文种表达著者思想意识的主体，很显然，三者为完全不同的概念。由此，可以划分出民族类文献、民族文字文献和民族著者文献。后二者文献概念与民族文献概念形成交叉关系，即部分民族文字文献和民族著者文献属于民族文献。例如有关蒙古族的文献，不一定是蒙古族著者或用蒙文撰写的；又如用民族文字翻译的中共中央文献，不能称之为民族文献；再如维吾尔族历史学家翦伯赞撰写的《中国史纲》一书，其内容是关于中国通史的纲要性论述，不是维吾尔族史专著，因而不能看作为维吾尔族文献。

因此，判定文献是否归属民族类，其主要判定标准是文献的内容。如果一定要将文种、著者与内容混同看待，那势必将给工作带来混乱。例如一位蒙古族作者用汉字创作了一部关于回族题材的文学作品，若从作者判定，它应是蒙古族文献，从文种判定，它应是汉族文献，而从内容判定，它则是回族文献。究竟从属何文献，各行其说，难分难解，令文献工作者陷入尴尬矛盾的局面中。

实际上，强调文献的民族属性认知方向是对的。但不能任意贴标签，只能针对文献的内容而言，文种和著者都是民族文献概念本质属性以外的相关属性。认清民族文献概念，有利于对民族文献资源建设理论进行研究和在实践中开展工作。

1.3 中国少数民族文献的类型

中国少数民族文献类型多种多样。它既受中原文化的影响，又受到周边国家的文化的影响。有早期用竹木、树叶、羊皮、兽骨、丝帛等材料制成的书，也有将文字刻于石碑、石崖、石鼓和钟鼎之上的碑文、崖文、石鼓文和铭文等。至现代除纸质书籍外，也有缩微制品、音像制品、磁盘、光盘等电子图书。若将浩繁的民族文献分类，可依照不同的标准区分不同的类型，其划分方式与其他文献无异。

但是，有些类型很有特色，如按照内容可划分55个少数民族文献；按文种可划分出藏、彝等几十种民族文字文献；按时间可划分出古今民族文献；按地域可划分出国外民族文献、中国民族文献、地区民族文献。

需要指出的是，不同的民族文献类型其概念使用范畴会有所不同。如地区民族文献，概念外延比较宽泛，只要是产生于本地区或关于本地区的民族文献，或身处各地的本区籍的民族著者文献均可包括之。

1.4 中国少数民族文献资源总量

1.4.1 古代少数民族文献总量。要想准确地说出古代少数民族文献总量，并非一件易事。目前，国内尚未见到权威的统计，只能从一些书目或片断的资料中进行推测。总体上说，保留下来的民族古籍是大量的，有30个文种。但是各民族间存留的古籍数量和质量差异很大。有的因年代久远，留下来的典籍只是文书档案。如公元2—4世纪通行于新疆于阗、鄯善地区的佉卢文文献，仅留存下来一些敕谕、契约甚至只是残页。有的由于文字使用时间非常短，产生的书籍很少。如老满文留存于今天的仅有《满文老档》一书。有的民族古籍流传下来的数量则非常大，而且内容丰富。如藏文，据不完全统计，西藏各大寺院及档案馆存有藏文典籍4.6万多函。甘肃省甘南州拉卜楞寺藏经卷6万多部；青海省塔尔寺除大藏经外，另收藏藏文经卷5万卷；四川省德格印经院，藏有经版21.75万块，佛教典籍4569种。此外，北京地区各单位收藏藏文典籍近2万函。以上数字还不包括300万卷的藏文档案。蒙文古籍数量也很大，除文书档案外，约有万余种。傣文古籍号称8.4万卷，其中《经藏》2.1万卷、《律藏》2.1万卷、《论藏》4.2万卷，还有500多种长篇叙事诗。彝文古籍近万种。满文古籍有千余种。纳西族东巴经卷有1000余种，2万册。维吾尔文、哈萨克文古籍也颇为丰富。此外，汉文古籍中也保留了大量与少数民族有关的文献，总数在7000种左右。

1.4.2 现代民族文献总量。现代民族文献较之古代民族文献，出版量要大得多，而且内容也丰富得多。据国家民委经济司编撰的《'96中国民族统计年鉴》资料表明：1952年至1993年间（其中缺1953年至1956年；1958年至1961年，1963年至1965年，1966年至1970年，1971年至1974年，1976年至1977，1979年），全国少数民族文字出版物累计，图书47723种，66991万册；杂志1754种，15229万册；报纸918种，182574万册。1978年至1993年民族自治地方出版物累计，图书

63662种，450132.5万册；杂志4930种，106381.6万册；报纸7529种，1157968.1万册。当然这是一个概略的统计。一是统计年份不全，二是所统计的内容不全是民族文献，其中夹杂了大量的课本、图片和一般类图书。但大体上还是可以从中了解现代民族文字和民族地区民族文献的出版情况。关于现代汉籍中的民族文献出版情况仍是一个未知数，它太分散，无法统计。但其数量一定不小，应在万种以上。

2. 中国少数民族文献的价值

中国少数民族文献具有很高的利用价值，它是各族劳动人民在长期社会实践中创造出来的精神财富和智慧结晶，其中不乏珍稀文献。单从历史、文化和社会功用三方面看，就足以认识民族文献资源价值的重要性。

2.1 历史价值

2.1.1 民族文字文献是记录各民族历史的第一手资料，是其他文种民族文献无法比拟和替代的。因为这类民族文献出自本民族著者，并用本民族文字写就，从而可利用价值极高。如《蒙古秘史》、《蒙古黄金史》、《蒙古源流》并称蒙古三大史书；又如《青史》、《红史》、《白史》以及《吐蕃王统世系明鉴》是研究藏族历史的重要史书。此外，彝族的《西南彝志》、傣族的《泐史》等，都是研究本民族历史的重要著作。

2.1.2 民族文献对研究中华民族的形成有重要价值。中华民族是各民族的共同体，它的形成由来已久，各民族在数千年前就相互往来，相互交流，不断融合，成为现在不可分割的一个整体。这方面的资料大量存在于民族文献中。如在5—11世纪使用的新疆于阗文中有许多名称采用汉语，甚至有些地方用汉文，并使用汉文年号，可见当时于阗地区与中原关系之密切。又如成书于14世纪的藏文著作《红史》，其中对汉藏关系有诸多详细记录，这一珍贵的民族文献史料，有力地证明西藏自古以来是中国版图不可分割的一部分。

2.1.3 民族古籍与汉文古籍互相弥补史料遗缺。汉文古籍对有文字的民族和无文字的民族都有大量的史料记载，特别是对于那些无文字的民族，其文献价值显得格外珍贵。这些文献都是当时由内地派去的官员、使臣和汉族旅行家、宗教人士记述下来的。如《大唐西域记》对于西北地区，《交州外域志》、《桂海虞衡志》对于南方各地，《蛮书》对于云南，都是珍贵的史料。

但是汉籍对于民族地区社会发展的记述毕竟有限，所以民族古籍可以弥补汉籍民族的文献之不足。如成书于13世纪的《蒙古秘史》，对成吉思汗生平及窝阔台王朝的描写，察合台文的《拉西德史》，对中古新疆历史的记述，以及《满文老档》中保存的早期满族史料都是汉籍中所遗缺的重要民族史料。

2.2　**文化价值**

少数民族文献在文化领域中有广泛的价值，尤以文学、戏剧艺术、语言文字学、宗教文化等方面更为突出、更富有特色。

2.2.1　文学价值。少数民族的文献中有大量的文学典籍，既有用民族文字创作的文学作品，也有大量世代相传的口碑文学；既有属于本民族文学巨著，又有吸收改编或翻译其他民族的大量文学佳作。尤其是在诗歌领域里所取得的成就，在中国文学史上占有重要地位。如蒙古族的《江格尔》、柯尔克孜族的《玛纳斯》、藏族的《格萨尔王传》并称中国三大史诗。特别是《格萨尔王传》篇幅极长，有35卷，100万至150万行，800多万字。它比印度的《摩珂波罗多》（全诗40万行）和吉尔吉斯的《马纳斯》（全诗50多万行）都要长得多。它是中国，也是世界上最长的诗歌。

2.2.2　戏剧艺术价值。中国少数民族能歌善舞，举世闻名。他们在戏剧领域也有独领风骚之作，如焉耆—龟兹文剧本《弥勒会见记》和《佛弟子难陀生平》是中国现存最早的两个古代剧本。《弥勒会见记》长达27幕，每幕标出地点、出场人员及演唱曲调，此剧后来译成回鹘文。两剧为研究中国戏剧的产生和发展提供了珍贵的标本。

2.2.3　语言文字学价值。中国少数民族文献中有丰富的语言文字学研究资料，它为研究语言文字的产生、发展、变化、融合提供了大量依据。如公元3—9世纪使用于新疆的吐鲁番、焉耆、库车等地的吐火罗语，它所留存下来的文献对印欧语系比较语言学研究有很高的价值。原来一直认为印欧语区分为西部的K类语言和东部的S类语言。但是吐火罗语地处东部，而语言却属于西部K类语言，因而使传统的印欧语系研究成果面临新的挑战。

2.2.4　宗教文化价值。佛教、伊斯兰教都是外来文化，它们通过民族地区传入中原，并产生了很大影响。特别是佛教与中国的儒家思想和道家思想结合，形成了中国古代特有的文化氛围，至今仍有一定影响。民族文献中有大量的宗教典籍，尤以佛经最多，研究价值极高。如藏文大藏经、蒙文大藏经、满文大藏经、西夏文大藏经和傣文大藏经等。藏文大藏经分为正藏（甘珠尔）、续藏（丹珠尔）和杂藏（松绷）三大部分，德格版共收佛教经籍4569种，其中属于密教的经轨和论藏等，十之八九是汉文大藏经中所没有的。傣文大藏经属南传上座部巴利语系大藏经，几近半数经籍为汉文佛典所无，保存着佛教经典比较早期的面貌。这些都是不可多得的民族宗教文献。

2.3 社会价值

它是指少数民族文献在社会各个实践领域中的应用价值。少数民族文献有广泛的社会价值，特别是在政治、经济、科技、教育、医药等领域价值很高。

2.3.1 在政治领域。法规、政策性民族文献是民族工作的指导性文献，是处理民族事务、保障各民族合法权益的依据，如《民族区域自治法》。同时，大量记载民族之间友好往来、平等互利、共同发展的史料是促进民族团结、维护祖国统一的重要文献。

2.3.2 在经济领域。民族文献对推动经济发展有直接作用。如各级民族地方政府在制定中、长期经济发展政策和规划时离不开民族文献。因为，民族文献中有大量记载当地社会发展状况、历史沿革、山川地貌、自然风物、人文景观、宗教习俗等方面的资料，这些都是制定政策和发展规划不可缺少的依据。特别是利用这些文献，可以找准发展地方特色经济的方向，从而带动整个区域的经济发展。

2.3.3 在科技领域。少数民族在科技领域里有许多重要的文献，如元代回族天文学家札马鲁丁编撰了《万年历》，清代蒙古族数学家明安图发现了《割圜密率捷法》等。这些文献至今仍有其利用价值。如内蒙古图书馆藏有一部佚名的蒙文《天文学》著作，全书上下共两册，它对科学史的研究有重要参考价值。

2.3.4 在教育领域。利用民族文献编写教材和通俗读物，扫盲、普及民族文化和进行各种层次的民族教育。许多专业部门、科研单位和院校还利用民族文献进行科学研究。如国家地震局利用民族文献编辑《地震史料》。

2.3.5 在医药卫生领域。少数民族文献中有许多重要的医药学文献，其被开发利用的价值很高。如甘南藏医工作者对《总则本释义》等藏医学文献进行研究，在研制出“洁白丸”等193种藏医药的基础上，又研制出“七十味珍丸”、“仁钦章觉”、“仁钦坐台”等3种名贵藏药。

3. 中国少数民族文献资源的开发与利用

3.1 文献资源的合理配置

目前少数民族文献资源是分散的，处于一种自然状态下的分布，各文献收藏机构不相往来，独立地进行文献收藏，仅能满足局部读者的需求，而不能满足全社会的需求。要改变这一局面，关键是解决文献资源配置问题。通过调整使全国各类型、各部门文献收藏形成一个整体，减少重复浪费，建立民族文献收藏网络，把有限的资源通过最佳方式配置到适当的地区、适当的部门，使之产生最佳的效益。

文献配置就全国而言，应该有三种模式，即国家级、区域级和系统级。国家级以北京地区为代表，这里是民族文献富集区。有众多的国家级文献收藏机构，如中国民族图书馆、中央民族大学图书馆、中国社会科学院民族研究所、民族文学研究所图书馆、中国藏学中心图书馆、北京图书馆民族文献部等。这些馆都具有民族文献典藏优势，其文献量总合约250万册，汇聚了各民族、各文种的文献，不乏珍本善本，而且国外民族文献收藏也颇丰富。区域级以广西、云南为一方，应以收藏南方各民族文献为主；以西藏、贵州、四川为一方，应以收藏西南各民族文献为主，以青海、甘肃、宁夏为一方，应以收藏中西部各民族文献为主；以新疆为一方，应以收藏新疆各民族文献为主；以内蒙古为一方，应以收藏内蒙古和北方各民族文献为主。系统级作为国家级和区域级的补充，可以灵活多样，按部门、院校或民族进行资源配置。

3.2 设立中调机构

由国家民委文化宣传司、教育司、国家教育民族教育司、文化部图书馆司联合成立中调小组，对文献资源开发与利用中的诸多问题进行协调，常设机构可以设在中国民族图书馆，负责各方的联络。

3.3 制订中长期发展规划

内容包括确立发展目标，建立有效的协作网络，定期对民族文献资源进行普查，以及对用户和市场需求进行调查，加强文献资源布局建设，统一文献加工、传递、使用标准，规范文献开发与利用全过程的行为，编制文献联合书目，有计划有重点地发掘民族文献，促使文献加工向产品化发展，注意文献工作人员素质、技能再培训，注意对用户使用文献的宣传教育，解决好资源共享中费用合理负担问题。

3.4 落实UBCIM计划

有效地高附加值地开发民族文献资源，不是传统的手工操作方式可以办到的，必须以文献处理计算机化和建立庞大的数据库为前提。但是要做到如此，必须有统一的文献加工、处理标准，使各种文字的民族文献，按照统一的方式自由互换检索，从而方便人们的利用。UBCIM计划正是国际图联为达到此目的而制订的，通过此计划使各国各民族文献书目记录实现标准化。目前国内许多有识之士已开始注意这个问题，一方面进行呼吁，一方面已着手研究。但是，这是一项大工程，必须有统一的领导，聚集各方面的专家协同攻关，其研究成果必须通过国家权威部门鉴定，并颁布施行。令人鼓舞的是，这项研究工作已具备了物质条件，部分民族文献已通过计算机处理试验。如青海师范大学承担的《汉藏科技机器翻译系统》、新疆大学计算机系教授吾守尔·斯拉木主持的《维吾尔—汉声、图一体化办公室自动化系统》都已通过国家鉴定。目前，已有8种民族文字可通过计算机处理，可以覆盖民族文献总量的80%以上。一旦民族文献书目记录实现标准化，那时民族文献资源开发必将跃上一个新台阶。

3.5 信息背景下的文献开发

目前，社会已进入信息时代，文献开发与传统服务方式背景分离，需要在新形势下加以调整，信息服务业强调以需求为导向，以效益求发展的原则，为民族文献开发提供了新的可借鉴的原则。特别是民族文献多为积淀性信息，更应注重发挥其效益。其实积淀性信息也有长处，它可以提供发展的背景，因此，对现实具有一定的参考作用，关键是找准积淀性信息与社会需求的契合点。这就要求文献收藏单位更新观念，改变传统劳动性质，不要死守借阅服务，坐等读者上门，而是积极主动提供经过深加工，具有高附加值的文献产品，如编制二、三次文献。同时还应注意变单向服务为多极网络化服务，重视数据库的建立，把民族文献信息载入“信息高速公路”中，并通过市场化运作，逐步增加文献单位造血功能，实现民族文献资源的良性循环开发。

参考文献

1．满达人．中亚史地文献综述．兰州大学出版社，1995.

2．田继周．少数民族与中华文化．上海人民出版社，1996.

3．张玉礼．论宏观文献资源建设．图书馆，1997（3）－（4）.

4．李晋有．中国少数民族古籍论．巴蜀书社，1997.

5．张文玲．我国古籍之最．福建人民出版社，1983.

6．朱崇先．彝族典籍文化．中央民族大学出版社，1984.

7．道布，谭克让．中国少数民族文字．中国藏学出版社，1992.

8．李久琦，宝音，杨长虹．中国少数民族图书馆概况．民族出版社，1989.

9．乌林西拉．我国少数民族文字文献著录标准化刍议．中国少数民族图书馆研究，1992.

10．国家民委经济司．’96中国民族统计年鉴．民族出版社，1996.

11．杨长虹．民族文献搜集工作刍议．中国民族图书馆理论与实践，中国华侨出版社，1996.

12．杨长虹，等．具有多元文化特色的中国少数民族语种文献编目与检索 .'96 北京IFLA大会专题研讨会发言稿.

13．李久琦．应当重视民族资料工作．资料工作通讯，1981（2）.

14．于宝林，李久琦．各族人民共同缔造了我国文化宝库．光明日报，1980-10-29.

15．王铁斌．藏学文献及其开发利用．中国民族图书馆理论与实践，中国华侨出版社，1996.

16．吴慰慈 .'96 lSIRSD综述．人大复印资料，G9.1997（3）.

此文收录于《图书馆学杂志》1997年理论与学术年刊

此文亦收录于《笔耕集》辽宁民族出版社1999年版

加强学会管理，推动民族图书馆事业发展

李久琦　何　丽

1. 图书馆学会管理的成绩和不足

民族地区图书馆是指我国少数民族三级自治地方政府自治区、自治州、自治县（旗）所辖的公共图书馆、高校图书馆、专业图书馆、少儿图书馆、科研院所图书馆以及民委等党政机关图书馆。这些图书馆虽然都有各自不同的职能和作用，但它们都有一个共同的服务对象：55个少数民族的读者。这是一个特殊的读者群，他们有自己的风俗习惯、自己的宗教信仰、自己的民族心理和意识，不少民族还有自己的文字。一句话，他们有自己独特的审美阅读心理。如何满足这一独特的群体阅读需要，充分发挥图书馆的社会教育职能，加强民族团结，繁荣民族文化事业，正是广大民族地区图书馆工作者义不容辞的责任和义务。

中国55个少数民族分布的国土面积占全国总面积的63%，各民族呈大杂居、小聚居的分布状态，各民族图书馆工作者在为各民族读者服务过程中，显现在各个民族的文献信息资源建设、文献整序、文献需求、文献开发利用、服务方式、手段以及现代化技术的应用和管理模式中的一般性和共性问题，需要以一定的组织机构为依托，共同协商，达成共识，求得共同进步。毫无疑问，学会是这个组织的当然首选。

中国图书馆学会自成立之日起就一直关注民族地区图书馆事业。1982年秋，由文化部图书馆事业管理局、国家民委文化司、中国图书馆学会组成的少数民族地区图书馆调查组，实地考察了新疆各级图书馆，提出了解决民族地区图书馆存在问题的建议。此次调查活动还直接促成了中国民族图书馆事业发展史上一次最重要会议的召开。1983年7月，全国少数民族地区图书馆工作座谈会在北京举行，来自全国13个省、市、自治区的18个民族的近百名代表与会交流学术论文和工作经验。会议代表受到党和国家领导人的亲切接见。这次会议是改革开放的产物，是新中国成

立以来的首次，也是有史以来的第一次，对民族图书馆事业起到了极大的推动作用，是民族地区图书馆事业发展进入全新阶段的标志。为了适应民族图书馆事业发展的需要，1984年2月，中国图书馆学会成立少数民族地区图书馆研究组，1996年1月成立了中国图书馆学会民族图书馆委员会。

20年来，学会极大地推动了民族地区图书馆事业的普遍发展。仅以民族地区公共图书馆为例，从1981年的331个馆，发展至今已达596个，增长80%，占全国公共图书馆总数的22%。民族地区图书馆、情报信息机构总数已近2000个，占全国总数的13%。

20年来，学会多次组织学术交流活动，直接促进了民族图书馆研究的深入和发展。继1983年北京会议后，1985年在新疆乌鲁木齐、1990年在云南大理、1994年在内蒙古通辽市、1996年在西藏拉萨、1997年在吉林延吉市先后召开了5次民族地区图书馆会议，共计489名各族代表出席，提交300余篇论文。这些会议不仅架设了同行之间了解、沟通的桥梁，谱写了民族团结的凯歌，也为民族图书馆学术交流广辟道路和机遇。《中国少数民族图书馆概况》、《民族图书馆工作概论》、《中国少数民族图书馆研究》、《民族文献与图书馆学论集》、《中国民族文献学研究》、《中国民族图书馆理论与实践》以及1998年《中国图书馆学报·增刊》（1997年第6次民族地区图书馆会议文集）等书刊的出版问世，都标志着民族地区图书馆的学术交流和学术研究达到了较高水平。

20年来，学会还采取多种办法在民族地区开展图书馆专业教育与培训，开拓了图书馆服务的人才资源。1985年9月，文化部图书馆事业管理局、民族文化司拨专款15万元，由学会抽调专人具体操办，委托北师大图书馆学系举办了“少数民族地区图书馆干部专修班”，17个民族的51名学员经过两年的正规学习，获大专文凭，现都已成为业务骨干。学会还组织讲师团到内蒙古、宁夏、青海等民族地区讲学。另外，学会还先后在北京举办了5次民族地区图书馆长和业务骨干培训班、研讨班，共有500余人参加培训。

当然，学会工作也有许多不足和能做而没做到之处。如学术权威性不够，历次会议没有把学术交流放在重要位置，学会的吸引力不够强。学术论文的研究深度不够，研究面较窄，研究问题不集中。学会工作的民族特色不突出，对民族文献的整序、加工、开发、利用缺乏深层次的研究和探讨，等等。

2. 理顺关系是事业发展的基础

随着信息经济、知识经济的驱动，我国科教兴国战略的实施，21世纪我国图书馆事业必定会有一个全新的发展。民族地区图书馆事业作为我国图书馆事业的重要组成部分，也一定会以它全新的姿态融入发展的潮流。但是，在融入过程中，我们必须要处理好几个关系。

2.1 处理好既要跑步前进，又要从民族地区社会经济发展实际出发，量力而行发展图书馆事业的关系

众所周知，我国民族地区大多处在高原、沙漠、丘陵、草原和山区。全国21000公里的陆地边境线大多在民族地区。地域辽阔、分散分布、人口稀少、交通不便给图书馆事业的发展带来了种种制约。同时，由于民族地区的社会发展滞后，社会生产力低下，文化教育落后，图书馆事业的发展与发达地区相比存在很大差距，而且这种差距在一些地区还在加大。因此，民族地区图书馆要得到发展，就必须要加快发展，跑步前进，要有差距感、使命感、责任感，进行长期不懈的努力。这里有三点比较重要：民族地区图书馆要尽快增强自身发展能力，改变等、靠、要、跟的惰性行为和意识；提高内部管理水平；要有不怕任何艰难险阻，拼搏向前的精神状态。

2.2 处理好传统与现代化的关系

21世纪会有数字图书馆、电子图书馆在我国出现，一些发达地区图书馆计算机普及以及现代化设施的齐备已成大势所趋，但民族地区的大部分图书馆还会较长时间用传统的手工操作。面对着这种强烈的反差，民族地区图书馆必须要保持清醒的头脑，切不可盲目地追求硬件上的现代化。这里我们必须要注意和明确以下几点：(1) 传统的以纸质文献为基础的图书馆在相当长时期内不会消失，民族地区图书馆保存和收藏民族文化遗产的功能仍是其主要功能之一。(2) 在一段时期内，相当一部分少数民族文字文献计算机应用仍是一个难题。到现在为止，我国只有内蒙古、藏、满、维吾尔、哈萨克、柯尔克孜、傣、彝、壮、朝鲜等10种少数民族语言文字可进行计算机文字处理并能与汉、英等文字实现兼容。而我国55个少数民族中，有23个民族有自己的文字。(3) 要做好基础工作，使图书馆的主要业务工作做到标准化和规范化，为计算机的应用做好前期准备。(4) 做好民族文献的搜集和管理工作，不忽视任何民族、任何形式的文献，牢记越是民族的、越是世界的。

2.3 处理好局部与整体、不同类型图书馆之间的关系

我国民族地区各级各类图书馆都有着各自不同的职能和使命，但它们都有一个共性，那就是“民族的”。从整个国家图书馆事业来讲，特色图书馆、专门图书馆是局部，民族地区图书馆也是局部。就整个民族地区图书馆而言，“民族的”虽然不是全部，但却是主要的。只有局部问题解决了，全部问题才能解决，只有主要问题解决了，次要问题才会迎刃而解。因此，我们要清楚：(1) 发展民族地区图书馆事业不仅仅是民族图书馆工作人员的职责和任务，也是全国广大图书馆同行的责任和义务。(2) 民族地区各级各类图书馆要以民族为本。(3) 民族地区图书馆在牢记根本的基础上，充分发挥各自的职能和作用。(4) 民族地区各类图书馆要做好协调工作，科学地、合理地做好民族文献的管理和开发利用。

3. 强化学会功能，全面促进民族地区图书馆事业的发展

随着我国政府机构改革的深化，更多的管理职能转移现象必然会发生和发展。学会原有的一些职能和作用也将有相应的转变，但是学会的基本特征和中心任务是不会改变的，只要我们把握好这两个基本点，以不变应万变，学会的桥梁和纽带作用一定会更坚实、更牢固。

3.1 开展学术活动，重树学术权威

目前，民族地区图书馆的学术研究多半以个体自发研究为主，文章散见在各个图书馆学刊物和民族院校院刊校刊以及民族研究杂志上。依行政力量组织的学术研究根本就没有。因此，学会的任务仍然艰巨。目前，学会必须群策群力，争取得到各级民委的有效支持，采取各种切实可行的办法，使学会形成一股强大的吸引力，从而推动民族地区图书馆学术研究的全面发展。

3.1.1 组织学术交流

这是各级各类学会开展的最有效的、普遍的、经常性的活动之一。有些学会在一年内会以不同的专题组织几次学术交流活动。但民族地区图书馆的学术交流活动多半是两年才举行一次，有时甚至3年、4年。经常地、普遍地开展学术交流活动，不仅能够促进学术研究的深入，还可以使人们开阔视野、增长见识、学习先进。学术交流活动的地点不应该仅限于民族地区，汉族地区特别是沿海发达地区更应该成为首选目标，因为这些地方不仅有最先进的设备和最前沿理论思想，还代表着中国图书馆发展的方向。

3.1.2 组织学术评定

学术评定是指对民族地区图书馆科研成果的评定，对民族地区图书馆工作人员

个人学术水平的评定。民族地区图书馆的落后状况不仅表现在设施设备方面，也表现在人员素质、学术水平和科研成果方面。民族地区图书馆的科研成果和个人的学术水平不能与汉族地区，特别是发达地区的图书馆相比，也正是这个缘故，因此学会开展学术评定显得尤为重要。一方面，它能使民族地区图书馆正视现实，努力学习，力求提高。另一方面，它对民族地区图书馆工作人员的职称评定有很重要的作用。

3.1.3 组织学习进修

学习进修是指对民族地区图书馆工作人员的图书馆基础理论培训、业务技能的训练和现代化应用技术的学习。这是学会责无旁贷的责任和义务，只有学会才能做到这一点，以此充分发挥学会的龙头作用。

3.2 培训一大批专门人才

现在各图书馆都希望自己能有一批复合型人才，既要懂图书馆的基础知识，又要懂计算机的基础知识，并较为熟练地运用现代化设备。就未来的图书馆发展而言，或者说就目前的一些较为先进的图书馆而言，这些知识和技能都是基本的、必备的，就图书馆工作人员的素质而言，也是必备的条件之一。由于民族地区图书馆的特殊性，民族地区图书馆工作人员不仅要掌握民族理论政策、民族历史、民族语言文字、民族典籍文化、民族风俗风情、民族宗教等，还要全面了解和密切关注这些学科和行业的动态。具体地讲，民族地区图书馆工作人员必须具备如下专业能力：（1）精通民族文献信息的内容，包括评价与过滤民族文献信息资源的能力。（2）具有与民族工作、民族科研业务相适应的专业学科知识。（3）利用合适的信息技术来搜集、组织和传播民族文献信息。（4）为图书馆用户开发专门化的信息产品。（5）评估民族文献信息使用的结果，开展民族文献信息管理课题研究。（6）具有一定的组织管理才能。

另外，民族地区图书馆工作人员还要具备以下素质：（1）勇于面对民族地区图书馆与汉族地区图书馆的巨大差距，勇于面对知识经济的挑战，寻求图书馆内部与外部的新机会。（2）具备有效的沟通和交流能力。（3）活到老学到老，在不断变革的时代保持灵活变通、积极进取的心态。

3.3 转变观念，以科学管理方法建设新世纪的民族地区图书馆

观念是人们对客观事物的看法，它影响和制约着人们的工作方法和生活习惯。民族地区图书馆由于所面对的差距和现实，极易产生悲观、落后、等、靠、要的惰性意识，这种思维意识不转变、不根除，民族地区图书馆的现代化就很难实现。只要有了观念的现代化，我们再加以各种科学管理方法，新世纪的民族地区图书馆一

定会以它的民族化、特色化与祖国的图书馆事业相辉映。

3.3.1　提高服务效益

我们要明确，任何效益都是经济的。图书馆能够做到物尽其用、人尽其才，知识的使用和消费都达到相当高的水平，这就是经济，就是效益。树立这样的观点对于民族地区图书馆的管理者和工作者都很重要。在相当一部分图书馆处于人浮于事、书少人多、工作效率低下的状况下，这些基本的内部问题都不能解决，图书馆就根本谈不上什么效益。要改变这种状况，就必须加强图书馆的业务管理，并对图书馆机构进行重组，实现从“物流—人流”的管理到“物流—人流—信息流”的管理，使图书馆从借阅图书的机构逐步过渡为向读者用户提供广泛信息服务的机构，进一步加强信息集散的枢纽功能。

3.3.2　树立人本观念，实现“人本位”管理

人本观念就是以人为本。图书馆管理者树立这样的观念就会重视人才、使用人才、保护人才不使其流失。工作人员树立这样的观念就会注重提高自身素质、钻研业务。对外来讲，以人为本就是以读者为本，从现代人的实际读书需求和信息需求出发，更好地为读者服务。“人本位”管理就是研究读者、方便读者和尊重读者。研究读者包括研究读者的知识结构、读者需求的综合性、民族特色服务的有效性等。方便读者就是服务方式和管理方式更有利于读者，为读者提供各种方便。尊重读者就是尊重读者的意愿和意见。民族地区图书馆实行“人本位”管理，就应实行民族古籍文献开架阅览，开设民族研究室或专家研究室，等等。

参考文献

1．龚永年．市场经济条件下图书馆学会生存与发展问题的几点思考［D］．中国图书馆学会专题研讨会论文，1998.

2．包和平，许斌．中国民族图书馆理论与实践［M］．北京：中国华侨出版社，1996.

3．彭俊玲．面向21世纪的专门图书馆事业发展战略构想［J］．中国图书馆学报，1998，24（6）.

4．陈燮君．以科学管理方法营造跨世纪的新馆（关于上海图书馆新馆建设的理论思考）［J］．图书馆学、信息科学、资料工作，1997（2）.

此文刊载于《中国图书馆学报》1998年第4期

序跋与评论

让前门楼子为旅游业服务

久　琦☆

中外人士到京，总要仰首欣赏一番前门楼（正阳门的城楼和箭楼），遗憾的是，很少有人登上过，只好“望楼兴叹”。过去，人们开玩笑说“买前门楼子”；今天，买前门楼子的参观券，登楼一游，却是有条件而且应该实现的。

站在前门城楼上，北望毛主席纪念堂、天安门广场、人民大会堂和革命历史博物馆的雄姿；登上箭楼饱览前外大街车水马龙的繁华景象，环顾东西两侧的高层建筑……将多么令人心旷神怡。楼内还可以展出新旧北京城对比和沿革变迁的珍贵图片，使人增长历史知识。

此外，在箭楼上还可以设茶点部专营京味食品，附设专柜出售北京风景照片和工艺品，再播放古今民族乐曲，必将成为吸引成千上万中外旅游者的游览场所。

此文刊载于《北京日报》1979年7月18日第3版

☆　李久琦笔名。

浅议图书馆立法

——兼评许文绪等同志草拟的《中华人民共和国公共图书馆法》

李久琦　张文彬　朱全福

（一）

新中国成立以来，我国图书馆事业在不平坦的道路上历时三十余年，它和我国其他社会主义事业一样，取得了巨大的成就。但是，在图书馆事业的建设中，如何巩固已有的成就，使其沿着健康的道路不断前进，我们都有着正反两方面的教训。其中之一，就是什么时候我们比较重视图书馆立法，以法办馆，图书馆事业就比较能稳步健康地发展，什么时候不重视或破坏图书馆有关法规，图书馆事业的发展就受到阻碍或破坏。

在20世纪50年代，我们是比较重视图书馆立法的，当时尽管还没有一部完整的图书馆法，但是还是颁布了一些具有法律效力的有关规定、条例。如1955年的《文化部关于加强与改进公共图书馆工作的指示》、1956年的《中华人民共和国高等学校图书馆试行条例（草案）》、1957年的《全国图书协调方案》等等。这些指示、条例和规定，为我国社会主义图书馆事业的发展起到了巨大的推动作用。但是，我们并没有沿着这条以法办馆的道路走下去。特别是“文化大革命”期间，国家的宪法也遭到了严重的破坏，至于图书馆的有关条例和规定更是被破坏殆尽。图书馆房舍被任意抢占，大批图书资料付之一炬。图书馆工作者得不到起码的人身保护，图书馆事业遭到空前的浩劫。

近几年来，我国图书馆事业在逐渐地恢复和改变，特别在党的十一届三中全会的“有法可依，有法必依，执法必严，违法必究”的方针指引下，图书馆界提出了“以法办馆”的要求。近几年，中央有关部门发出了一些行之有效的指示，并陆续颁布了一些工作条例，如《省、市、自治区图书馆工作条例（试行草案）》，此条例系1978年11月13日，由国家文物事业管理局制定；又如《图书情报工作汇报提纲》，于1980年5月26日，中央书记处第23次会议通过；1981年1月30日，国务院批转的《图书、档案、资料专业干部业务职称暂行规定》的通知；同年教育部颁发的《中华人民共和国高等院校图书馆工作条例》等等，这充分说明我国图书馆事业开始恢复并步入了法治的正常轨道。更令人振奋的是在今年公布的《中华人民共和国宪法（修改草案）》中，明确写上了国家有计划地发展社会主义图书馆事业的条款，这是我国图书馆事业发展史上的一件大事，它符合全国人民及广大图书馆工作者对于提高民族文化水平的要求和心愿，符合全国人民的根本利益。当然，这部《宪法（修改草案）》还在讨论修改中，还须经过全国人民代表大会最后通过实施。但是，我们相信，党和国家重视发展图书馆事业，以法办馆的方针政策是不会改变的，其基本精神是会在将来正式通过的宪法中得到更充分的体现。

（二）

图书馆立法是党的有关政策的体现。它根据社会主义图书馆的性质和作用及其发展规律，以及广大人民对发展科学文化事业的需要，制定出人人都必须遵守的有关条文，并加以实施，追究其违犯有关条款的责任。这样，就以法律的权威，确保图书馆事业的发展和完善。

在“文化大革命”期间，图书馆工作之所以遭到很大破坏，实际上是破坏了党的政策。其原因之一，还在于我们有些同志的头脑中法治观念非常淡薄，有些甚至完全没有法治观念。在图书馆事业中不是依靠党的方针政策和以法办馆的思想，而是个人发号施令，随心所欲。因此，许多工作条例不能贯彻执行，有些科学性很强的技术标准的规定，可以任意修改简化和取消，使得图书馆工作杂乱无章，这些都是需要我们记取的经验和教训。我们必须把党的路线、方针和政策法律化，使之成为国家意志。以法办馆，实行法治，实际上就是坚持党的领导。不言而喻，有关法律条文一经公布实施，必须具有极大的权威性，任何单位和个人都必须遵守，否则就依法追究，这不是有力地加强党的领导吗？反之，不以法治，听任个人说了算，长官意志，实行所谓“人治”，必然导致否定集体领导，破坏民主集中制，使行之有效的法律徒具形式，这哪里还是党的领导呢？“文化大革命”时期的那种“无天无法”的局面，正是彻底否定了党的领导而造成的，那种局面再也不能重复了。

除此，图书馆法的颁布与实施，也是发展图书馆读者服务工作，以保证人民充分享有的文化教育权利的一个体现。在过去的宪法中，都有人民享有文化教育权利的条款，但是如何保证人民实现这个权利，国家只有充分发展各项文化事业，人民享用文化教育权利，才能得到实现。依法而发展，完善的各类型的图书馆的服务工作，则是给人民实现享有文化教育权利提供的可靠的物质保证之一。假如在一个图书馆事业非常落后的地区，图书资料非常缺乏，现有的图书资料又无科学管理，那里的人民要充分享有文化教育，是完全不可能的。事实证明，图书馆立法越完备，实施越彻底，图书馆的服务工作也越充分，广大人民享用图书馆的权利也越扩大和充实。

总之，以法办馆可以使图书馆事业按其固有规律顺利发展。如我国社会主义图书馆的建设原则，它在四化建设中的职能及其作用、图书馆藏书和经费的来源、图书馆服务的形式和标准、图书馆事业的领导和管理系统，等等。这些都必须在图书馆法中给予明文规定。特别现代图书馆，它已不是封建藏书楼的形式了，它已是现代科学文化发展必不可少的组成部分。它的管理必须和现代化大生产相适应，计划化、合理化、规范化和先进水平，成为衡量办馆优势的尺度。牵一发而动全局的事是会经常发生的，一个环节搞不好，就会带来很大损失。因而，按照图书馆事业发展的基本规律，用法律条文给予科学的规范，使大家有章可循，就能防止一切违背科学和有害于图书馆事业正常发展的行为，使图书馆事业沿着健康的道路蓬勃发展。

（三）

制定和颁布图书馆法在国外早已有之，它可以作为我们的借鉴。但是，从我国国情出发，认真总结新中国成立以来正反两方面的经验教训，则是我们制定图书馆法的根本依据。同时要充分发扬民主，广开言路，集思广益，经过充分的调查研究和学术探索，我国图书馆法早日制定并加以实施。我们认为，最好先草拟出总的图书馆法，该项工作应有中央有关文化事业方面的领导及图书情报工作方面的专家参加。各个系统的图书馆法，应有各个系统的切实可行的科学性、系统性及灵活性。要照顾长远和当前的情况，实事求是，凡不能实现的条文，就不必写进去。由此看来，要制定一部较为完备的图书馆法不是一件容易的事。近几年来，为图书馆立法，广大图书馆工作者做了大量工作。其中值得高兴的是徐文绪等同志率先草拟了《中华人民共和国公共图书馆法（建议草案）》（见《四川图书馆学报》第四期，第2—4页，1981年）。俗话说，万事开头难，徐文绪等同志勇于探索，不避困难的精神是值得学习的，他们的工作反映了广大图书馆工作人员的要求。该建议草案共分九章三十六节，第一章总则；第二章任务；第三章组织；第四章领导；第五章经费；第六章人员；第七章标准；第八章少年儿童图书馆；第九章附则。

该建议草案，总的看来条文比较简明，内容体现了党和国家关于对公共图书馆的政策，规定了图书馆活动的基本规范。从某些条文中，我们清楚地看到草拟者是吸取了图书馆事业发展中的经验教训，同时又注意到了当前一些不利图书馆事业发展的问题。如第一章对公共图书馆的性质和职能的规定，明确定出“图书馆的馆舍、设备、书刊文献及开展的业务活动，应受到国家的保护和群众的支持、爱护，任何单位和个人不得任意占用和进行破坏，不得无故进行干扰，违者应负法律责任”，这是我们非常赞同的条文。第六章23节规定：“馆长由地方政府任命热心图书馆事业的知名人士担任。”这一条就能较有效地杜绝那种乱点鸳鸯谱的怪现象，说明那种事业心不强的人，是不能当馆长的。因为一个图书馆办得好坏与馆长的事业心有着直接的关系。本章24节工作人员中，规定“大专院校毕业生不得少于工作人员总数的百分之三十”。这个比例我们认为合适，也是应当强调的。这个比例，目前有些图书馆还达不到，但经过努力是可以达到的。长期以来，在一些人的心目中，认为什么人都可以从事图书馆工作，结果有的图书馆成了“收容所”、“养老院”、“转运站”。一些业务上的骨干得不到提高，不能科学地有计划地配备起一支专业队伍。又如第五章对经费的规定较为详尽，共7节。关于图书馆经费问题，也是急需解决的问题，这是个带有普遍性的问题。我国是社会主义制度的国家，实行计划经济，只要我们有关的人员，根据图书馆事业发展的实际情况，提出科学的依据，经费问题一定能够解决。在英国，为了发展图书馆事业，他们将每年税收的百分之二作为图书馆事业的经费。由此看来，国外是很重视图书馆事业的发展。以上所谈到的一些问题，我们认为是该法建议草案写得较好的方面。

该法建议草案，由于种种原因，有些条文需要进一步商讨和修改。

第一，在全文结构上，需要增加序言部分，通过序言进一步阐明立法的主要意义和准则。

第二，第一章总则部分，第五节图书馆工作人员，应当全心全意为人民服务，为社会主义服务，坚持四项基本原则，执行党的方针政策，在工作中努力发挥积极性、主动性和创造性，为建设社会主义现代化强国，为建设精神文明做出贡献。我们认为，内容和文字上重复。可以去掉“坚持四项基本原则，执行党的方针政策”字样，增补“模范遵守国家各项法律法令”，“热爱社会主义图书馆事业”。“四项基本原则”是我们各项事业都应遵循的，对图书馆工作人员也应这样要求，既然规定了图书馆工作人员应全心全意为人民服务，为社会主义服务，模范遵守国家法律的要求，就概括了四项基本原则的精神。

第三，有的条文概念不太明确，如第二章任务规定："组织本地区图书馆之间的协作同业务交流活动。"这是组织本系统图书馆的协作同业务交流呢，还是组织各系统图书馆之间的协作？我们认为，应明确规定，组织本地区公共图书馆的协作及业务交流，同时也要包括其他各系统图书馆的协作及业务交流。

第四，第三章组织一章应规定各级公共图书馆的业务辅导关系。

第五，第四章和第六章有关馆长的条文其内容重复，是否只在第四章一章提到就可以了。

第六，在适当章节增加一条文，"接受机关团体和个人的捐赠，以及增添图书馆工作中的有关奖惩制度"。

以上是我们的一些粗浅看法。我们热心期望着我国第一部图书馆法早日公布。

此文刊载于《冶图通讯》1982年第2期

二十期《通讯》论短长

李久琦

五年前，我意外地得到一本薄薄的仅有24页的《资料工作通讯》创刊号（以下简称《通讯》），作为一个长期从事图书资料的工作者来说，我感到欣喜。尽管它是一本很不起眼的小册子，但毕竟是荒漠中开垦出的一小块绿洲，它为广大社科资料工作者提供了一个互相交流经验的场所，开辟了一个可供商讨争鸣的园地。五年过去了，经过园丁的辛勤培育、开拓和读者、作者的共同耕耘，它的内容逐渐充实，版面有所创新，发行量不断上升，如今绿洲上已春华瑰丽，秋实盈衍。

《通讯》自20世纪80年代第一个春天里诞生起，走过了几个历程：从24页的不定期试刊，到固定64页的季刊公开发行，到1984年改为双月刊由邮局扩大发行，这是个不小的变化。更为可喜的是，为适应形势的需要，明年将改称《情报资料工作》，作为全国社会科学情报工作者协会筹委会会刊。可以说，五年迈出了五大步，这是令人可喜的。作为一个忠实的读者，愿对已出版的20期《通讯》作一简略的回顾。

20期中开辟近40个栏目，8个专题会议报道，共载文500余篇，刊登照片120多幅，总约200万字。其中经常性栏目中“工作研究”16篇，占3.2%；“经验交流”38篇，占7.6%；“大家谈”20篇，占4%；“资料分类和检索问题”19篇，占3.8%；“国外见闻”11篇，占2.2%；“同行们”12篇，占2.4%；“资料史话”10篇，占2%；“简讯”62篇，占12.4%；“国外情报资料现代化”8篇，占1.6%；“资料成果评介”6篇，占1.2%，等等。其中很多文章理论联系实际，观点较鲜明，立论准确，有一定的学术水平和研究参考价值。一些文章充满新意，别具特色，文风朴实，生动活泼，深入浅出，普及和提高兼顾，注意反映新的技术革命的浪潮。该刊不但普遍受到同行们的关注和欢迎，而且有的文章被《文摘报》、《报刊文摘》、《复印报刊资料》等出版物所选登；还有的被翻印成单行本，广为交流，其中有些消息被电台和报社所转播和报道，起到了良好的宣传效果。

指明方针　增强信心

先后在刊物上刊登了方毅、于光远、周林、梅益、钱学森和中国社会科学院情报研究所所长杨承芳、中共党史资料征集委员会副主任谢筱廼、中共中央宣传部出版局局长许力以、中国社会科学院情报研究所副所长易克信等同志的《谈资料工作》、《当前社会科学情报工作中的几个问题》、《促进科学研究工作，加强资料整理出版》、《将我国社科情报工作向前推进一步》、《我们对社科情报工作方针任务的认识》等讲话、文章，及时地、有针对性地传达了情报资料工作的方针任务。许多读者反映，这些文章对工作起了指导作用，给我们的工作指明了方向，增强了情报资料工作者的责任感，加深了做好工作的紧迫感，有力地推动了资料工作的改革和发展。

固定栏目　姹紫嫣红

笔者从创刊号起就与之结下了不解之缘，并成为其忠实的读者。通过几年的逐期阅读，并利用工作之便，有针对性地向部分读者做过一些调查。其中最受欢迎的栏目有“工作研究”、“经验交流”等，普遍认为，有些文章学术水平较高，能把理论和实践、深奥和通俗、提高和普及有机地结合起来，因而使刊物具有理论性、实践性、辅导性和知识性。

刊物中许多文章就大家共同关心的问题，诸如地方情报资料单位的性质、任务，情报资料工作的规律性，如何进行情报资料工作的改革和不断创造新局面等问题，发表了有启发性的文章。如《情报所——“三位一体”的学术部门》（载1984年第4期），就情报所是资料、研究、服务部门构成的“三位一体”的学术部门，用这个提法说明情报所的性质、地位与作用，或作为建设中必须考虑的三个要素所具有的普遍意义，发表了独到的见解。《建立北京上海出版系统资料中心的设想》（载1984年第2期），对为什么和怎样建立资料中心及其性质、任务做了可行性的分析和呼吁。《谈谈资料学研究中的几个问题》（载1984年第1期），主张把资料学作为一门独立的学科去开展研究，以适应新形势开创资料工作新局面。还有一些文章恰恰相反，主张图书情报资料一体化，宜合不宜分，以利于形势的发展。《正确处理资料工作中的几个关系》（载1983年第4期），就资料工作如何把内外、多少、前后、新旧、专博、人己等这些矛盾关系，结合本人的长期实践做了深入的探讨。此外，有的就情报资料“资源共享”，情报资料的分析工作，规律和特色等方面做了专门的阐述。这些文章推动了学术研究的进展。

“经验交流”栏目中，许多文章有骨有肉，能从工作实践中提炼有规律性的经验并加以概括和总结。由于有普遍性，许多兄弟单位容易采纳，收效显著。此外，有的文章就资料室的建设、组织工作、资料的搜集、选辑、分类、检索、资料保管和利用等方面的经验做了翔实具体的介绍，许多同行们把这一栏目称为定期召开的“书面经验交流会”。

“工具书评介”、“每期一刊”、“新书简介”等栏目为从事参考阅览和流通推广部门工作的同志们帮了大忙，有的干脆直接复印或抄写张贴出去，向读者推荐，受到读者的欢迎。

“国外见闻”（含“国外情报资料工作”）栏目，虽然只登了十余篇文章，但分别从不同侧面介绍了美、苏、日、联邦德国、瑞典、南斯拉夫、朝鲜、巴基斯坦等国的情报资料的发展状况或专题考察报告。这就使众多的长期从事情报资料工作的同行们，增长了见识，开阔了眼界，难怪有人称“国外见闻”栏目是“洞察世界的窗口”。

情报资料界的同行们，最喜欢“同行们”栏目，感到亲切生动。一些先进人物、先进事迹很有感染力、说服力，这些“光荣榜”上的集体和个人成为大家学习的楷模，其中《集萃于一堂，索取于一瞬——访人民日报社国内资料组》（载1982年第1期），《平凡的工作，可贵的精神——记中央党校国内参考组副组长雍桂良》（载1983年第2期）等，报道了许多甘做人梯、甘为他人作嫁衣的情报资料工作者的平凡而艰巨的劳动；介绍了这些知识海洋的领航员为四化建设和中华的振兴而拼搏的可贵精神。《漫长的崎岖小路——记吉林省社会科学院副研究员解学诗》（载1982年第4期）及《为社会科学的千秋大业着想——编辑〈满铁史资料〉的一些感受》（载1981年第4期），辅以日本爱知大学教授野间清的《中国为真正的满铁史研究赠送的礼物（摘要）——读〈满铁史资料〉第二卷》（载1981年第4期）等一组报道和介绍，前后呼应，不但使读者了解了满铁史资料的简况，也看到了编辑这部大型史料书的甘苦和勇于攀登的足迹，看到了资料工作者努力把死资料变活，从旧资料中提供出新情报的勇于实践、克服困难的极其细微复杂的精神劳动。这组文章本身就是在为提高资料工作者的社会地位呼吁呐喊，起到了一定的社会效果。“同行们”不但激励同行们自强奋进，也增进了各行之间的相互了解。

许多青年资料工作者更欢迎“自修大学”栏目，说它是提高业务素质自学成才的良师益友。有的单位组织业务学习把它当作课本轮流宣讲。

还有不可忽视的“简讯”栏目，篇幅虽小，却沟通了信息，它成了了解本行动态的荧屏，几十至上百字的“简讯”，从中看出事业的兴旺发达，有的读者到编辑部反映：从“简讯”中得到不少信息，获益不浅。

开辟纪念性专栏，如“纪念马克思逝世一百周年”、“纪念毛泽东同志诞辰九十周年”，发表的许多文章既是纪念两位革命导师的功绩，又是资料工作者长期从事资料研究成果的检阅，文章本身就是资料中难得的精品。

两次大型的“关于资料和资料工作属性的讨论”及“笔谈高校资料室的建设”专题讨论持续多期，共发表近50篇文章，吸引了许多读者。这些有益的讨论，繁荣了学术研究，促进了百家争鸣。

上述各栏目共刊登400多篇文章和消息，约占全部文章的80%以上，使《资料工作通讯》这块园地百花盛开，姹紫嫣红。

开辟新栏　迎接挑战

《通讯》从1981年起，就注意发表情报资料工作中运用新技术、现代化的文章，分别就视听资料、电子资料、缩微照相、电子计算机等方面做了一些介绍。

随着信息时代的来临，为迎接世界新的技术革命浪潮的挑战，近几期又新辟“图书资料情报工作现代化”栏目。为适应开创图书资料情报工作的新局面，发表了温元凯的《信息是资源，主意是财富》的讲话摘要，和美国西蒙斯图书馆学情报学研究院副院长陈钦智教授的《信息社会对图书情报工作的挑战》的文章，这些文章对我们情报资料工作颇有启发。此外，专栏中还介绍了上海交大图书情报工作自动化进展的情况和我国第一个中文药学文献数据库，使读者从一个方面看到我国现代化技术的进展情况，受到不少启示。

百尺竿头　更进一步

《通讯》应适当增加情报资料工作预测，加强新兴的“未来学”的探讨、研究和2000年中国情报资料工作的展望方面的文章，使同行们树立信心，增强勇气，以便从现在起步，面向未来，迎接挑战。

我认为，刊物应加强本学科领域的纵向与横向、宏观与微观、传统与现代化、国内与国外等方面的比较性研究的文章，应避免出现过时性或陈旧性文章，力戒模式化，使文章更有新意和深度，加强有效信息的传递。

在文章的比例方面，应注意增加社会科学情报资料方面的比重，以保持刊物的特色。希望每期附有部分作者简介栏，可增进同行们相互了解和联系。此外，还应不断扩大作者和通讯员队伍，增加稿源。总之，图书资料情报界的同行们，热切希望今后的《情报资料工作》百尺竿头，更进一步，越办越好，真正成为社会科学情报资料工作的权威性的专业刊物，使这块园地更加枝繁叶茂，繁花似锦，硕果累累。

此文刊载于《资料工作通讯》1984年第5期

《中国少数民族常识》简介

一　之☆

在介绍我国少数民族专著尚不多见的情况下，最近由中国青年出版社出版的青年文库——《中国少数民族常识》一书，是奉献给读者的一束小花。翻开该书目录跃入眼帘的是89个问题。一连串的问号，宛如一条知识的彩练，吸引着你去翻阅，去查找。洋洋32万字的书不算薄，但读起来不觉得枯燥冗长，其奥秘在哪里？55幅彩色照片，首先使你对我国55个少数民族的概貌有了一个直观的了解。这是一本纵观古今，兼收并蓄民族常识的小百科书，编者从我国丰富的旧典籍中提炼出新情报，又从当今民族资料中汲取了新的信息。书后的4个附表：我国各族人口分布表、我国各民族语言系属表、我国各民族文字类型表、民族自治地方成立日期表等，均易查易用，该书可作为图书资料工作者开展参考咨询的一部很有价值的工具书。

该书由国家民委、中央民族学院民族研究所几位专家学者集体编写，由马寅主编。

此文刊载于《情报资料工作》1984年第5期

☆　李久琦笔名。

梵文《摩奴法论》汉译本

李久琦

《摩奴法论》，原从法文译本转译为《摩奴法典》，是古代印度婆罗门文化名著、印度教伦理规范的经典。作者摩奴系传说中的人类始祖。全书共20余万字，分12章。前半部分以婆罗门为主要对象论述印度教徒一生4个阶段的行为规范；后半部分着重论述国王的行为规范即国家的职能，主要讲述了18个法律。全部内容涉及个人、家庭和国家生活的各个方面，诸如政治、经济、哲学、道德、法律、宗教、教育、礼仪、习俗乃至军事、外交等无所不有，无所不包，构成以四个种姓制度为基础的印度封建社会的一个理论模式。《摩奴法论》曾长期是印度教社会的法制权威，一直延续两千余年，至今对印度社会生活仍具有广泛而深刻的影响。

该书译者蒋忠新系中国社会科学院南亚和东南亚研究所副研究员，青年时代就读于北京大学攻读五年梵文，造诣很深，是梵文专家季羡林教授的得意门生。这部从梵文直译成汉文的《摩奴法论》，是前人从未做过又极不容易的工作，译者历时三载，严谨而细致地完成这部印度文化名著，为增进十亿中国人民对七亿印度人民的了解，推动两国人民的友谊和文化交流事业做出了贡献，填补了从梵文直译成汉文的一大空白。《摩奴法论》已由中国社会科学出版社于1986年夏出版了3500部。季羡林教授为之作序并热情予以推荐，使该书大为增色。《摩奴法论》，不但对研究古代印度社会文化提供了基本文献，对了解当今的印度情况也有极大的参考价值。该书出版后受到了国内外学者的普遍关注。

此文刊载于《世界图书》1987年第7期

激励和期望

——1986年读者来信综述

李久琦☆

1986年编辑部接到来稿490余篇，若加上会议论文则达到550篇，这些稿件来自各个系统，遍布四面八方，几年来，本刊的作者越来越广泛，稿源也较充足，并基本上组成了一支比较稳定的作者队伍，120余名通讯员为刊物提供了大量的信息。这些作者、通讯员是本刊一支不可多得的有生力量。

在来稿历年俱增的同时，读者来函亦在同步增长，其覆盖面包括全国各省、区，各个系统、领域。仅1986年接到的读者来信就有360多封，达到日均一封。这些来信中有批评、有建议，有激励、有鞭策，更多的是期望。编辑部将许多意味深长、中肯感人的来函，多次集装成册，分别送给各编委传阅。在编委会上就这些来函进行了座谈，交换了意见。编委们认为读者是本刊的沃土，这一封封来信是促其刊物生长的精肥和添加剂，现将来函综述如下：

［批评和鞭策］许多读者来信，对内容、版面、印刷等方面提出了宝贵的意见，有的指出贵刊内容很好，但印刷质量较差，墨色不浓，读起来吃力，用复印机复印其中的文章，效果更差。封面纸张和印刷也不够理想。还有的在批评同时建议采用什么字体、字号合适，都提出了详细具体说明。有的提出竖排的版面应从右向左才规范。

有的信中指出，每期开头，能用500—1000字写一篇“编者的话”说明本期重点，以期有助读者阅读。

读者还提到，贵刊虽有长足的进步，但版面仍显平淡，有些文章冗长，散了一些。为提高刊物质量，最好5000字以上的文章，应附简单的提要，以起到画龙点睛的作用。

此外，有的青年读者来信指出，应多花点力量来扶植年轻人（这是很有潜力的

☆ 当时以《情报资料工作》编辑部名义发表。

一批作者)，多宣传他们，鼓励他们突破、创新。有的直率地提出，兼顾年轻作者，尤其是他们的处女作。

［建议和设想］读者来信提出，探讨和争鸣的文章太少，要在“双百”方针指引下，增加争鸣文章，关键的问题要进行深入的讨论，以指导现实，通过探讨把刊物搞活。

有的还认为，高层次的文章不要太多，要深入浅出，不要为研究理论而理论。也有的认为，要多突出情报理论方面的内容，但理论文章不是搞几万字的大块头，而是搞些系统化、网络化的文章，要把宏观与微观研究结合起来，不能零敲碎打。文章要有的放矢，实际工作中的矛盾就是“病”，没有针对性的文章就是无病呻吟，那就必将失去读者，所以组织稿件要跟踪下去，搜集反馈，对读者负责，要把社会效益放在首位。

有的做基础工作的同志来信谈道，贵刊唯一使人遗憾的是“论坛”的篇幅太少，能否扩大一些，因为我们地方同志常常从“论坛”上获得的启迪较多。因此，希望贵刊在情报理论研究和情报工作指导上独具特色。多登理论文章，以走在实践的前边。当然，有价值的理论文章，必须回答实际问题，理论密切联系实际，切忌空谈。

此外，来函中还设想增辟“来稿摘要”或“手稿文摘”专栏，将一些未采用的稿件或刊登有困难的长篇文章，摘要发表，或定期登出来稿目录，可提供有关同志刊外交流。

还有的建议组织有关评定业务职称方面的文章，这是大家目前共同关心的事情，以指导帮助这一工作的开展。还有的建议多登改革方面的文章，增辟“行进中的情报”、“社科情报教育”等专栏。还有诸多的读者来信建议，每年评选一次好文章，以活跃社科情报界的文坛。

［鼓励和期望］许多读者来信对本刊予以充分肯定，鼓励我们的刊物是有理论，有经验，有资料信息，有历史知识，是读者的良师益友，是难得的辅导老师，是读者的案头顾问。指出有的文章现实指导性很强，很受启发，很多地方叫人顿开茅塞，胜过上几十堂业务辅导课。

有的指出，许多文章亲切、生动、活泼，具有理论性、实践性、知识性、科学性、趣味性，等等。刊物具有草根的特色，是根植于具体工作人员的土壤之中。

有的指出，这是全国唯一的社会科学情报的刊物，是广大社科情报工作者的园地和家。刊物起到了组织者、宣传者的作用，是读者、作者、编者之间的纽带和桥梁。刊物的发行量、来稿量、来信量充分说明其基础之深厚。

“人物专访”是对大多数默默无闻的情报工作者的一种莫大的鼓励和安慰，这一栏目为改变情报工作者的社会地位而呼吁、呐喊，使社会承认了我们，这一栏目深得人心，对稳定情报工作者队伍起到了极好的效果。这种贵刊所独具的特色要发扬光大下去。还建议要在专访中介绍一些有为的中青年工作者，对事业的源远流长将起到不可估量的影响。

作为中国社会科学情报学会正式会刊的《情报资料工作》，我们全体编委会和编辑部成员深感责任之重大，对读者的批评、建议、鞭策、鼓励以及种种褒奖均作为极大的动力，在新的一年里，通过读者、作者和编者之间的精诚合作和共同努力，把刊物办得更好、更出色，以不负读者的众望。

此文刊载于《情报资料工作》1987年第1期

寄语编辑部

李久琦

主编同志：

读罢改刊后的《黑龙江图书馆》，从封面到编排使人耳目一新。在去年第四期的改刊说明中写道：“《黑龙江图书馆》力争做到：使每位肯于把它拿在手中并翻开看看的读者，一定能从每期刊物中都至少发现一篇愿意读下去的文章。”编者没有使读者失望，一九八七年第一期《黑龙江图书馆》除简讯外，共刊载了二十二篇长短不一的文章，从我个人需要的角度出发，“愿意读下去的文章”共九篇，除连载《情报业务知识讲座》是我每期必读外，其余最愿意读的是有关黑龙江省和东北地区图书馆的消息、报道和文章，尤其是《我省第一条国际情报检索终端开通》（荆洁）、《县图书馆改革的方向与关键——黑龙江省县馆馆长笔会》、《图书情报体制必须改革》（杨学梅）及有关贵省图书馆学会第三次代表大会暨第四次科学讨论会召开的报道等文章，均反映出图书馆事业的省情省貌，具有鲜明的地方特色。贵刊深深扎根于黑龙江这块沃土中，兼顾东北地区，并把颗颗北方的种子撒向全国。浓郁的乡土气息，正是作为一个省馆、省学会刊物能站住脚之所在。这体现了一个面向（全国）、立足（本省）的办刊方针，只有立足本省，才能辐射全国。作为《黑龙江图书馆》的长年读者，我想冒昧地提一些建议供参考。

一、贵刊应成为了解苏联和东欧图书馆的窗口。黑龙江省地处祖国东北边陲，与苏联接壤，应充分利用这独具的优势，多介绍一些苏联与东欧的图书馆事业和情报资料信息，成为沟通北邻的纽带和了解苏联与东欧的窗口。以往刊登的《苏联的公共图书馆》、《苏联各加盟共和国图书馆及其藏书情况》等曾引起读者的浓厚兴趣。

二、继续保持乡土气息，并以此向全国交流。既然打出《黑龙江图书馆》这面旗帜，就要有北方特色，特别是发掘方志史料，从旧书中提供出新情报，把鲜为人知的睡书唤醒，使之化为财富服务四化。提供这方面的信息是贵省图书馆界责无旁贷的重任。去冬北京延庆县青龙峡举办首届冰灯，规模和时间均亚于哈尔滨，但仍轰动了首都中外观众。但此项活动缺少文字资料，如能配合此项活动开发信息资源以提供文献资料，那将是雪中送炭。贵省图书资源的开发有广泛的前景，达到共享的程度还大有潜力可挖。

三、应继续加强对贵省图书馆事业的报道。这是兄弟馆了解贵省图书馆事业的第一手材料。“往事与回忆”现改为“往事篇”栏目，登载的《关于齐齐哈尔市图书馆的建立年代》、《〈黑龙江图书馆碑记〉与〈新建图书馆题名记〉》、《民国初期的木兰县陈氏私立图书馆》等文章，都是很好的乡土材料，极能引起读者的兴味，更是我国图书馆事业史上必不可少的资料，应继续刊登。除史料外，现实的消息、报道与情况分析、改革论坛等，亦应增加比重。

四、去年黑龙江省图书馆学会召开的代表大会、科学研讨会以及评奖和征文活动等都很有感召力。这些获奖文章的公布，对引导读者阅读起到了无声的推荐作用，从中也看到了学会工作开展的成效和活跃程度，事业的兴旺发达令人鼓舞。

五、业务知识讲座为同行们提供了一个学习和交流的园地，这对初涉图书馆与情报资料界的青年无疑是启智的良师，对长期从事这一工作的人士来讲，也是可交的益友。对他们的知识更新和在职培训起到了有益的作用。这个课堂要坚持办下去，并从不同角度、不同侧面去进行刊授；并望出版单行小册子，以便成为合用的教材。

六、小资料栏目虽不起眼，但一份《我国现行十九项文献工作国家标准简表》，使人一目了然，省却了多少图书馆工作者和读者为找全这些材料所要用去的时间。

七、从季刊改为双月刊，加快了信息的传递速度，提高了刊物的地位。能否再向前迈进一步，改自办发行为通过邮局广为发行，或由邮局和自办发行并举以增辟流通渠道，扩大发行范围，扩展刊物的覆盖面，让更多的读者能更方便地订到贵刊，更及时地读到贵刊。

如上几点建议和希望，望笑纳。

此文刊载于《黑龙江图书馆》1987年第4期

鱼渔皆予

——评介《史地文献检索与利用》

李久琦

由金恩晖主编、吉林文史出版社出版的《史地文献检索与利用》，既是一部探讨史地文献历史渊源和发展过程，总结前人利用史地文献规律的科研专著；又是一部全面系统地评介和揭示古今中外史地文献和检索工具的方法论。它为高等院校、各类各级图书情报工作者提供了一本独具特色的史地工具书，为广大读者送来了一把打开史地文献宝库的钥匙。这是一部集全国7个省、18所高等院校图书馆界和其他方面20余位专家、学者的智慧和汗水编写而成的力著，是众多的文史工具书论著中较为出众的一部。其出色之处在于：

融史地科学情报与史地文献检索于一体。该书全面介绍了史地文献知识，系统地介绍了史地文献检索，指出其意义、作用、特征、学习目的与方法。

全书分7个部分：1.史地文献检索理论、原理和方法；2.如何利用文献进行检索；3.全面介绍中外史地文献知识；4.主要检索工具与工具书的内容、结构及查找方法；5.按史地文献检索中经常出现的专题，具体介绍各类课题的检索程序与方法；6.史地文献研究和学术论文写作；7.史地科学情报与文献检索成果释例。书后附中外主要史地科研机构及出版学术著作情况。

上述内容，读者读后能掌握史地文献检索与利用的一般知识和方法，从中学到有关史地科学的各种文献的知识。由于该书融史地科学情报与史地文献检索于一体，使读者增强了史地科学的知识和研究过程中的情报意识，并利用这种自觉意识达到事半功倍的作用，提高自我储备知识和扩展知识的能力。

从两种不同渠道介绍工具书。一是从工具书的类别加以介绍，分中国古代史地文献；近代史地文献；中国少数民族史地文献；地方史地文献及地方志；中国研究世界的史地文献；世界对中国史地的研究及其文献。其中史学方面按文献的实际情况与实用价值分别辟出中国通史、古代史、近代史、现代史、断代史、专门史等；地理方面分综合性、区域、专类、旅游地理、地图文献等；此外，还着重介绍了史地文献中的少数民族部分。

在工具书的类别中分别介绍了目录、索引、文摘、政书、类书、丛书、辞书、百科全书、年鉴、手册、表谱、图录等，并列专门章节介绍史地文献检索的基本原理、途径、方法及其效果评价。

二是以查找对象为线索加以介绍，分为查历史人物、历史事件；查典章制度、法规法典；查年月日；查地名、疆域、城镇沿革；查文物、古迹、名胜；查交通、气象、自然资源文献；查统计资料、民俗、宗教及会党文献。此外，还介绍了报刊史地文献检索。

既传授史地文献知识，又教会使用方法。该书的编写宗旨是既能予人以鱼，又能予人以渔。由于编者独具匠心，把枯燥的历史事件、干巴巴的地理条款，用新颖的编排手法，列举了种类繁多的史地文献，既打破了以正史为主体的框框，又兼顾了正史、野史、民族史志，集古往今来之大成。编者把这些纷繁的史地文献加以融会贯通，承上启下，使之引人入胜，而且可做终生教育用书。这与该书具有较强的知识性、可读性、探求性和实用性是分不开的。

读罢《史地文献检索与利用》一书，总还有不足之处。全书由于多人编写，写法欠一致，“合成”得不够好，有些地方语句不够简练。此外，读者总希望书后附有主要史地文献工具书索引，能按笔画查找尤为便利。当然这些建议在短时间内编就此书很难完成，期望再版时能予补偿之。总之，这是一部不可多得的鱼渔皆予的好书。

此文刊载于《情报资料工作》1988年第2期

应从实际出发　扬其所长为好

李久琦　曹　捷

在过去的1987年，本刊编辑部收到稿件825篇，日均来稿2.26篇，比往年有较大幅度增长。今年伊始来稿直线上升，有可能全年过千。来稿如此之多，表明广大作者、读者对本刊的热情关心和支持；作为中国社会科学情报学会会刊其社会影响显著；事业兴旺、学术研究活跃；刊物与作者、读者之间联系密切。这些无疑对我们是一种莫大的激励和鼓舞，是极为可喜的。然而从来稿来信中看出，还有相当数量的稿件是各单位评聘中高级专业职务时，要凭译著而“逼”出来的。这种状况不免引人深思。从来稿上不难看出作者本人在工作实践中通过认真研究和思考，将自己十几年、几十年乃至一生的实践经验，总结上升为理论，汇成论著。它们犹如颗颗珍珠穿成的项链。有更多的来稿，从字里行间可看出长年工作在情报资料第一线，为他人作嫁衣裳的献身精神，但有些著述却力不从心，来稿不可能都达到利用的水准，但这一篇篇来稿均浸透着作者的汗水和心血。作品虽未发表，作者不必苦恼，未穿成项链的珍珠仍然闪光。

我们感到有些单位在专业职务评定中过分地强调了论著的一面。图书资料工作与教学科研工作不同，大部分工作是管理性、服务性的具体业务工作，因此对其学术水准的衡量，很难与教师和科研人员相类比，而应从其工作特点和实际出发，以从事本职工作的能力和业绩，为读者服务的水平和效果以及钻研和开拓精神所取得的成就等方面去衡量，对论著不必苛求。这样有利于引导专业人员积极努力并出色地完成本职工作，有利于队伍的稳定。当然，对专门从事图书情报研究以及高层次工作的人员，应另当别论。写与做难得两全，还是扬其所长，勉为其难的好。

此文刊载于《情报资料工作》1988年第2期

《“三R”书社与图书馆》编后语

李久琦☆

编后：中州大地上涌现了一股清泉，个体书社在城市的东西南北中形成了服务网，清泉汇成涓涓细流滋润着读者的心田，拥有7万余各行各业的庞大读者群，充分说明它具有的活力。一个私人书社何以如此，就在于当今读者乐意接受这种花点钱、图方便、有书看的服务方式，而那种虽不花钱，却不方便、书又不容易看到的传统状况受到了挑战。印度图书馆学者J·S·夏尔马提出的图书馆服务从“知识宝库”转化为“知识喷泉”的新概念，是值得体味、借鉴和实践的，他山之石可以攻玉。

此文刊载于《情报资料工作》1988年第5期

☆　此文章是李久琦为汤树俭《“三R”书社与图书馆》撰写的编后语。

根植于沃土之中
——《情报资料工作》50期随笔

李久琦

目前普遍存在办专业刊物难的状况，主要难点在于刊物订数锐减，经费倒贴。《情报资料工作》作为中国社会科学情报学会会刊，一直受到社科情报资料界的普遍关注和欢迎。值得欣慰的是几年来，刊物的订数保持了相对稳定，在经费上有中国人民大学书报资料中心做可靠的后盾，才使这份刊物得以生存和发展。

《情报资料工作》至今已经走过了9个年头，整整办了50期，纪念一下，欢庆一番理所当然，但从勤俭办刊考虑又当可不必，改变纪念方式，小结一下，回顾一番，更大有裨益。受命于编辑委员会，让我写点什么，实难推托。我想办刊物难，评论刊物亦不易，说些套话会索然无味，而认真归纳总结，将50期的众多文章进行分析、综述、评估，时间所限，又无数据库，临时抱不成佛脚。但作为《情报资料工作》的一名忠实读者——它一直是我的良师益友；作为作者——我的著述有限，且内容平平；作为编委——我往往兼顾不上，尽职甚微。但作为读者、作者、编者都沾点边的我，从刊物创办之日起，就与之结下了不解之缘，对刊物有着特殊感情。欣逢50期之际，写篇随笔，以表达我的祝贺之意。

9年来，《情报资料工作》逐步发展并保持相对稳定，说明它有土壤、有生命力，证明了它存在的价值。发展稳定的重要方面，在于刊物有广泛的读者群。我特地对一所专业图书馆的综合现刊阅览室的300种开架期刊，利用最传统的方式，进行了一次有限期的读者阅览调查，在无推荐的自选阅览状况下，查阅《情报资料工作》的读者占5%。按全国15000份订户，其中扣除个人订数部分，以每期开架阅览60天为周期计算，团体订户中，每册有十数位读者查阅过，这是绝对保守的估计。以此推断，每期全国拥有数十万读者是不过分的。此外，我还随意询问了读者阅读此刊的目的性，有如下诸多回答：找点理论依据；写论文参考；掌握信息，了解动态；自学进修，业务工作需要；还有偶尔翻阅，随意浏览等，真是各取所需，各得其所。凡此种种，均说明此刊有可读性，并被读者所认可。前几项有目的者居多，无目的者少，有选择阅读者多，从头至尾细读者少，当然个人订阅者例外。每期必读已成习惯者不在少数。

《情报资料工作》在党的四项基本原则指导下，始终保持刊物的严肃性、学术性、理论性、实用性的特色。几年来，不断更新创造，开拓探索，根据需要增添和拓宽栏目，力求做到理论联系实际，指导业务工作的开展，使广大情报资料工作者从中受益，很多文章具有理论和实用价值。此外，刊物提供的信息量大，静中见动，能及时反映全国社科情报工作动态，报道会议消息，随时刊登书目和书评，指导阅读。正像读者反映的，从刊物中可以捕捉到足够的信息，很有吸引力。

《情报资料工作》独辟的“情报图书工作者列传”专栏（以往为《人物专访》等），为那些默默无闻、扎扎实实耕耘的社科图书情报资料工作者树碑立传，真是前所未有，此举颇有胆识，且富远见，影响之深，效果之大难以估量，榜上有名者激励成千上万榜上无名者去奋发进取。这一专栏对提高广大同行们的社会地位，使其所做的工作得到社会的承认、理解和尊重作用极大；对刚刚跨入这一行列的青年工作者，更产生了无穷的榜样力量。此外，“社科界人物”、“大家谈”、“读者·作者·编者”、“学会之页”等栏目，以及最近所附作者简介，和不断载登读者的意见与要求、希望与建议，通过刊物沟通大家的感情，增进相互间的了解，使刊物真正成为读者、作者、编者之间的联系纽带和友谊桥梁，成为社科情报资料工作者之家。

《情报资料工作》出刊50期，成绩斐然，但反顾一下还有不尽如人意之处。如有的文章还较冗长，应短些再短些，以增加刊物的容量；每期应扩大重点文章和指导性文章的比例；应照顾不同层次读者面，兼顾普及与提高两个方面；注意发挥青年情报资料工作者的作用，调动他们的积极性，多选发他们的文章，即使不很成熟亦应扶植。

我深信，根植于沃土中的《情报资料工作》，在广大读者的支持下，在编辑们的共同努力下，今后定会枝繁叶茂，越办越好。

此文刊载于《情报资料工作》1989年第5期

《中国少数民族图书馆概况》前言

李久琦　宝　音　杨长虹

一、简略的回顾

五年前的1983年7月全国民族地区图书馆工作座谈会的召开，开创了民族地区图书馆事业的新局面。来自全国13个省、市、自治区的18个民族近百名代表聚集在首都研讨民族地区图书馆事业的发展，交流工作经验，这不但是新中国成立以来的首次，也是中国有史以来的头一回，与会代表受到了中央领导同志的亲切接见和鼓励，这次载入史册的盛会，对民族地区图书馆的发展起到极大的推动作用。会后中国图书馆学会成立了民族地区图书馆事业研究组。1984年春国家民委决定将民族文化宫图书馆改为面向全国的中国民族图书馆。同年夏，国家民委、文化部决定在北京、天津、上海、南京、西安等5市开展为民族地区捐赠图书活动，对口支援西藏、内蒙古、新疆、广西、宁夏等5个自治区中尚无图书馆的263个县（旗），短短几个月，5市共捐了26万余册，这一活动对增进民族团结，支援边疆和民族地区两个文明建设是有力地促进。1985年8月，在乌鲁木齐召开了全国少数民族地区图书馆学术讨论会。

为培养民族地区图书馆业务人才，1985年4月，中央国家机关和科学研究系统图书馆学会受国家民委文化司委托，为全国少数民族地区图书馆馆长举办了进修班，9月，文化部图书馆事业管理局等拨出15万元专款委托北京师范大学图书馆学系举办少数民族地区图书馆干部专修班，10省、自治区17个民族的50名学员，经过两年的系统学习，喜获正式大专文凭，现已成为各民族地区图书馆的骨干力量。

五年的时间只是一瞬，上述一切都为民族地区图书馆事业的发展打下了坚实的人力、物力基础，为民族地区图书馆专业的腾飞做好了准备。

二、现状和前景

1979年7月，我们曾向民族地区图书馆发过调查表，函复者寥寥，劫后复苏阶段，未能得到满意的调查结果是必然的。现在情况如何？令人关注，经过这次全面函调，仅从收回调查表上的数字表明，目前虽然各地区发展还不平衡，但已改变了民族地区图书馆馆数不足一半的落后状况。现有自治区图书馆4个，达80%；地、市（地区、州、盟）图书馆49个，达68%；县、旗、县级市（含自治区内各县、旗、县级市、自治县、旗；各省的自治县；各省的自治州内各县）图书馆331个，达52%。此外，还有部分民族院校、专业、科研、新闻、出版、少年儿童等类型图书馆40个；我们对调查中各项逐一回答的226个图书馆的数据，做了如下比较：其中少数民族成分37个；少数民族成员1240人，占总数58%；男女成员比例为3:5；大专水平占27%，中专水平占16%，中学水平占57%。占半数以上的少数民族图书馆工作者与汉族图书馆工作者一道，团结合作，共同肩负重任。根植于边疆和基层，采取多种方式为各民族读者服务，他们在艰苦的条件下，勇于奉献，创造出一流的工作水平。现在我们正处在世纪之交的最后十年，民族地区图书馆事业与内地相比差距甚大，有的地区还是空白，这十年如何迎头赶上去，力争“七五”期间达到县县有图书馆的任务还相当艰巨，但只要各级领导重视，加之广大民族图书馆工作者的努力，到20世纪末，民族地区图书馆事业一定会有新的起色。

三、几点说明

本书共收入426个图书馆的情况，大部分材料于1987年底返回，个别材料寄得较晚，其内容均以材料为准；函调范围和材料排列次序均依据《中华人民共和国行政区划简册》（1987年）为准；有“·”者系根据有关材料编写而成，有“△”者参照1979年调查情况，简列有关项目。此外，还收到了几十幅照片，因经费所限未能刊出，仅此致歉。

此次调查承蒙各民族地区、民族单位图书馆的大力支持和配合，特此深表谢意。由于我们水平有限，在编写中疏漏和错误一定不少，望批评指正。

此文收录于《中国少数民族图书馆概况》民族出版社1989年版

新春寄语

李久琦☆

在全党、全国各族人民深入学习、贯彻党的十三届五中全会决议的高潮中，迎来了20世纪90年代第一个春天，也跨入了世纪之交的关键10年。在新春到来之际，当《情报资料工作》1990年首期呈献在读者面前的时候，我们编辑部全体成员，特向广大读者、作者和通讯员致以新春的良好祝愿，祝各位马年腾飞，万事如意！

《情报资料工作》去年刚刚纪念了出版50期，今年又欣逢创刊10周年，10年办刊，10年甘苦，除我们应尽的努力外，更主要的是广大读者、作者的关心、爱护和扶植，才使本刊得以茁壮成长和健康发展。

过去一年，虽然受到春夏之交动乱的某些影响，来稿不如往年，但稿源仍然十分丰富，覆盖面达全国27个省、市、自治区，含五大系统数百个单位。来函也达数百封。编辑部认真对待每一封来函，除认真做好信访工作外，还将有重要内容的信件，汇编成集，送京内外编委传阅，从中汲取有益的意见和建议，作为办好刊物的依据。在此，我们特向对本刊赐稿、赐教的同志致以诚挚的谢意，希望您今后更加踊跃投稿和来函。

在目前全国各地刊物林立，竞争激烈，纸张印费上调等诸多不利因素影响下，作为社科情报理论与实践的核心期刊《情报资料工作》，发行量仍保持稳定，它反映出广大用户和读者对本刊的厚爱。正因为有深厚的根基，才使得本刊能持续、稳定地发展。广大读者的厚爱无疑对我们是极大的鞭策和激励。十年来，本刊不但在国内有广泛的读者群，在国外也开始受到社科情报界的关注，前不久带到亚太社科情报网络会议上的少许样本，便引起了与会专家、学者的重视。

新的一年，我们将不负众望，更加倾注心血，全力办好刊物，力求做到重点突

☆ 当时以《情报资料工作》编辑部名义发表。

出，主题鲜明，形式多样，在保持原定办刊方针的基础上，紧紧地把握住理论和实践两个结合点，尽量做到理论联系实际，实践升华为理论，为此，本刊1990年将确定如下重点选题：社科情报工作现状和分析；情报资料基础工作研究和队伍建设；情报资料资源布局与开发利用；面向社会开展情报服务；各系统的新鲜经验和特色；党政部门和经济部门信息系统的建设；文献情报工作基础知识系列讲座；国外见闻；国外社科情报情况介绍；人物专访和情报资料工作先进人物介绍等。此外，还将征集创刊10周年的纪念文章。

新的一年，本刊将力求做到求实、创新、搞活、发展，将突出时代感，注重实效性，强化群众性，扩大读者面。“横看成岭侧成峰，远近高低各不同”，本刊将不断满足社科情报界各个阶层读者的不同需求，把未来作为我们工作的出发点，努力向新的高峰攀登。

我们深知前进道路艰难，而且我们的水平也有限，在新的一年里，要想有所创新、发展必须紧紧依靠广大读者、作者和通讯员，齐心合力，团结奋斗，唯其不易，更须努力！

此文刊载于《情报资料工作》1990年第1期

从《满族文化》看清史研究之一斑

何 丽 李久琦

由台湾满族协会主办的《满族文化》，自1981年8月创刊，迄今已出版13期，该刊旨在“团结族人感情，增进其他民族人士对本族的了解”。

由于满族具有悠久的历史文化，及其在中国历史长河中长达二百多年的执政地位，所以给《满族文化》这一刊物提供了丰富的内容，其载文覆盖面甚大，含量甚广。为对海峡彼岸的台湾《满族文化》有个了解，笔者对13期中共载的160篇文章，作一大概统计归类，其中历史研究60篇、地理3篇、宗教6篇、民族7篇、语文6篇、社会8篇、政治6篇、军事2篇、艺术3篇、民俗27篇、文化22篇、传记8篇、科技2篇，其中历史、传记两类占43%，显然，清史研究方面的著述占有重要的比重，从《满族文化》这一侧面可窥视台湾清史研究之一斑。

一、满族对中华民族的贡献

1. 开疆拓土：众所周知，我们国家现在的版图是从清朝承袭下来的。清朝的版图虽仅次于明朝，但其稳固则是空前的，这无疑是满族对中华民族的一大贡献。翁福祥在《感恩》（上）中指出：“如果你认为中国地大物博是你的骄傲，那么你就应该感激曾经为这块土地贡献的民族——满族。”王虞辅在《满洲民族之形成及大清帝国之发展》一文中也指出，“如果我们站在中华民族立场，不受狭隘的种族成见所影响，我们就会对盛清的武功感到骄傲和欣喜，他们开拓的地方很多，对中国有扩大和凝固的贡献，虽然清末我们丧失了一些，但我们国家今天承袭的地方，大体上就是盛清辛苦经营的成果。”

2. 征服外患：征服外患，解除内忧是一个国家和民族统一安定的基础。版图再大，其内忧外患不除，也很难维持长久。清朝统治者正是为了这一点和巩固其统治地位，才屡次征讨，甚至御驾亲征。汪渔洋在《论清圣祖康熙帝之贡献》中论及到了这一点，康熙帝曾三次亲征，扩大图版。作者在最后写道：“讨伐外蒙，不在于发兵多少，而在于御驾亲征，亲征则士有斗志，兵有战心，为后世树立楷模。论及援西藏平外患，不在于版图之扩大，而在于结束长期之困扰，从斯万里长城，形同虚设。归结其政绩，弭外患、消内忧，达成五族融洽，团结成为一家，实为划分历史上时代之大事。”

3. 各民族共同维护国家统一：一个多民族的国家，要想维护统一和发展，只靠一个民族是不可能的，各民族必须团结协作、共同维护。在清朝锡伯族也同样为中华民族做出了应有的贡献。吴元丰、赵志强在《清代锡伯族对中国的贡献》一文中，从“坐卡边疆，守卫疆土；抵御外侮，保家卫国；反对分裂，维护统一；开发边疆，建设边疆；兼容并包，繁荣文化”等五个部分的丰富史料论述了锡伯族对中国的贡献。

二、政治斗争

政治斗争是历代王朝中不可避免的，在封建王朝专制下，政治斗争将影响历史的进程，毫无疑问，它也是中外史学家研究的焦点。金承艺的《皇太极的继承汗位》、《康熙帝玄烨入承大统实录》两篇文章就是这个集中点之一。

金承艺首先指出：清初，满族还维持以家族为中心的政权——兄弟、叔侄们凡是嫡出之子，都是这一政权的核心人物，父死传不传子或长子，并不是重要的事。努尔哈赤死前，就没有想到遗命哪一个皇子来继承，皇太极在位十七年里，也没有刻意培植其长子豪格的迹象，满族在入关前以及入关后的最初一段时期里都是一个低文化民族，而当时高文化民族的一些观念，诸如为权力拼死拼活，还没有完全渗入满族的统治阶层，因此各个皇子以及叔侄之间虽有分歧，但还能团结一致，并且常“能为国家利益牺牲个人利益”，否则满族也就无法入关。这也是满族最终能把家化为国之原因所在。

由此缘故，金承艺认为，皇太极和康熙继承汗位，并不像众位史学家说的那样复杂。皇太极承嗣汗位，并不存在夺位的问题，因为努尔哈赤并未遗命哪一个儿子继承汗位，最有可能继承汗位的代善主动提出让位于皇太极，这从代善后代在清王朝的地位中可以得到证实，清朝统治的二百七十年间，代善门下，竟出三王，如果这不是皇室回报代善父子的让国和推戴，怎么可能坐视代善一枝“三分天下有其一”的现象呢?

关于康熙帝，作者认为，世祖福临是清代进关后的第一个君主，他还保有满洲式家族政权的观念，因此在临终前，有意让其堂兄来嗣位，这也不足为奇，加之其子尚在年幼，最大的也只有九岁，只是其母孝庄文皇后不许，她意为满洲人入主中原的局势已定，皇位的承袭应归统一，无须乎再因袭家族型的无规律继嗣，且须议定的方式了。

三、社会制度

清朝的八旗制不同历代王朝，在清初时其内容与性质都有区别，但是经过二百多年的演变，与历代王朝已渐趋相同。因此，各位史学家都把研究的重点放在清初的社会制度上，如八旗制的初创，军机处的设置以及其他国家组织的设置，都是台湾史学家的关注点。

1. 清初国家组织：此时国家组织的特点就是君主缺少实权，所作所为均有限制。金贵达著、崔平主译的《清初满洲族国家组织之考察》一文对此有详细的论述，介绍如下：

清入关前，在十七世纪初期，满族的最高中央，设置了以八旗固山额真和八旗贝勒为主轴所组成的议政会议，虽是单纯的议政会议，但却掌握当时国家所有统治权，国家的大小政事均须经过其议决最后才能执行，如奉行祭祀或与外国盟好宣誓一定要其成员的签名、盖章方可生效。当时的满洲虽有君主制的名义，但君主却不能随心所欲地专制独裁，可以说君主是徒有虚名，实际上只相当于一个黄旗的贝勒。当然贝勒都是汗的子侄或者孙子，但可汗的子侄并不都是可以成为贝勒，他们必须都是“贤能之人”，贝勒实际上就是部落酋长的通称，也就是各旗的旗主，旗主在法理上统辖旗中的军政、民政、财政或司法，旗内财产为已有，爵位和特权是世袭，固山额真是仅次于旗主的长官，统理一切政令及事务。牛录是其基本单位，其责任者是牛录额真，他掌管着军政、民政、司法、教养、工务、农猎等无所不包，总之，这样的议政团体和联合治政的方法，使君主的地位降低，处处受到限制。

2. 军机处的设置：傅宗懋在《军机处之设置》一文中，对军机处设置的原因、时间以及定名定制等做了详细探讨。其中对军机处设置时间，中外史学家以及官私文献所载不尽相同，但作者认为，因军机处设置需要保守机密，故无设置明令是正常。至于雍正七年元月世宗首次公布军需事务大臣人选和雍正十年正式定名军机处为设置时间均欠妥。作者认为，清史稿军机大臣年表载，雍正七年六月怡亲王等大臣受理军需事务已两年有余，按军机处设置的直接原因看，既然是为出征准噶尔，那就应早有准备，不可能是仓促行事，因此，军机处设置必然早于雍正七年三月命大臣出征准噶尔之时，所以作者认为，军机处应设于雍正四年年底。

四、传记类

《满族文化》中涉及人物传记的有清太祖、清太宗和康熙、雍正、乾隆等8篇。其中主要有金承艺的《清太祖努尔哈赤的一生》和汪渔洋的《论清圣祖康熙帝之贡献》，下面我们对其文中的主要内容略作介绍。

清太祖努尔哈赤，虽然他在建立后金政权时并无入关的想法，但作为太祖他对清朝的贡献则是特殊的。关于他的死因，史学家众说纷纭，大多倾向于在宁远一役受伤而死，但金承艺认为这一说法不妥，有许多疑问都无法解释得清。如宁远一役是在天命十一年一月末，而努尔哈赤是在八月十一日去世的，又如身受重伤，又怎能在四月带兵征蒙古，五月又曾与据皮岛的毛文龙相战呢？另外，庄吉发教授在《朝鲜人心目中的努尔哈赤》报告中提到朝鲜史料载，在宁远一役受伤的不是努尔哈赤，无非是一员大将而已，努尔哈赤是得肉毒病而死，虽然这一说法不可全信，但至少说明，努尔哈赤死于宁远重伤是不可信的。

关于康熙：汪渔洋对康熙帝推崇至极，认为满族对中华民族的贡献主要应该归功于康熙。

汪渔洋指出，在中国几千年的帝制史上，在二百六十位帝王中，能够称为英主明君的人，固然不少，但能真正做到开疆拓土，征服外患，立有煊赫之功者，却是凤毛麟角。以往论者都推崇秦皇汉武为典范，而作者认为，秦皇虽有南开五岭，北逐匈奴之功，但亦有焚书坑儒，赋税徭役之苛，更曾兴造阿房之扰，功过是非，殊难定评；汉武帝英年当政，文治武功，彪炳一时，北伐匈奴，南取闽越，东征朝鲜，扩大了中国早期版图，在文治方面，罢黜百家，表彰儒术，定为一尊，开文字之仕途，惜晚年为长生不老，求神仙进方士，大建宫室，平心而论，似有白玉微瑕之嫌。一言开疆拓土，扩大幅员，文治武功，均有懋绩，懿行圣迹，足为楷模，其最大建树，为根除长期之外患，使五族融洽者，乃清圣祖康熙帝也。

五、关于战争

1. 中日甲午海战。一些史学家及教科书中对于中日甲午海战中国的失败，都认为是理所当然的，虽然当时中日海军力量大致相当，但毕竟因清朝腐败无能，将领怯懦、精神不济日军，弹药不足、布限之错等原因败北。台湾满族协会会员，年仅十七岁的刘光，在其海军舰长出身的父亲指导下，以大量翔实的史料来说明这种说法是言过其实，在某种程度上也带有种族的偏见。

依作者之言，当时中日海军力量并非相当，在表面上看中日军舰各二十艘，舰数相当，势均力敌，但我军舰艇质重行缓，吃水过深，护甲较厚，在船之速率及炮之射速上，我军均逊于日军，这是海战战败的主要原因。以往国人说及甲午海战只提邓世昌的英勇之为，而对其他将领则欠公允。事实上，中国海军将领个个都有英雄表现，只是力不从心而已。以往研究甲午之战多引用姚锡光的《东方兵事纪略》，而姚锡光著此书时，李鸿章还在朝廷为相，姚当然不敢冒犯，故把责任推到将领身上，只要我们细加研究就不难发现教科书中的过分之处。后来台湾依据这篇文章及其他史料，对教科书作了修改。

2. 萨尔浒之战。萨尔浒之战是后金和明朝在辽东地区形势盛衰的关键，此后，后金对辽东的局面操纵了全部的主动权，明朝的将领只有招架之功和挨打的份了，这次战役努尔哈赤使用了后金的全部力量，而明朝也把国内的精兵猛将悉力以赴，双方动员的兵力，在二十万左右，明朝的兵力大概是后金兵力的两倍至三倍，这种情况下明朝何以在四五天就大败呢？是因为辽东严寒气候、明兵不适应呢，还是后金兵因熟悉地形以逸待劳呢？是因为明朝骄兵悍将各行其是，致使兵力分散，而努尔哈赤的子侄们却同心同德、团结对外呢？甚或是因为明兵主帅杨镐是一碌碌庸才呢？金承艺在《萨尔浒战前的辽东情况》一文中，立体的多层面的分析了明兵惨败的原因。他引用了曾任辽东巡按何尔健的疏奏按辽御珰疏稿一书的大量史料，从①经济、商贾、市况和农村的情况。②关于重税盘剥下一般人民的生活情况。③辽东居民（汉人）逃入女真的情况。④辽东的士兵生活及防戍情况。⑤辽东将领们遭受折辱的情况。⑥战马、牲畜耗损的情况。⑦骚扰藩属朝鲜的情况等七个方面，分析了明兵必然惨败的政治、经济、社会的原因。颇有见解。

六、其他

《满族文化》中刊载的地理、宗教、艺术民俗、文化等类诸如金铢的《满族神话》、《满族人今姓的由来》、彭昭恒《满洲名词探源举隅》、杨明显《盛京民俗》、《满族婚俗》、翁福祥《东北境内清皇室三陵》、庄吉发《清代名画中的满、蒙、回文图书》、索文蔚《满洲旧事》等文均于清史研究有补，是可借鉴并有参考价值的著述。

刊物的作者大多系满族协会之成员，274名会员中年龄在半百以上者占55%，具有大学文化程度者占半数以上，大部分又从事社会科学专业。从其文化素养和阅历中可见有一定研究能力，刊物中的文章所反映出的水平与此是有一定关系的。

此文刊载于《清史研究》1991年第1期

写在前面

——《同人文集》序

李久琦

欣逢民族文化宫建立三十五周年之际，民族图书馆《同人文集》与大家见面了。这部集子犹如春天的小草透着沁人的新绿，亦像秋天的五谷呈现出诱人的金黄。

这些文章是长期工作在图书馆第一线上，默默耕耘的业务人员，联系工作实际写成的。文章反映了改革开放以来的我国少数民族图书馆事业，内容广泛，涉及古今中外图书馆领域的各个专题。以往，他们曾在全国各类专业报刊上发表过文章百余篇，还编写和正式出版了工具书、论著、汇编、信息等单行本6种，其中两种分别获中华人民共和国成立四十周年和中国图书馆学会成立十周年优秀著作奖、二次文献奖。此外，还参与了《中国大百科全书》、《当代中国》等大型工具书的有关分支学科和相关词条的编写工作。为提高中青年专业干部的业务水平，还举行了两次全馆五四科学讨论会。

这部集子的刊印，是建馆三十五年的首次，大多选入未曾发表过的新作。一些文章谈不上阳春白雪，有的水平欠佳，只能算图书馆同仁们的一次练习和笔会。然而没有播种哪有收获，没有平凡哪有辉煌。我深信总有一天，经过各自不懈的努力，一篇篇用汗水和心血完成的作业，总会书写一份满意的答卷。

在这里，我要感谢民族文化宫领导对我们的关心和支持，才使这部文集得以刊印，更希望领导和同行们予以批评哂正。

仅此献给民族文化宫三十五岁生日。

1994年仲夏

此文收录于《同人文集》中国民族图书馆编1994年版

百期话初创

李久琦

18年前，由中国人民大学从事社会科学人文科学情报研究的几位有识之士，在瑞府简陋的工作间，创办了《资料工作通讯》试刊，这就是《情报资料工作》的前身。该刊诞生于人们穿蓝的卡、吃定量粮时代，期刊封面虽朴实无华，但呈现给读者的这份精神食粮却弥足珍贵。试刊问世时属内部发行尚不规范，内容上却呼喊出思想解放的先声，透露出社会科学情报学建学的端倪，虽带着那个时代的烙印，但在花和草都不甚繁茂的学术园地里，它却那样诱人，透出沁人心脾的芳香。

1980年试刊第2期，刊登了笔者的拙文《"资料"粗识——步杨教同志文并抒己见》，就资料的属性问题与该刊经办人之一打起了笔墨官司，真可谓"不打不相识"。从此以文会友，与刊结缘。快20年过去了，我又从已发黄的刊物堆中翻出了那本薄薄的第2期试刊，重读拙文，把我自己也逗乐了：文中过分强调资料的阶级性，还显得那么"理直气壮"。那时的人们像好斗的公鸡，非较量出个我高你低不可。细想起来，自己的学术思想在当时是何等幼稚可笑，"文革"残留的心有余悸的后遗症又何等顽固不化。

当年是百废待兴的时期，资料工作也处于刚刚恢复阶段，还停留在如何搞好剪报的水平上。就连现在颇有影响的学者，当时发表的文章，也只是谈到报纸的圈选勾画，怎样分类、编号，怎样使用衬纸、剪刀、糨糊，怎样装订、上架一类的基本技法。但这些，对当时工作岗位上的许多新手来说，无疑是雪中送炭，所登文章人们争相传阅、认真学习。用当今流行的话叫作产生了显著的社会效益。可别小看这样"下里巴人"的普及性文章，其作用却很大，犹如那年月春节凭本供应的二两葵花子、半斤花生一样，且能让人咀嚼一阵子呢，远比现在市面上进口的美国大杏仁和大腰果吃起来更有滋有味。

温故而知新。时代不同了，新的信息浪潮扑面而来，以建立信息高速公路为龙头的全球信息网络化，将成为世纪之交的一场极为深远的变革，奠定我们在新世纪的基本生活方式，实现人与人之间的瞬息交流和沟通将为期不远了。今昔真有天壤之别，不可同日而语了。

可话又说回来了，创办试刊时期，人们的大脑被长期禁锢后，才刚刚小心翼翼地打开思路。在全国的刊物，尤其是社会科学刊物还寥若晨星时，《资料工作通讯》能为今天的中国社会科学信息学会会刊《情报资料工作》奠基铺路，实为难能可贵。光阴荏苒，这条路一走就是18年，岁月沧桑，这个刊物至今已办百期，看到今日的可喜局面，瞻前顾后，更使人们不能忘记当初创刊的志士仁人，应该永远感激他们。

百期相伴十八载，我已从不惑之年步入花甲之岁，它始终是我手中的一把金钥匙，使我不断从中汲取营养和智慧，从中接受科学理论和工作方法，真可谓鱼渔皆予，学用兼备。它成为案头的精品与我朝夕相伴，更是我的良师益友。

我所尊敬的师友，为纪念《情报资料工作》百期已写了不少华章，我的这篇杂谈只是溜溜缝而已。

《资料工作通讯》从当初铺就的土路上起步，《情报资料工作》在当今的信息高速公路上疾奔，标志着时代的进步，事业的发展。

百期《情报资料工作》正值18岁的花季，风华正茂，繁花似锦。我深情地祝愿它青春永驻！

此文刊载于《情报资料工作》1998年第1期

此文亦收录于《笔耕集》辽宁民族出版社1999年版

披览前踪　鉴往开来

——读《中国图书馆年鉴》随笔

李久琦

当我捧着刚刚问世的《中国图书馆年鉴》时，按捺不住兴奋的心情一下子买了10本，发给馆内各部门，让大家去看、去读、去学。

《中国图书馆年鉴》（1996年），在全国广大图书馆人和有关读者的热切期盼中，在漫长的等待中，千呼万唤始出来，这无疑是图书馆界的一件喜事盛事。

改革开放近20年来，中国相继出版了1100多种各类年鉴。图书馆工作者整天摆弄图书，却见不到本行业的年鉴，这不能不说是一件憾事，作为图书馆人心里难以平静。1986年，1990年，直到1994年经过三起两落后，才横下一条心，历时3年终于大器晚成，《中国图书馆年鉴》在世纪之交诞生了，可见其问世历程何等艰辛。

谁人不知，图书馆界办点事不易，当前又无“图书馆法”可依，《中国图书馆年鉴》的编撰，应属政府行为，学会行为，还是属于个人行为，谁也说不清楚。编不编，出不出全凭图书馆工作者的事业心和责任感，哪个不知，当前出书一靠心血，二靠资金。正如年鉴的两位主编前言中所述：“特别需要指出的是，出版这样一部大部头工具书，是需要相当经费的。在国家和行业都不很富裕的今天，我们没有向国家和有关部门提出经费问题，可以说是白手起家，艰苦奋斗……这部年鉴方得以问世。”在经济急速转轨中，“白手起家”这个词，当今很少被提及，二位学者使用了它，这里透着无奈，透着酸楚。

多么可贵的知识分子，多么可敬的学者，他们的事业心何等执着，责任心何等强烈。试想如果有一闪念的动摇，其创意就可能付之东流，其出书又将成为第三次落地的泡影。但他们想到了数以万计的图书馆同仁，想到了数不清的读者正翘首以待，于是横下心来去拼去搏，说一万不如干一件，他们成功了。图书馆人将永远铭记那些为《中国图书馆年鉴》付出心血的有识之士，他们功不可没。

这部《中国图书馆年鉴》（1996年）是新中国成立以来首部图书馆专业年鉴。

万事开头难，该年鉴时间跨度大，收录了1990—1995年间我国图书馆界的各种信息，分别由“特载”、“专文”、“图书馆事业”、“图书馆工作与研究”、“图书馆学教育”、“国际交流”、“海峡两岸学术交流”、“人物”、“法规文献”、“统计资料”、“大事记”、“名录”、“附录”及“索引”14部分组成。是一部集资料性、学术性、知识性、可读性于一体的图书馆权威性工具书。它也是一种高密度、高容量、高效能的跨越6个年头纳汇百川的知识载体。其内容翔实，资料齐备，客观准确，编撰严谨，是披览前踪，鉴往开来的巨著，是用户不可多得的良师益友。

卷首“特载”“第62届国际图书馆协会联合大会”，记录下1996年8月在北京召开的第62届国际图联大会，把中国图书馆事业史上空前的荣誉和辉煌载入了史册。

“专文”中，刊登了我国15位知名学者和行政领导的9篇扛鼎之作，目录中虽属“专文”，又未把“专文”单列出来，而是分别融入“图书馆事业”、“图书馆工作与研究”、“图书馆学教育”3个部分之中，有的成为开篇力作，有的成为图书馆学本固枝繁的“基础理论”、“目录学”、“读者服务与文献资源开发”、“图书馆管理”、“图书馆自动化”部分的专论文章。“专文”有较高的学术水平，这些文章既负载着历史，又勾连着现实，高屋建瓴地概述了学科成果和动态，是教学科研中的范文，并起到指导作用。在编排上重点突出，前后相贯，又不割裂，构思巧妙，独具匠心。

“法规文献”部分，收录了近6年国家有关部门颁布的法律性、法规性和规章性文件，或全文，或摘录，或摘要，共计62种。这些权威性文件的刊登，无疑对图书馆的法制建设提供了行之有效的法律依据，为其学法用法执法提供了便利。

“图书馆事业”按各省、市、自治区图书馆事业，各系统图书馆事业分述，使人一目了然。

“统计资料”翔实可靠，编排科学规范，查找便捷。为今后图书馆同仁著书立说，提供了可靠的数字依据，有较高的参考价值。

“人物”是各类年鉴最难取舍的部分。但该年鉴在编辑说明中，为收录的人物界定了范围。首先是图书馆界，再则是全国人大代表、全国政协委员、第四届中国图书馆学会正副理事长、图书馆学博士生导师共计18人，皆为图书馆界的佼佼者，均系名满学林之士。年鉴上刊登其学术成就供读者学习借鉴。人物中特别值得一提的是已故的丁志刚同志，编者未在逝者名字上画黑框，我不认为这是编者的疏忽，这样的处理使后人心境得以平静，我实在不赞成画黑框的做法。

该年鉴的附录，为用户提供了诸多实用信息，增加了实用性、可读性。索引部分，使整部年鉴查询便利。

这部《中国图书馆年鉴》的编撰起于1994年，迄于1997年，历时三载成书。主编、副主编、编委、专文作者，各省、市、自治区，各系统特别撰稿人及撰稿人共有233人。为填补我国图书馆年鉴的空白，他们齐心协力，同炉共治，充分显示出这部140万字巨著的学术权威性和广泛的群众性。体现出组织者的才干，体现出人人参与的深厚根基，我想这是这部年鉴成功的要诀。

当然这部年鉴并非处处尽如人意，除广告外，可能因经费限制，竟无一幅彩色或黑白插图，缺少直观照片，非常可惜。扉页的书名字号太小太细，版式显得空旷，与巨著很不协调，附录3“图书馆学期刊名录”收录的刊名字号至少有3种，大小不一，差殊过大，为终审不细所致。附表5中，“各省、市、自治区及各专业系统图书馆学会简况表”，仅仅两页一颠一倒，非常不顺眼，使用起来亦不方便。此外，目录中的“中国图书和图书馆史研究概况”及“主题索引”两项均无页码标识，不易查找。

上述疏漏虽不影响全书整体质量，却留下了不应有的遗憾，但瑕不掩瑜，《中国图书馆年鉴》仍不失为一部图书馆巨著中的精品。提出这些，旨在下一部年鉴中得以改进。

本文不属于评论与介绍之例，故未能深入探讨书中的内涵和精髓，笔者只是读后的随笔和札记而已。请行家指正。

此文刊载于《中国图书馆学报》1998年第2期
此文亦收录于《笔耕集》辽宁民族出版社1999年版

《中国图书馆学报》、《情报资料工作》联合举办图书馆学情报学学术研讨会刊头语

李久琦

’98金秋十月，在秀丽的苏南常州成功地召开了《中国图书馆学报》、《情报资料工作》学术研讨会。这是中国图书馆学会和中国社会科学信息学会两家中央级专业会刊首次联袂举办的高层次学术研讨会。会议旨在广泛联络图书馆、情报信息工作者，为同行们提供一个学术交流的机会，使大家聚集一堂，深入探讨学术领域内共同感兴趣的话题。为便于沟通，增进编者、作者、读者之间的了解，填平学术研讨难逾的鸿沟，会议采取两刊资深编辑人员和与会业内人士直接见面的方式，一起切磋学术论文的选题视角、写作技巧，交流学术观点，分析文章得失，各抒己见，气氛活跃，彼此间缩短了距离，相互汲取有益的营养，从会后再次递交的修改论文中看到立竿见影之功效，这对提高各自的办刊质量和作者的写作水平均相得益彰。

这次会议是一次由企业搭台、学术唱戏、文企联姻的有益尝试，与会代表既唱主角，又当观众，各显身手，百花齐放，使这台戏演得有声有色。会后许多代表来函来电，认为会议开得圆满，办得成功，收获甚大，好评如潮，溢于言表。这次会议之所以达到预期效果，首先得益于常州市文化图书设备厂的鼎力相助和周密安排，使会议经费得到保证，代表们在会务上节省了精力，使之聚精会神参与研讨。还得益于两刊主办者的缜密准备，通力合作。更应感谢与会代表的有备而来，积极配合，才使会议产生如此巨大的反响。

这次学术研讨会，具有广泛的地域代表性，来自全国东西南北中16个省、市、自治区的57名代表，按人数依次为：北京、江苏、福建、辽宁、内蒙古、山东、云南、新疆、黑龙江、吉林、上海、江西、湖北、安徽、浙江、贵州等地。也有广泛的系统代表性，涵盖了5大系统，其中公共图书馆系统9名，占16%；高校系统18名，占32%；党校系统5名，占9%；军队系统2名，占3%；中央国家机关和科学研究系统21名，占37%；厂方代表2名，占3%。这些来自各地的代表共递交了55篇论文，所涉及的领域亦非常广泛，有论述开发祖国优秀文化遗产又与当

今经济发展相连的文章，有与事业发展同步的新鲜经验，也有与世界高科技新领域接轨的探索文章，还有新兴的知识经济与图书馆的有关文章，其中有卓尔不群，颇具水平的佳作。

会议研讨中，面对市场经济和知识经济的挑战，为了图书、情报事业的生存和发展，与会者围绕图书馆的现状和存在的问题，视野广阔地研讨了图书馆的发展战略和改革路数，尤其是中青年代表，思想异常活跃，具有开拓和创新精神，对图书、情报工作的改革，从体制到机制及信息市场和信息产业的发展等都提出了许多有见地的建议。

这次会议是高层次的会议，代表中具有高级职称的24名，占42%；中级职称30名，占53%；初级职称3名，占5%。与会代表平均年龄44.5岁，中青年业务骨干居多。在百年更替之际，可以说这次学术研讨会是迎接新世纪的一次非同寻常的学术演练。此本增刊的正式出版和公开发行则是对学术研讨会成果的检阅。

这次会议为与会者迈向未来的业务和学术研究，搭起了一座通往明天的桥梁，为诸多跨世纪专业干部铺就了一条通往成功的大道。

此次会议令人难忘。相约不久再举办这样的学术研讨会，是大家的也是两刊主办者的共同心愿。机遇还会再来，让我们齐心协力共促其成功。

此文刊载于《情报资料工作》1999年增刊

我国民族图书馆事业发展二十年（代序）

——《笔耕集》序

李久琦

欣逢盛世，日新月异。改革开放二十载，是我国民族图书馆事业飞速发展的二十年。全国已有各种类型的民族图书馆和情报（信息）机构1920个，千余个是近十年建成的。其发展轨迹折射出社会发展进程，从中感悟到时代脉搏的跳动。

1. 二十载瞬间巨变

我国是一个统一的多民族的社会主义国家，民族问题举国关注。除汉族外，55个少数民族人口为90567245人，占全国人口总数的8.1%，主要分布在占全国总面积64%的边疆和内陆的自治地方，少数民族习俗不同，文化各异。他们与汉民族一起共同创造了灿烂的中华民族文化，携手共铸了祖国的繁荣昌盛。全国5个自治区中有4个自治区和一些多民族省份与周边15个邻国接壤，这在对外交往和文化交流中具有得天独厚的地域优势，同时也为其经济和文化发展提供了肥沃的土壤。

民族地区、民族系统1920个图书馆、情报（信息）机构，分布广泛，门类齐全，特色鲜明，涵盖了全国20个省、市、自治区。有公共、高中等院校、党校、部队、中央直属机关、科学研究、工会、医疗、厂矿、企业、农垦、牧区等系统。

仅就民族地区公共图书馆为代表，虽起步较迟，但发展较快。从有统计以来的1981年的331个馆发展至今已达596个，短短十余年增加了265个，增长80%。全国公共图书馆2661个，其中民族地区占22%，全国人均40万人有1个公共图书馆，而按少数民族人口总数计，则15万人有1个民族地区公共图书馆，高出全国人均公共图书馆占有率的2.7倍。全国图书馆、情报（信息）机构总计14986个，其中民族地区、民族系统1920个，占总数13%。换言之，全国8.1%的少数民族人口却拥有13%的图书馆和情报（信息）机构，远远超出全国人均占有标准。由此可见，这些成绩，充分显示出民族图书馆事业已受到党和政府的重视，再次说明了少数民族在祖国大家庭中备受关爱，也令国外同行瞩目。1996年夏在北京举行的第

62届国际图联大会上，许多国家，尤其是我国周边国家和多元文化国家的代表，对我国少数民族图书馆事业的进步，产生了浓厚的兴趣，并予以高度的评价，认为这些发展事实，充分证明了中国政府尊重少数民族，体现出民族之间的相互平等，事业发展经验超越了国界，许多做法值得各国效仿和借鉴。

二十年间的发展中，特别值得一提的是5个自治区起龙头作用和有代表性的自治区图书馆，新疆、广西两馆虽始建于20世纪30年代，内蒙古、宁夏两馆始建于50年代，但新的馆舍均建于近十几年。而西藏自治区图书馆的建成开馆，则直接受益于改革开放后综合国力增强的90年代。

5个自治区图书馆馆舍面积为99238平方米，藏书总量超过500万册，工作人员531人（其中含10余个少数民族成分，占总人数一半以上），硕士、大学本科、专科学历者346人，占总数的65%，高、中级职称225人，占总数的42%。各馆均有现代化设备，并逐步实现地区、全国乃至全世界计算机联网。二十年来，5个自治区图书馆发展之快、面貌之新，成绩斐然，令人刮目相看。尤其是西藏图书馆的建成，结束了该自治区无区馆的历史，该馆的建成极大地改变了5个自治区级图书馆的比例结构，从自治区80%有馆一跃上升到100%有馆。西藏图书馆的建成，犹如西藏从新中国成立前的农奴制社会，新中国成立后一步跨入社会主义一样。该馆从无到有，后来居上，跳出了封闭式图书馆的老路，突破了传统图书馆的模式，直接紧扣现代化、计算机化这个链条，跨越了几个发展阶段，一步到位。在世界屋脊的雪域高原，建成了一座起点高、水平高、标准高的具有民族风格的现代化图书馆。世人称西藏图书馆独领风骚，是全球最高的图书馆，举首可见。该馆在当代图书馆事业史上举足轻重，少了它事业史是不完整的。

5个自治区图书馆，无一例外地成为本地区民族文献中心、信息中心、文化交流中心，均为本地区的经济、科技、文化发展服务，为各民族读者服务，对促进民族团结和社会进步起到了不可估量的作用，称5大区馆为该地区的龙头馆是当之无愧的。

2. 引起轰动的会议

1982年秋，由文化部图书馆事业管理局、国家民委文化司、中国图书馆学会组成的少数民族地区图书馆调查组，赴新疆考察，调查组走遍天山南北，翻葱岭，穿戈壁，实地考察了区、州、市、地区、县各级图书馆现状。返京后向有关部门报告，并建议召开全国民族地区图书馆会议，以直接、全面了解和汇集情况，解决发展中普遍存在的问题。此建议于1983年中国图书馆学会在人民大会堂举办的新春茶会上，得到了全体学会负责人的普遍赞同，形成议案，很快得到政府有关部门的重视和采纳。

标志着我国民族图书馆事业开创新纪元的“全国少数民族地区图书馆工作座谈会”，于1983年7月在北京举行，这次会议是由文化部图书馆事业管理局、民族文化司、国家民委文化司、中国图书馆学会联合主办，在中国科协大力支持下召开的。来自全国13个省、市、自治区的18个民族的代表近百人聚集首都，共商民族地区图书馆发展大计，并交流学术论文和工作经验。这次会议是改革开放的产物，是新中国成立以来的首次，也是有史以来的头一次。当有的边远地区图书馆接到自治区图书馆分配的代表名额时，不敢相信这是事实，当层层请示主管文化局乃至县市领导时，得到的答复是否定的；没听说图书馆还开大会，还去北京开会？也难怪改革开放初期，很多县市领导尚未进过京，一个县旗级图书馆，行政级别在科之下的股一级，这简直是超前和超越，邀请“九品”代表进京，在当地引起不小的波澜。县领导的摇把子电话要通了北京长途得以证实，方予获准。有的代表提前半月，背干粮带水壶，翻山越岭骑马乘车，长途跋涉，千里迢迢来到首都，来之不易，行动感人。会上受到中央政治局委员、中央书记处书记、全国政协副主席、中宣部部长、中央统战部部长、国家民委主任、副主任、文化部部长、副部长等党和国家领导人的亲切接见，并与全体代表合影。这样高规格的接见，在中国图书馆事业史上前所未有，后不多见。这次载入史册的会议，产生了轰动效应，难怪许多代表激动万分，大家在座谈中说，在当地见县长都难，见这么多中央领导终生难忘。这说明党和政府关心民族图书馆工作，关怀在基层工作的民族图书馆干部，只有努力工作才对得起党和政府，这次会议反响强烈，意义非凡，对民族图书馆事业起到了极大的推动作用。十五年过去了，纵观民族图书馆发生的巨大变化和取得的可喜成绩，这里浸透着每个图书馆人的心血，也使他们永远铭记关心这一事业的党和国家的领导人，这些领导人和会议的倡导者、组织者，大多年事已高，离开了工作岗位，有的已经过世，但他们功不可没，伟业千秋，丰功永存。

此后，在新疆的乌鲁木齐、云南大理、内蒙古的通辽、西藏的拉萨、吉林的延吉又先后召开了5次民族地区图书馆会议，共计489名各族代表出席，并提交了300余篇论文，每次会议都得到了当地政府、文化部门和地方图书馆学会的大力支持，每次会议都是对新时期民族图书馆成绩的检阅和经验的交流，对今后的工作产生了巨大的推动作用，效果显著，收获极佳。

3. 事业发展成效显著

如前所述，全国民族地区公共图书馆发展迅速，包括5个自治区级的龙头图书馆在内，全国共有民族地区公共图书馆596个，占各类型民族图书馆、情报（信息）机构总数1920个的31%，且大多数集中于内蒙古、广西、云南、新疆、贵州、青海、四川、甘肃、宁夏等地。西藏虽不在此列，但最明显的变化是20世纪90年代起，实现了零的突破，目前已有16个公共图书馆，填补了空白。

全国其他民族图书馆，门类齐全；民族系统高校图书馆和情报（信息）机构（下同）112个，占6%；中等学校系统453个，占24%；党校系统212个，占11%；中央国家机关和科学研究系统346个，占18%；医疗系统163个，占8%；工会、厂矿、农垦、牧区38个，占2%。

此外，顺便提及我国台湾省共有图书馆和情报（信息）机构814个，属“民”字号的只有“中央研究院”民族研究所图书馆，独此一家，仅占台湾省的0.01%。该馆成立于1955年，馆舍面积424平方米，藏书9.6万册，人员4人。相比之下，海峡两岸民族系统图书馆数量和比例如此悬殊，使人另有一番感触。

改革开放二十年，全国民族图书馆事业发展有目共睹，国家对此投入大量的人力、财力。“全国少数民族地区图书馆工作座谈会”后，为认真落实会议精神，各部门闻风而动，为改变民族地区图书馆的落后局面，在软硬件两个方面做了大量的工作。1984年6月，国家民委、文化部在天津召开向民族地区图书馆捐赠图书会议，会议决定由北京、天津、上海、南京、西安5市，开展向民族地区图书馆捐赠图书活动，对口支援西藏、内蒙古、新疆、广西、宁夏等5个自治区内尚无图书馆的263个县、旗。并成立了中央捐赠图书领导小组和对应的地方领导小组，短短的几个月内，5市共捐赠26万册图书，这一活动有力地支援了边疆地区的图书馆建设，促进了民族团结，为改变民族地区的图书馆现状做了一件实实在在的好事。

1984年4月，国家民委决定将民族文化宫图书馆改为面向全国的“民族图书馆”，1989年4月，又经国家民委批准、文化部同意，将其改为面向国内外开放的中国民族图书馆。

为培养民族地区图书馆工作人员，1985年4月，中央国家机关和科学研究系统图书馆学会受国家民委文化司委托，在北京举办了首届民族地区图书馆馆长进修班，同年9月，文化部图书馆事业管理局、民族文化司拨专款15万元，委托北京师范大学图书馆学系举办了“少数民族地区图书馆干部专修班”，来自13个省、自治区的17个民族成分共51名学员经过两年的系统正规学习，领取了大专毕业文凭。目前已成为各民族地区图书馆或其他文化部门的业务骨干和负责人，有的在实践中不断深造、大胆探索，事业有成，一位云南纳西族毕业生，笔耕不辍，编撰的《丽江年鉴》一炮打响，荣获国际金奖，并连续两年被邀出访世界各地，许多人成为学科研究带头人。他们为本民族争了光，为祖国争得了荣誉。

近十年来，多次在北京举办民族系统图书馆业务骨干和馆长进修班、研讨班，500多人参加进修和研讨。此外，还采取交换馆员、驻馆学习、人力支边、挂职锻炼、结成友好学会、友好馆、地区间互访等多形式、多渠道、多途径培养专业人才，交流工作经验。为适应各地区的不同情况，一些自治区还采用双语教学、编写民族文字教材等做法，深受民族专业人员的欢迎，培养人才效果明显。

学会在办刊上，走出了一条颇具民族特点的路子，《内蒙古图书馆工作》用汉、蒙古文出版，《新疆图书馆》用汉、维吾尔文出版。《图书馆界》、《图书馆理论与实践》也是民族地区广大图书馆工作者自己的刊物，在全国图书馆也颇有影响，有的成为核心期刊。《中国图书馆学报》、《中国图书馆学会工作通讯》、《情报资料工作》、《图书馆学研究》等刊物，多次由主编、副主编率代表出席民族地区图书馆会议，并辟专页报道会议通讯和少数民族图书馆专栏。1998年《中国图书馆学报》还为第6次全国民族地区图书馆会议出版了增刊。

在全国公共图书馆评估定级中，有诸多的自治区、民族地区市、县、旗图书馆迈入一、二、三级馆行列，形势喜人。

民族图书馆理论研究，不断迈上新台阶，理论研究从无到有形成系列，各民族图书馆工作者为之付出了辛劳。近年来，出版了《中国少数民族图书馆概况》、《中国民族图书馆理论与实践》、《中国民族图书馆同人文集》、《民族图书馆工作概论》、《中国少数民族图书馆研究》、《民族图书馆教育丛书》等一些民族文献学专著。科研工作异常活跃，硕果累累，一些中青年学者脱颖而出，他们已成为民族图书馆学术理论研究的中坚力量，有些著作获建国40周年、中国图书馆学会成立10周年的优秀著作、优秀论文、二次文献奖。

在民族文献联合编目工作中，也有较大的进展，列为国家级课题，并在国际上挂了号的项目《中国蒙古文古籍总目》以及由此延伸的《蒙古文甘珠尔、丹珠尔目录》编撰工作正在加紧进行。《藏文典籍目录》的出版受到国内外藏文学者的欢迎和好评。

4. 学会工作向前迈进一大步

中国图书馆学会民族图书馆委员会的成立，标志着民族图书馆事业又向前迈进了一大步。该委员会是中国图书馆二级学会，其前身是中国图书馆学会学术工作委员会少数民族地区图书馆研究组，是落实1983年7月在北京召开的“全国少数民族地区图书馆工作座谈会”精神，于1984年2月成立的。该组织成立后和各自治区、多民族省份学会密切配合，通力协作，采取多种形式，在开发民族文献资源、著书立说、人才培训、馆际互借、捐赠书刊、调剂设备、举办研讨、举行书展、网络建设、对外交流等方面做了大量的工作，使之真正起到了连接各族同仁的桥梁和纽带作用。

进入20世纪90年代，少数民族地区图书馆研究组已经不能适应蓬勃发展的民族图书馆事业新形势的需要，成立高一级组织势在必行。1996年1月，经中国图书馆学会批准成立民族图书馆委员会，挂靠在民族文化宫，常设机构在中国民族图书馆。并借同年6月西藏自治区开馆庆典之机，在拉萨举行成立大会，文化部、国家民委、西藏自治区、中国图书馆学会负责人和全国20余个省、市、自治区及部分州、盟图书馆的代表50余人出席成立大会。民族图书馆委员会由37名各族图书馆工作者组成。

中国图书馆学会第5届学术研究委员会于1998年4月在上海成立，会上决定设立少数民族图书馆专业委员会，挂靠在中国民族图书馆。专业委员会成员分别由中国民族图书馆、内蒙古大学图书馆、新疆维吾尔自治区图书馆、广西壮族自治区图书馆、宁夏回族自治区图书馆、西藏自治区图书馆、四川省阿坝藏族羌族自治州图书馆等9人组成。会上通过了“少数民族图书馆专业委员会工作计划要点”，其工作方向是为迎接新世纪，全体委员团结各族会员，搞好学术研究，努力解决学科的理论和实践问题，以创造性的工作树立学科的权威性，把民族图书馆的学术工作推向新的阶段。

近十年来，各自治区、州、盟、县、旗乃至乡、镇、苏木也相应成立了各级学会组织，逐步完成了学会的网络化建设。

5. 开拓创新不断进取

据不完全统计，1992—1998年，各级政府共投入“边疆文化长廊建设”专项补助资金达50.9亿元，这是一项跨世纪工程。该工程贯穿2.1万公里内陆、边疆和1.8

万公里海岸线上的18个省、自治区共286个县（市、区、旗）。其目标是本世纪末在中国边疆地区把一系列文化场所连成一条文化线，其中图书馆占重要位置，这一工程为振兴民族经济和文化发展，丰富边疆各民族文化生活起到重要作用。

为配合此举，广西壮族自治区于1994年提出以发展图书馆事业为宗旨的“知识工程”，开展以读书、捐书，建立图书馆为内容的系列活动，到2000年将实现农村每个乡镇都有一个藏书在2000册以上的图书室，其中有1/3达到图书馆标准。

1998年10月，宁夏回族自治区文化厅、图书馆学会、《图书馆理论与研究》编辑部，联合推出“图书馆与西部经济文化振兴”征文活动。消息传开，得到全国业内人士的热情参与和积极响应，百余篇征文为其献计献策，征文活动取得圆满成功。

目前，民族文献自动化系统正在有计划、有步骤地开发与研制，有的民族系统图书馆捷足先登，有的已成功地建立了信息处理系统、数据库、书目管理与检索系统，有些跨国语种还处于世界领先地位。在开发中国少数民族多种语言文献检索方面，已开发的有内蒙古、藏、维吾尔、哈萨克、朝鲜、柯尔克孜、满、傣、彝、壮等十余个语种。这些检索系统具有语种多、字符庞杂、输入输出方式多、模块复杂等特殊性，研制起来难度大。但要把它融合到更有前途、更先进的电子图书馆中去，是必须首先攻克的。在这方面民族图书馆工作者，面对挑战，不断摸索、团结协作、克服困难、各显身手，取得了可喜成效。

改革开放以来，中国少数民族图书馆还与许多国家和地区建立了广泛的联系和交往。各馆曾先后接待了日、美、英、法、德、印度、蒙古、越、澳大利亚、意、泰、匈、伊朗、韩、朝、荷兰、丹麦、西班牙、俄、吉尔吉斯斯坦等国图书馆专家、学者和旅居海外的藏胞及台、港、澳同行。由中国图书馆学会组织的民族系统图书馆先后出席在澳大利亚、苏联、土耳其等国举行的国际图联大会。中国民族图书馆代表团还应邀访问了印度、蒙古、日本等国。

对外交往，使五大洲朋友了解了中国少数民族图书馆，也使我们了解了世界。

6. 展望未来前途无量

文化部1992年提出，在同等条件下，对民族地区实行文化设施、人才培养、对外交流项目“三优先”政策，已产生良好的社会效果。这就为抢救和保护民族文化遗产、开发民族文化资源、弘扬民族文化、造就跨世纪专业人才，开辟了广阔的前景，提供了多方的保证。这些“偏饭”和“倾斜”政策，对民族图书馆事业的发展无疑是锦上添花。

民族图书馆理论研究方兴未艾，有些项目力争申报国家社科基金，逐步建立民族文献保障体系，参与制定民族文献与民族经济社会发展总体方案，结合远近期发展前景，组织多学科、多层面、多文种的民族文献研究，编制联合目录，整理出版民族古籍，开发和利用人才群体的智能，建立民族文献数据库，实现区域间及国内外的互联网，以期达到民族文献资源共享。

自20世纪90年代起，我国对外开放口岸的重点，已从沿海向内地辐射，并由开放海运口岸，向空运和陆运口岸拓展。南疆铁路、西藏铁路的勘测兴建，新的丝绸之路的雄风重振等，无疑给民族地区图书馆带来了新的机遇和挑战。我们应充分利用边疆有利的地理环境、地域优势，广开信息渠道，广开国际交流门路，不失时机地发展自己，向更高的标准靠拢。

世纪之交，民族图书馆事业前途无量，民族图书馆工作者任重道远。我们应总结以往，立足现在，着眼未来，并肩携手迈向新世纪，共创明天的辉煌。

本文的一些事实和数字，对我国改革开放二十年来民族图书馆事业的深刻变化只是勾勒出了大致轮廓而已，其发展成就远不止于此。写作过程深感个人至小，事业至大，个人获息之慢，事业变化之快，写成文字的东西时效性差，总难赶上时代前进的步伐。文中如有鲁鱼亥豕或错讹不妥之处，恳请同行指正。

参考文献

1. 李久琦. 学会是连接各民族同仁的纽带 [J]. 中国图书馆学报，1996（5）.

2. 国家民委经济司，国家统计局国民经济综合统计司. 中国民族统计年鉴 [M]. 北京：民族出版社，1998.

3. 中国民族图书馆. 中国少数民族图书馆概况 [M]. 北京：民族出版社，1989.

4. 李久琦. 我国的少数民族图书馆事业. 图书馆通讯，1989（3）.

5. 中国图书馆学会秘书处. 全国少数民族地区图书馆工作座谈会专辑. 1983.

6. 辛希孟，赫蕴卿，张树华，金恩晖. 中国图书馆和情报机构名录大全. 沈阳：东北大学出版社，1995.

7. 中华人民共和国民政部. 1998中华人民共和国行政区划简册. 北京：中国地图出版社，1998.

此文收录于《笔耕集》辽宁民族出版社1999年版

《笔耕集》编后

李久琦

今逢民族文化宫不惑之年，特出版《笔耕集》以资纪念，建民族文化宫35周年曾编印一本《同人文集》，二者相同之处，均为民族文化宫宫庆而出书，均系在职同仁之作。不同之处在于《同人文集》为非正式出版物，所载文章均未公开见诸报刊。而这本《笔耕集》是正式出版物，收录了改革开放20年间，各位同仁在全国各专业刊物和出版物上，公开发表的文章择选而成。

本书从百余篇文章中，筛选掉时效性差、内容重复、水平不高的文章。通讯、简介、讲话、资料汇编及与外单位人士合写的文章一律不收，但属国家级科研课题和第62届国际图联大会征文，系馆际间合作成果，故保留之。再有，近几年公开发表的近10万字的译著，虽学术价值较高，只能忍痛割舍。

书中为保持原貌，凡用笔名者一律照排，以示对作者意愿的尊重。

全书编排上，大栏目中基本按文章问世时序排列（个别文章因前后关联，适当集中），以便从中可以看出时代的痕迹和脉络。

《笔耕集》的正式出版发行，首先得益于民族文化宫领导的关心和支持，在全宫近两年大修翻建工程期间，经费十分拮据的情况下，尚能拨出专款出书，实在难能可贵。这充分说明民族文化宫领导对图书馆学术研究的重视，使全馆同事备受激励，在此深表敬意和谢意！

世纪更迭，出版《笔耕集》，是对20世纪后20年学术成果的一个检验，是笔耕者献上的一份收获，是世纪末暂且画的句号。至于画得圆满与否，有待读者批评指正，错讹之处可圈可点，这样才有助于提高，方可为新世纪的耕耘，播撒下更为饱满壮实的种子。

此文收录于《笔耕集》辽宁民族出版社1999年版

独具特色的年刊

——读《图书馆杂志理论学术年刊》感言

李久琦

由上海图书馆学会、上海图书馆主办的每年一期的《图书馆杂志1999年理论学术年刊》(以下简称《年刊》)，如期与读者见面了。这是一期与世纪牵手的刊物。

这期《年刊》主要内容是对共和国图书馆事业的50年回首，50年惊叹，又是对新纪元的展望和前瞻。该期《年刊》带着浓浓的墨香，虽然只有470克重，但拿在手中却是沉甸甸的，它凝结着编者的汗水，浓缩着作者的心血。世纪之旅，扬帆之时，读之催人奋进，倍增使命感。

3年前，上海图书馆首创《年刊》，第一次向我约稿，还真有点不太经意。但当我看到1997年首期《年刊》时，我的眼前一亮，装帧考究，纸质甚好，排印上乘，内容丰富，学术含量极高，感到《年刊》新鲜诱人，毫无迂腐之气，是不可多得的专业读物。在送文化、卖文化的今天，《年刊》高奏主旋律，充分体现出一种真正的奉献精神，令人折服。

此后几年，《年刊》接二连三地出版精装本，质量节节攀高，一直保持高品位。在书刊定价时下连年上扬中，始终保持30元一本，“人参只售萝卜价”，可见《年刊》一切为读者着想，把大多数工薪者放在心上，着实难能可贵。

谁都清楚，当今出刊出书难，出专业学术书刊更难。要钱，要人力，要质量，要效益，就拿我所在的中国民族图书馆为例，为了填补新中国成立后全国出版千种年鉴，唯独没有综合性民族年鉴的空白，我们酝酿多年，征得资金，决心出版《中国民族年鉴》。连续出版了4年的年鉴，每年投入十数万元不说，头一年全馆人员岗前练兵，加班加点，“手忙脚乱”总算把第一卷出版了。几年出书，真是费力难讨好，北京人管它叫“劳神”。安贫和执着是图书馆人的共性。当每部年鉴出版时，人人皆曰：值得。

回顾1997—1999年的三期《年刊》，收录了115人次独著或合著文章91篇，其中不乏资深学者的重头文章，亦有新涉本学科的新人新作，包容性大，既有参天大树又有小荷尖尖角，曲高而和众，枝繁而叶茂，颇具生命力，故而《年刊》会像磁石一样吸引众多作者和读者，尤其是能吸引业界人士中大批研究生、大学生和从事这一事业的新生代，这些作者、读者是新世纪的业内主角，是不可忽视的群体。

以往，图书馆大多把带书号的年鉴称作年刊，而这本《图书馆杂志理论学术年刊》，方是真正意义上带刊号的连续出版的年刊。从长计议，试想十年百年不断出版下去，久而久之，将成为记载我国图书馆事业每个发展阶段的重要典籍。年载文数十篇，数十年后，宛如颗颗珍珠美玉穿成的项链，每隔一个阶段，再出本索引，出个光盘之类，那真是够得一项了不起的“工程”。再过几十年，图书馆书架上把成套的《年刊》一溜排开，那一定蔚为壮观，它将成为社会的宝贵文献信息共享资源。《年刊》也将成为业界人士个人藏书柜中的一道亮丽的风景线。

一本好刊能让人喜欢存，又让人喜欢读，主要是创意好，有理论性、学术性、广泛性、可读性和权威性。《年刊》具备了上述标准。口碑极佳的精品，必然产生口碑宣传效应，四两拨千斤，品牌效应随之而来又产生不可估量的社会效益和经济效益，三年的《年刊》已深深根植于读者心中，这两种效益也将与日俱增。

作为图书馆人，我不像资深学者那样有资格、有水平对《年刊》载文进行全面分析和评述。但不能不提及的是，每期皆有反映我国少数民族图书馆事业发展的文章。在经济文化发达的东海之滨的国际大都会，办刊人能时刻牵挂着尚不发达的“老少边贫”，这本身就是一项“帮扶项目”和一种拉动，这种举措其旨意在于缩小沿海和西部、发达地区与不发达地区的差距。许多从事少数民族图书馆工作者，无不为他们的远见卓识所感慨，无不受到激励和鞭策，这才是同行间的携手和并进。

《年刊》虽好，并非尽善尽美。建议今后应广种精收，多征选登，每期新面孔应多于老面孔，特约稿和新登稿相搭配，权威性文章与崭露头角的文章皆有，新老作者共同泼墨铺陈，才有旺盛的生命力。

建议刊登一些适合少儿图书馆的文章，在造就下一代的任务中，这些同行付出了更大的辛劳。

建议适时举办研讨座谈会，使编者、作者、读者汇聚一堂，共同探讨《年刊》发展趋向，集思广益，齐心协力，共同办好属于我们每个人的《年刊》。这点我们曾做过一次有益的尝试，1998年金秋，中国图书馆学会会刊《中国图书馆学报》和中国社会科学信息学会会刊《情报资料工作》，两刊联袂举办高层次学术研讨会。会议起到了广泛联络图书馆、情报信息工作者，为同行们提供一个学术交流的机会，对学术领域共同感兴趣的话题进行深入的探讨，增进了编者、作者、读者之间的沟通，相互汲取了营养，对提高各自的办刊质量和作者写作水平均相得益彰。本文提及此事，仅供参考而已。

最后，我作为《年刊》的忠实读者，诚挚希望《年刊》愈办愈好，使《年刊》真正办成作者施展才华的空间，崭露头角的舞台，通往成功的金桥，学术交流的园地，成为读者不可或缺的良师益友。

新世纪的图书馆事业将会日新月异，色彩纷呈，我深信《年刊》将会追寻时代的潮流前进，但其理论性和学术性的主旨将是永恒的。

此文刊载于《情报资料工作》2000年第4期

朔方解读

——宁夏图书馆两代学人之印象

李久琦　王　雪

一、朔方思悟

位于黄河河套西部、东跨黄土高原的宁夏回族自治区，在祖国的版图上，比起其他4个自治区，是唯一不对外接壤的地区，在土地面积上排位第五，在人口数量上排在第四，排行榜上均不属于前列。但宁夏图书馆学会和宁夏图书馆主办的刊物《图书馆理论与实践》，在自治区级刊物中却一直名列前茅，在全国图书馆学专业刊物中，也属上乘的核心期刊，颇具知名度，在同行中口碑甚佳，成为读者的良师益友。

近两年，在该刊“文献学论坛”栏目中连载了9期的《跨越时空的文明——中华五千年的文化记录与记录文化》（创意撰稿人：张欣毅、丁力），洋洋洒洒10万余字之巨，引起业内人士和中外学者的普遍关注和喝彩，好评如潮。联想起他们以往创制拍摄的40集电视连续剧《贺兰雪》（主要编剧人为《图书馆理论与实践》前任主编、研究馆员高树榆老先生）和根据文学基础本拍摄的30集中华历史文化电视专题片《跨越时空的文明——中华五千年的文化记录》、新近出版的《朔之方——宁夏历史文化随想录》（张欣毅著），以及由该刊与宁夏文化厅、宁夏图书馆学会向全国开展的“图书馆与西部经济文化振兴”征文活动等，硕果累累，名声大噪。

上述一切，对我们一直是个难解之谜，这犹如宁夏这样一个人们想象中的厚土高天的“荒凉”之地，竟然会有一个颇有名气的美景佳境“塞上江南”一样，神了！可又令人大惑不解。

我们带着解悟与探幽、求知与取经的种种心态和目的，专门寻找一切机会，在京宁两地与宁夏图书馆的两代同行学者频频接触。在交往和交谈中，从他们的内心解读我们所要读懂的一切。

长期受母亲河——黄河哺育的一批毕业于北大、武大等校的学子们，长期根植于黄土高原和“塞上江南”，融质朴和秀气于一身。他们的心灵中少有大都会那种浮躁，多有沃土上的扎实，真可谓秀外慧中，地灵人杰。他们通过数十载的艰苦跋涉，玉汝于成，顺利地通过了图书馆学、文献学、哲学、史学、文学等学科的综合素质检验。他们是一批事业上的成熟者，更是一批成功者。他们有着太多太厚的文化底蕴和学术素养，他们长期在这块古文明的土地上，记录文明，传播文明，成绩斐然。

就是这样一批图书馆人，怀着强烈的历史责任感和自信心，在新时期把历史和现实有机结合。古韵新曲，在时代的键盘上奏响崭新的乐章，绘出雄伟的历史画卷。他们用一种新思路、新概念，为开发图书馆这座知识宝库增光添彩；对图书馆的职能，进行了大胆而有益的延伸与拓展。使图书馆从封闭走向开放，从传统走向创新，从地域走向全国，又从中国走向世界，真正做到了资源共享，总之，活化了图书馆的功能。

从我们一开始的不可思议到有所领悟，从知之甚少到茅塞顿开，直到我们为有这样的同行从内心感到敬佩和骄傲。

解读他们的心世界，解读《跨越时空的文明》和《朔之方》，从中受到启迪．找到答案，文思泉涌，不吐不快。古往今来，宁夏素有朔方别称，故形成开篇《朔方思悟》，亦算借用《朔之方》之书名略抒己见。

二、传承文明

30集大型电视专题系列片《跨越时空的文明》，从文学基础本到巨片摄制完成，《图书馆理论与实践》编委会主任乔毅智、副主任高树榆、主编张欣毅、主办单位负责人丨力等，均是主创人员。巍巍风雨天地间，历时五载，十数易其稿，是何等壮丽的追求和奋斗，他们靠的是内涵和负载。片中邀请费孝通、戴逸、张岱年、李学勤等40余位知名学者，访谈中畅述中华各阶段、各专题文明史。

该片是在世纪更迭之际向新世纪奉献的一份厚礼。“从远古走来的中华民族正以其对历史的沉思、勇于搏击的精神和宽大的胸怀迎接新世纪的到来。这是一个古老民族面对未来所做的历史选择和理性自觉。然而，未来的含义应该是昨天、今天和明天，一个不能充分认识自己过去的民族，是一个不会进步的民族，我们的民族有着比世界上任何民族都悠久的历史，我们的国家在秦汉至明清之际，始终保持着一个让西方国家望尘莫及的文明水准和科技高度。几千年的文明在碰撞中升华，在消亡中融合，构成中华民族特有的文化和心理。西方著名哲学家黑格尔在比较了世界文明诸古国后指出：‘只有黄河、长江流经的那个中华帝国，是世界唯一持久的国家。’故而，中华民族在为人类进步做贡献的同时，正在追寻昨天的足迹以融入今天的思考。使中国古代文明的巨大价值家喻户晓，使其所体现的民族精神成为全体人民的共识。”《跨》片宣传品如是坦陈他们的思考与探求。

这部耗资巨大的电视片，以中国历史上那些不朽的经典文献为基础，结合大量的文物和文化遗存，选取最能体现中国历史的文明成就、民族精神和优秀的文化传统的主题，以现代手法展现文明古国的灿烂文化，文化与文献信息量极大。

在我们翻开历史的画卷，倾听文明史的倾述，在推开历史窗棂，展现历史的变幻之前，首先看看那美轮美奂的每一集片名，就足以把你吸引；瞧一瞧那每集梗概，就足以使你怦然心动。现照录如下，以飨读者。

第一集　龙飞凤舞　龙和凤都是炎黄始祖的图腾，它们体现了华夏文化的多元性。

第二集　春秋战国　这是一个大动荡、大变革的时代，诸子林立，百家争鸣。

第三集　周易八卦　周易来源于八卦，包含着许多极为可贵的哲学思想。

第四集　孔孟儒家　孔孟儒家博大精深，是中国古代文化的主体。

第五集　老庄道学　儒道两种思想的交流和碰撞，构成了中华传统文化的主流。

第六集　秦皇汉武　秦始皇和汉武帝是中国历史上杰出的政治家，创建了空前的封建大帝国。

第七集　贞观之治　唐代贞观年间，社会繁荣，国泰民安。唐太宗李世民亦成为历代君王的楷模。

第八集　中土佛陀　佛教传入中国并逐步汉化，出现了儒、释、道三教合一的局面。

第九集　白纸黑字　纸的发明和印刷术的发明，是中国对世界的伟大贡献。

第十集　科举考试　科举制比起世袭和察举制来有更多的公正性和进步性。

第十一集　日月经天　中国古代天文学在相当长的历史时期都居于世界前列。

第十二集　江河行地　中国古人很早就认识到地理学与政治、经济、军事的密切关系。

第十三集　神农医药　中国古代医药学是在与巫术的长期斗争中逐渐发展起来的。

第十四集　以农为本　中国自古以来就坚持以农为本的思想。

第十五集　商业货币　在中华大地上，商业活动和货币交换起源很早，它促进了封建社会的诞生与发展。

第十六集　丝绸之路　中国与外界交往的历史源远流长，丝绸之路是东西方文化汇合的历史见证。

第十七集　青铜陶瓷　一万年前诞生的制陶工艺，四千年的青铜制品，是世界文化的瑰宝。

第十八集　天工开物　《天工开物》对中国古代科技进行了全面总结，是古代科学技术发展的里程碑。

第十九集　塔寺园林　中国在汉代以后逐步形成了独特的中国建筑风格和艺术美。

第二十集　古代建筑　中国古代的园林建筑从现实出发，表现出高超的艺术创造力。

第二十一集　石窟艺术　随着佛教在中国的传播，在山崖上凿洞建寺、雕塑佛像成为一大景观。

第二十二集　帝王陵寝　是了解和研究中国古代政治、经济、文化、建筑的第一手资料。

第二十三集　水墨丹青　在中国，绘画比文字更为历史悠久，并融汇着独特的审美意识和哲学观念。

第二十四集　书法瑰宝　汉字起源于象形，它体现了充分的艺术美。

第二十五集　各领风骚　远古神话，诗经楚辞汉赋、唐诗宋词、元明戏曲、章回小说，各领风骚。

第二十六集　梨园戏曲　戏曲艺术源远流长，从秦汉到隋唐不断发展，直至宋元时期才趋于成熟。

第二十七集　变法图强　在中国历史上许多有为的君主和名臣，为了图强而变法革新，清除时弊。

第二十八集　通古鉴今　代代修史，以古鉴今，二十四史、《资治通鉴》等都是中华文明智慧的结晶。

第二十九集　康乾盛世　康熙是位杰出的政治家和军事家，他雄才大略，开创了“康乾盛世”。

第三十集　跨越时空　追述中国古代的文明史，跨越时间和空间，从未终止和间断。

《跨》剧素材本25万字，学术精华本10余万字，专题30个，片长600分钟。每字、每集、每分每秒，都像颗颗珍珠穿连而成。整部电视片宛如一串精美绝伦的闪光项链，流光溢彩，耀眼夺目。

这部巨片，是一项开拓性的文化项目、学术项目、历史项目、艺术项目，是一部活化的百科全书，是一部五千年文明、文化的历史画卷。它先后被列入宁夏文化宣传重点选题项目、国家“九五”重点音像选题项目，荣获了第三届全国对外交流影视作品一等奖，等等。

1999年7月，在大连召开的中国图书馆学会年会期间，年会主办单位在大连会展中心专为《跨越时空的文明》举办的电视招待会上，播放了该片的前三集，受到百余名专家学者与大会代表的欢迎，反响热烈，洽谈咨询者比比皆是，场面火爆。

8月，在泰国曼谷召开的第65届国际图联大会上，印发了该剧宣传材料，受到东南亚国家、欧美国家、中国台、港地区及澳门地区代表普遍关注。美国代表返回后专门来电询问在美发行事宜，并派代表来华洽谈。

《跨越时空的文明》的问世，不由得联想起江泽民最近致信白寿彝教授，祝贺1200万字的《中国通史》全部出版，信中指出：世界几大古代文明，只有中华文明没有中断地延续下来……几千年来，中华文明得以不断传承和光大，一个重要原因就是我们的先人懂得从总结历史中不断开拓前进。信中同时提到中华民族的历史是全民族的共同财富。并号召全党、全社会，特别是青少年学习历史，形成学习历史助益现代化的浓厚风气。

继《中国通史》问世后，由九州出版社出版的《中国通史图说》，是中国史学界又一盛事。6000多幅照片，再现了数千年中国历史的全貌，读者可以在理性和感性的有机结合中，去领略华夏文化的博大精深，把枯燥、乏味的历史，表现得生动具体，形象直观。适合不同层次的读者，有利于史学知识的普及。

《跨越时空的文明》由九州音像出版公司协拍和出版。可谓欣逢盛世，史学界佳音频传。

通史、图说、电视片三者相继与读者和观众见面。文、图、影；读、阅、看，闪回穿插，互补有益，相得益彰，同载史册，乃国人之幸事。

三、畅述文史

我们在银川各得一本由作者张欣毅签名赠送的《朔之方——宁夏历史文化随

想录》后，喜出望外。据说这是一部与《跨越时空的文明——中华五千年的文化记录与记录文化》一大一小、文脉相通的姐妹篇，被列入宁夏四十大庆重点出版物，受到政府专项资助。

当我们从银川乘飞机返京途中，在万米之上的机舱里，就迫不及待地打开这本作者用七八年心血写就的作品。《引言：让我们站在高处，看一看这神奇的地方》，先就使我们眼前一亮。读完《引言》，使人不由得去俯瞰窗外，从高处看看这神奇的地方，我们深深地被鬼斧神工之妙、天造地合之作的宁夏两山一水所吸引，那真是“美哉，壮哉”！常说走马观花，我们是飞马看花，难免更加肤浅，但若飞翔在宁夏的历史文化的长空中，我们却能领受到它的深邃和博大。

《朔之方》就像一部娓娓道来的历史，真实鲜活地展现在面前。作者在书中提醒道：“今天的普通人（包括我）看历史，不当就历史看历史，而当特别重其文化内涵和精神境界。”就让我们随着作者提示，去梳理宁夏的历史和文化，去读解这本书吧。

作者从3万年前的远古女娲时代“宁夏人”与热带景观，破译水洞沟文化的诸多层面；论及宁夏历史文化的轨迹时，以文献学者特有的眼光和审美角度去探究“塞上江南”的全之美之境，如诗如画，如醉如痴；书中把西夏文化留给后人弥足珍贵的文献一一展现在读者面前；从远古写到元明清，其中诸如姬周王先民玄黄之梦般韵朔方与太原，尤让人身心震撼，写细石器文化与贺兰山岩画，使人仿佛看到一组蔚为壮观的古代游牧狩猎历史与文化的全息画廊。

作者极言“两山一水之间自然与人文契合”；开合之中照量“西戎铁马秦汉关”、“匈奴鲜卑：两代骄雄在河西再造辉煌”；从文学、考古、地理、人文多角度透视“唐诗中的朔方现象”；披露野狐禅：“两组佛塔偃息的秘密”与“从死城里流出的活水”。作者借六盘山怀古，追念一代天骄和他的子孙们的动人事迹；别具慧眼地去讲述“丝路上的宁夏与丝路上的三代商业民族”；从考证“宁夏明代长城”到写出“明庆靖王的宁夏诗及《宣德宁夏志》”直到“康熙大帝访宁夏”等等。全书24篇，从古及今，阡陌纵横，海纳百川，有根有据，有板有眼。新书说旧事，融汇古今，字里行间，无不寻宁夏之源，颂朔方之魂，无不深深打动每位读者的心。

在《“塞上江南”的全美之境》中，诗情画意暂且不说，述中作者的笔锋一转：“像这样一片地近沙漠的小小绿洲，如果不是较早地开发出引黄灌溉农业，使之变成了沃野千里、稻谷殷实、果树成林的‘塞上江南’，或许宁夏平原早已不复存在了。一个被三片大沙漠包裹着的平原，如果任凭自然，那么它被沙漠吞噬掉的可能不是没有。这可以举历史上曾小有名气的楼兰古国为例。”我们曾到过楼兰，从时下荒废的古城虽能依稀捕捉到昔日的辉煌，但站在楼兰追昔往日，凄惶之感仍不禁使人怆然泪下。《朔之方》的作者，不仅从历史、文化、人文角度谈及“塞上江南”从古至今之美誉，且能从今天和明天的环保意识上，论及这一当今世界重要的热门话题，把昨天和未来有机相连，用心良苦，不能不使人折服。短短几句，给今人和后人都是很大的警示和忠告。

全书还多次提及“多元文化”这个在国际早已存有的课题。国际图联（IFLA）还专门设有此研究机构。在1996年召开的第62届国际图联大会上，我们就曾发表过具有多元文化特色的中国少数民族语种文献的论文。真是与作者想到了一处，可谓不谋而合，所见略同。笔者可惜当时未能与《朔之方》作者联系，否则在大会上交流并在专题组上宣读的多元文化的论文会有更充足的论据，增加更多的内容，在国人和洋人同行面前更能讲得有声有色。看来图书馆人之间的沟通或合作，应早在成文成书之前才是。

细读《朔之方》，有一段极易被人忽视的文字。作者在引用了导师一句“越是民族的就越是世界的”名言后，使人惊讶的是作者大胆引发的后一句，“就历史文化而言，我们能不能说越是民族的越是中国的?”虽是问号，作者肯定暗自称是。诚然，它使贬低者失去了理由，为褒扬者提供了空间。

作者从人非草木怎可“不管兴亡事短长”的历史和现实责任感，建议对宁夏史迹进行纪念性的修复，企盼早日在朔方大地上修复水洞沟文化遗址，并建立自然与人文景观交相辉映的全息式的水洞沟文化博物馆（展览馆）；对贺兰山下的西夏王陵的巨大保护性工程的开工，表示极大的关注，并希冀能再现昔日皇家王陵的风采。

《朔之方》全书16万字。作者在车载斗量的文献中，拂去尘封，破译历史，以图书馆人特有的眼光和方式，为读者开辟出一片新天地，寻求到一块新大陆。生于斯长于斯的朔方作者，字里行间，表现出无限钟爱朔方的情怀，使读者都能感受到“朔方”一词蕴藉着的穿透力和凝聚力。作者引经据典，用古老的地域文化，撞击着时代的洪钟，这钟声不但回响在朔方大地上，而且传得很远很远。

《朔之方》撷古察今，不但在读者面前展现一幅幅历史的画卷，更是一朵朵收获的华章，朔方随想，能引起人们久久的随想……

试想，图书馆人都能把丰富的馆藏文献资源发掘出来，唤醒睡梦，化为财富，古籍生辉，服务四化；皆能把枯燥的文献化成七彩的时空，展现在读者面前，执着于传薪续火，继往而开来，那该多好！

此文刊载于《图书馆理论与实践》2000年第2期

开拓进取　勇于创新

——《中国民族文献管理学》总序

李久琦

我国年轻的少数民族图书馆学者包和平撰写的学术专著《中国民族文献管理学》，即将付梓，约我作序，对我来说是幸事，也是难事。幸者，开卷有益，先睹为快；难者，对此学科领域，研究甚浅，只懂皮毛而已。我只得采取先拜读专著，从中感悟，边学边写序。

欲想了解这部学术专著，应先了解其作者本人，我就是从了解作者本人，才了解了其学术研究轨迹的。

包和平1985年毕业于内蒙古大学图书情报专业，师从著名的蒙古文献学专家、图书馆学者乌林西拉教授。名师出高徒，教授严谨的治学精神，言传身教，培养出的学生，大多成为各单位的栋梁和骨干。而包和平更是学有所成的佼佼者。

十余年前，在科尔沁草原上的明珠——通辽，参加哲里木盟图书馆开馆典礼上，偶遇包和平，因来去匆匆，彼此未有更多的接触。事隔五年，1994年夏，又是在科尔沁召开的第四次全国民族地区图书馆会议上，读到了他的学术论文，在参加草原盛会的摔跤场上，他敢和职业选手较量，且身手不凡，敢拼才能赢，"学术和竞技"均显才华，给人的印象颇深，此后有了进一步了解。1995年，他应邀做客到中国民族图书馆，参与首部《中国民族年鉴》的编辑工作，并被聘为编辑部副主任，成为编辑主力，后又一直连任年鉴编委。他在馆里一待就是半年，那时他夜以继日地忘我工作，勤奋敬业，认真负责的精神，感染了周围同仁，赢得尊重和信任。此间，他还有机会浏览民族图书馆的丰富民族文献，这一切为他日后在民族文献学的研究领域，拓宽了视野。交往中感到他思路敏锐，勤奋进取，献身创新是其成功的要素。

记得在北京，有一次去首都体育馆欣赏了一场高水平的国际铜管音乐会后，我问他能否在民族图书馆学研究中，也能增添华美的乐章，他的回答是坚定的，但又说这需要时间。光阴荏苒，他没有食言，经过数年的努力，笔耕不辍，功夫不负有心人。在学术园地中，他喜获丰收，盘点一下收成很有必要：他在中央和地方专业刊物上，发表图书馆学、文献学、档案学、信息学、民族学等诸多领域的学术论文80余篇，出版个人专著与合著20余部，累计达280多万字，说著作甚丰一点也不过分。此外，许多论著获奖，他正担任多家刊物编委，主持多项国家和地方科研课题任务。

一个人的事业生涯和经历，往往是笔宝贵的财富。包和平是位蒙古族青年，且一直在民族单位从事图书馆工作，他钟情于自己的事业，矢志不渝。从旗、盟图书馆的负责人，到国际大都会的高等学府图书馆的负责人，他都扎根于基层，积累了丰富的实践经验和领导才干，经过努力和探索，天分加刻苦，又使他具有了深厚的文化底蕴、理论水平和科研能力，逐渐成为学科带头人，他所创建并主持的大连民族学院中国民族文献研究所，就是独一无二的开创性事业。

从旗、盟到国际名城，环境变了，地位变了，但他的谦虚谨慎、兢兢业业的品德却始终未变。一件小事足以说明之。1999年夏，中国图书馆学会在大连召开首届学术年会，会上宁夏回族自治区图书馆代表，有个急件要赶制彩印，人生地不熟正在犯难。包和平二话没说主动承担，没顾得上吃饭带病骑车去办，一顿饭工夫，返回时雨水汗水湿透了全身，他却用雨衣把印件包得严严实实，在场人无不心疼地道谢，他却说了最简单的三个字“应该的”。一件小事能反映出一个人的精神境界和品德修养，大家无不为之感动和敬佩。

包和平的锐意进取精神、学术研究成果和人格魅力得到了业界人士的赞许和社会的认同。为此，他也得到了应有的殊荣：1996年和1997年两度获科尔沁左翼后旗劳动模范，全旗十大杰出青年，内蒙古自治区先进文化工作者；1998年被评为哲里木盟十大杰出青年，又获1999—2000年度辽宁省图工委先进工作者，其所在馆被评为辽宁省高校先进图书馆，连续数年获得不同地区、不同级别的荣誉，实属不易。这充分说明了这样一个道理，是金子放到哪里都不会被埋没，是宝石放到哪里都会闪光。无论是在科尔沁大草原上驰骋，还是在大连海湾中破浪前行，有为青年放到什么岗位上都会发挥作用。

“尝试成功自古无，自古成功在尝试”，包和平潜心钻研，大胆尝试，撰写的《中国民族文献管理学》学术专著，是一部全面系统地研究中国少数民族文献学及其管理的一部成功力作。是作者孜孜以求，长期坚持不懈深入系统研究这门学科的心血结晶。

全书用新颖的体例，精当的论述，把民族文献理念放到文献学的一个分支加以明确阐述，又在文献学共性中，提炼出民族文献管理工作的独特性。从民族文献工作的不同侧面、不同角度论述民族文献工作发展的特殊规律和业务要求，把文献学和管理学基本原理同民族文献管理工作紧密结合起来，处处紧扣民族文献管理工作的实际，又将其丰富的工作实践上升到理论高度，加以科学的论证，从而达到理论性与实践性二者的完美统一。

构筑一门介于民族学和文献学之间的新兴独立边缘学科，是作者的出发点和落脚点。该书的意义在于填补了我国民族学研究领域中，文献管理学的空白，换言之，填补了文献管理学中有关民族研究的空缺，是自古成功在尝试的拓荒之作。

纵览全书洋洋洒洒十二章，前四章论述了民族文献及其管理的基本理论，五至十一章论及了民族文献具体管理方法和实现现代化管理的方法和途径。全书内容丰富、资料翔实、体系完整、文笔简练、逻辑性强。既有理论性又有实践性，既有可读性又有可操作性，既能纵观全局又能触摸实际，传统与现代兼备，历史与前瞻皆有，可谓海纳百川，融汇古今。特别值得一提的是，最后一章“民族文献资源指南”，为读者指点迷津，可称独具匠心，没有实际工作的体验，是很难从这个被忽略的角度去揣摩读者的需求，提升读者的视野。在知识经济和信息时代，文献的开发和利用，是全社会都广泛关注的大事。在实施“科教兴国”和“西部大开发”的进程中，促进民族地区的发展，开发和利用民族文献，实现民族文献资源的共建共享，是必不可少的，该书作者对此浓墨重彩加以充分的论述，相信能派上用场起到应有的作用。

该书的可贵之处，在于深入浅出，站在作者角度力求写深写透，站在读者角度力求易读易懂。古人云：授之以鱼莫如授之以渔，当今而言，既要给人以鱼，又要给人以渔，两者应兼顾才是，而《中国民族文献管理学》正是鱼渔皆予的佳作，是一部学术专著，亦是一部实用性教科书。可供民族理论和实际工作者、图书、情报、档案和有关学科读者研究、参考和应用，又提供相关专业院校师生使用的教材和教学参考书。

《中国民族文献管理学》的问世，为我国民族图书馆的科学研究领域开创了一片新天地，也为学术百花园里新添了一朵吐露芬芳的奇葩！

2001.7.1党的八十华诞

此文收录于《中国民族文献管理学》内蒙古科学技术出版社2001年版

与时俱进　共创辉煌

——新老主编话改版

李久琦　宋志明

几经策划，反复设计，不断修改，《情报资料工作》2001年世纪新版终于和广大读者见面了。**“鲜明的时代特色，丰富的知识内涵，高尚的学术品位，精良的印刷质量”**既是办刊人的承诺，也是我们献给长期以来关心和支持这份刊物的广大读者、作者的一份世纪贺礼！

《情报资料工作》自1980年创刊以来，从创刊号的24页，到48页—64页—48页，直到现在的80页，办刊人经历的不仅是刊物容量的变化，既有成功的欣慰，也有惨淡经营的坎坷，更有走出低谷、迈向新世纪的豪迈。

昨天是今天的过去，明天是今天的未来。抚今追昔，展望未来，请听本刊新、老两位主编的对话。

宋志明：中国人民大学书报资料中心总编辑，本刊主编，教授，博士生导师。

李久琦：原中国民族图书馆馆长，现任专职研究馆员，一直连任本刊副主编。

李：自1980年创刊起，我就与《情报资料工作》结下了不解之缘，以后一直连任副主编。可以说我是这本刊物诞生、成长、发展的见证人。看到2001年世纪新版封面大样及文章清样，内心充满欣喜之情。20世纪末第117期送别本刊旧貌，21世纪伊始第118期迎来本刊新颜，世纪新版以新的面貌、新的内容、新的姿态，迈入新的纪元。

抚今追昔，不由得使我重新翻开了始终珍藏的20年前出版的《情报资料工作》前身《资料工作通讯》1980年创刊号，它只有薄薄的24页16开本。在改革开放初期，专业学术期刊寥若晨星时，几位有志学者创办了第一本属于社会科学资料工作者自己的刊物。现不妨引用几句“发刊词”以温故而知新：“在八十年代第一个春天里，《资料工作通讯》与广大资料工作者见面了……本刊是广大社会科学资料工作者自己的园地，诸位都是它的主人和园丁，请大家来耕耘，多方赐教，让它开出芬芳的花朵，结出丰硕的果实。”语言真挚质朴，今天重读之，仍倍感亲切。

20年前草创的这份刊物，其“创刊号”仅辟有“重要会议和讲话”、“理论与方法”、“经验交流”、“国外借鉴”、“简讯”等5个栏目，实际上只刊载了5篇署名文章。按今天的水准衡量，可谓信息量不算大，知识内涵不算多，封面和版式、纸质和印刷都挺不起眼，用现代人的眼光看算是“灰头土面，粗布衣衫”，属内部刊物，内部发行，无定价，不定期，连办刊人的姓氏均未署上。但在人们刚刚从思想禁锢中醒来的年代，敢于创意，敢于打造这份刊物，实属难能可贵，相当不易。这份刊物不但填补了社会科学资料学术研究的空白，也填补了社科学者心灵的荒漠。时至今日不能不令人欣赏办刊人的眼光，钦佩他们的胆识和创意。他们抓住了机遇，捕捉了广大社科资料工作者的需求。有需求必有生命力。这只是我用当今市场经济运行规律去审视当初而已。

宋：《情报资料工作》经过几代办刊人的不懈努力，最终以准确的定位、鲜明的特色、广泛的社会需求，在群星璀璨的情报信息类学术刊物中赢得了一席之地。令我们倍感欣慰的是，尽管进入20世纪90年代以后，学术刊物的生存和发展面临着市场经济的严峻挑战，但这份刊物在全国图书情报类刊物中一直具有广泛的影响，其发行量始终名列前茅，说明它自始至终得到了广大读者的认可与支持。

多年来，刊物始终坚持理论性、实践性、指导性和知识性结合，注重追求理论精品，面向工作实际，形成了求实创新的学术风格。我们的目标就是要把这本刊物办成我国图书、情报、信息工作者探讨学科理论前沿、切磋信息时代热点焦点话题、交流实际工作经验、共创事业美好未来的温馨家园，使它真正成为我国图书、情报、信息工作者自己的刊物。

李：春秋二十度，世纪交替快。二十年改革开放，二十载社会进步，《情报资料工作》是随着我国改革开放诞生，伴着社科信息事业发展前行的专业学术期刊。它多次入选“全国中文核心期刊”、“全国图书馆学情报学核心期刊”，是当之无愧的。

宋：创新是科学研究的灵魂，是社会发展与变革的动力，也是专业学术刊物长盛不衰的关键所在。在走向21世纪的历史进程中，《情报资料工作》要在强手如林、竞争激烈的专业学术刊物中获得更大的生存与发展空间，必须构建全新的办刊理念，以新观念、新视角、新思维对刊物的未来发展做出整体规划。

一、紧跟时代，把握21世纪社科信息学科发展的新趋势，提升刊物的学术品位。首先，知识经济和网络时代使社科信息学的研究视野越出了传统图书信息机构的藩篱，扩大到更加广阔的虚拟知识空间。解决虚拟环境中信息源与信息利用的矛盾是网络时代社科信息学生存与发展的基本前提和主要研究内容。其次，社科信息学理论和方法必须与现代信息技术紧密结合，创造交叉发展的学科优势。第三，要以积累性研究与创新性研究相结合，寻找新的学科生长点，包括文献建构研究、搜索引擎研究，元数据研究、网络空间、虚拟社会、网络信息产权、网络信息安全、数字图书馆、知识管理研究等。上述这些将成为刊物今后的选题重点。

二、强化管理学科色彩，基础理论研究与实际应用研究并重。社科信息（情报）学是一门应用性极强的学科，如不从社会发展和进步的角度去探索理论研究的实践基础，失去应用性，这门学科也就失去了生命力。因此，刊物上的选稿重点将立足于：理论研究论文力戒空泛，应对实际工作具有指导性；实际应用性文章，在强调其对工作指导性的同时，应起到推动学科建设与发展的作用。

三、改版、扩版后的世纪新版，作为学术期刊，应立足于创新意识，这既包括编辑人员在策划选题、刊物改革及刊物现代化建设等管理理念和方法的创新，要立足于知识经济和网络时代的高度对刊物未来的发展做出整体规划，更包括刊物内涵的知识创新。社会发展与变革的原动力来自于创新，社科信息学科建设和事业发展同样来源于理论与实践的不断创新。知识经济与信息网络时代为科学情报的知识创新提供了广阔的发展空间，本刊将以高浓缩的知识含量，优秀的学术理论科研成果、成功的工作实践充实其内涵，使刊物成为学术精品。

四、强化中国社会科学信息学会会刊的职能。及时报道与反映我国社科信息各大系统的事业发展以及学术研究与交流活动，使刊物成为连接我国社科信息各大系统的纽带与媒介，成为广大社科信息工作者进行学术研讨与业务交流的园地。

李：《情报资料工作》是带着几代办刊人的殷切期望和广大读者、作者的深切厚爱走向新世纪的。我清楚地记得，20世纪80年代初一批青年作者在刊物上崭露头角，为蓬勃发展中的社科信息学研究注入了新的活力，今天他们之中的许多人已成为学科带头人和科研骨干。现在刊物上不仅常见到他们本人的力作，也有其学生的论文发表。可以说，广大读者、作者对这个刊物怀有浓厚的感情。

宋：《情报资料工作》全体编辑人员不会忘记社科信息领域专家、学者对我们的鼎力相助与无私奉献，不会忘记广大读者、作者长期以来对我们的关心和支持。老朋友历久弥新，新朋友一见钟情。我们全体编辑人员愿和《情报资料工作》的广大读者、作者携起手来，共同努力，让刊物与时俱进，共创辉煌！

此文刊载于《情报资料工作》2001年第1期

纵横捭阖　学研津梁

——读《东北地区社会科学文献信息资源保障体系建设研究》随笔

李久琦

《东北地区社会科学文献信息资源保障体系建设研究》一书，于2001年秋由吉林人民出版社正式出版。该书系国家“九五”社会科学基金项目“东北地区社会科学文献信息资源保障体系建设研究”以著作形式完成的最终研究成果。

该书由正副主编毛昨非、杨沛超领衔，会同王翠萍、杨琳、张连志、宛福成、傅朗云等联袂著就。著作见仁见智，既显现出个人才华，又显现出整体实力和一种敬业精神。全书承载着编著者厚重的事业心和责任感，是一份不可多得的科研成果，是一部值得称道的学术专著。该书的问世受到社会科学文献信息界和图书馆界同仁的广泛关注和好评。

我对社会科学文献资源研究情有独钟，有其因由。笔者有幸参加国家“七五”期间重点研究课题“全国文献资源调查与布局研究”，在课题掌门人肖自力组长的带领下，于1987—1990年四度春秋，历经艰辛大功告成。课题组给我安排了个副组长的头衔，当时，却难得有机会去调研资源，而是专跑资金，没做多少文献资源保障工作，倒成了地道的后勤资金保障角色，难免留下不少遗憾。

从“七五”到“九五”，十余年间，社会变化一日千里，时代不同了，条件改变了，资金充裕了，人员素质提高了。与往昔相比不可同日而语。该书能成为学术精品，是时代赋予的，更是成熟的学者自身努力造就的。

今得此书，如获至宝，拜读之，含英咀华，有感而发，以表达对编著者、课题研究者的敬意之情。

科学是严肃的，学术是严谨的。不过评论的话题似乎可以轻松些，随意些，因为这毕竟不是板着面孔去答辩和鉴定。我读书有个准则，即作品和作者都值得我钦佩的才去读。该项目负责人、主编毛昨非研究馆员，锐意进取自不必多说。就为人师表、桃李满园的杨沛超教授而言，该书亦凝聚了其心血，是其重要科研成果。

评论该书，不妨浏览一下全书八章内容。一、社会科学文献信息资源概述；

二、东北地区社会科学文献信息资源现状分析；三、东北地区历史文献概述；四、东北地区民族文献概述；五、文献信息资源保障体系建设的理论与实践；六、东北地区社会科学文献信息资源保障体系建设意义与目标；七、东北地区社会科学文献信息保障体系模式；八、东北地区社会科学文献信息资源保障体系构建思路。24万字的学术专著，纵横捭阖，洋洋洒洒，成峰成岭，见木见林。我按章逐节细读，俾有所悟，眼界大开。字里行间不难看出编著者深厚的历史文化底蕴、业务素养和造诣。该书从古至今，从国内到国外，穿越时空，跨越地域，古今中外融入其中，既揭示了东北地区文献资源的家底，又推介了这一资源。对书中提出的一些新的理念，解疑释惑，加以明确的论述。使初涉者产生兴趣，欲探究竟；使资深者引发思考，有所借鉴；又为决策者提供了依据；为同行提供了操作方案。该书考证远古，论述当今，指引未来，既兼顾“史”，又突出“新”，成为衔接历史与现实的纽带，成为学术和科研的津梁。该书将东北地区以往和当今社会科学文献信息资源优势挖掘出来，转化为潜在的产业优势，是产学研有机结合的典范，其作用非凡，不可低估和小看。

全书既有高深的理论，又有深入浅出的论述，集综合性、史料性、实践性、前瞻性、可操作性和可读性于一身，是部学术研究的上乘之作。

吾家之言不一定可信，多家之言方可印证，请看专家学者如何评价。援引一，学者金恩晖称赞：论述精辟，资料翔实，新见迭出……其眼光远见卓识，观点鲜明深刻，在理论建树上，有多方面新的突破。援引二，学者魏克智评价道：具有科学性、独创性和前瞻性的精品，是“功在当代，利在千秋”。明确提出了“多元立体的联合保障模式”的最新观点。为同类研究提供了有启示和借鉴意义的思路和典范。援引三，专家刘万国评价为：理论起点高，研究思路清晰，有较高的实用价值。此外，诸多的业内人士也对该成果予以好评。兼听则明，综上所述，不难看出该书已得到社会的首肯，受到欢迎是在情理之中的。

对该书的褒奖谈了许多，但事物总有两个方面，难以尽善尽美，也有不足之处。八章可自立门户，各有千秋，笔调风格各异，故难出一辙，在整体协调方面，尚未做到一致。该书本属学术研究专著，用文学作品标准去衡量，可能过于苛刻。此外，正如刘万国在鉴定中提到的：“此项研究侧重于‘供’，在‘求’的文献研究显得不足。”我对“供”有余而“求”不足亦有同感。供求关系如何兼顾如何调整，只有供求相宜才能皆大欢喜，其实我说这话也过于强求，真是难为作者了。既然彼岸在前，津梁筑就，如何渡，如何行，用户和读者自己用心去琢磨和思忖就是了。

文献信息资源是财富，而《东北地区社会科学文献信息资源保障体系建设研究》一书，也是一笔精神财富，源远流长，载籍浩繁的东北文献为后人保留了一段历史，该书传薪续火又为之延伸了一段历史。该书的出版为白山增光，为黑水添彩，它不但弘扬了民族文化，又传承了中华文明。

此文刊载于《情报资料工作》2002年第1期

半个世纪的辉煌

——贺《图书情报工作》五十华诞

李久琦☆

春秋五十度，丰碑五十载。《图书情报工作》创办半个世纪以来，经过几代人的共同努力，薪火相传，打造成全国知名的专业学术刊物。

五十年间，贵刊忠实地记录了我国图书情报工作的发展进程，始终站在图书情报事业发展前沿，不断向社会传递更新更快的学术信息，促进学术繁荣和发展，成为践行科学发展观的典范。

贵刊及时反映全球学术进展动态和潮流，为促进中外学术交流做出了卓有成效的贡献。作为领军刊物，成为同业刊物的楷模和榜样是当之无愧的。

贵刊为专家学者开辟了学研结合的示范园区，为精英才俊构建了学术交流的优势平台，为后生新秀架设了迈向成功的阶梯。刊物拥有广大的读者群、稳定的作者队伍和强干的编者班底。刊物早已成为读者、作者、编者，乃至同业者的纽带和桥梁。

贵刊昨天和今天所起的历史和现实作用，有口皆碑，有目共睹。理所当然地受到社会各界的关注和好评，顺理成章地成为读者作者的良师益友。

作为同业刊物，我们主办的《情报资料工作》杂志，刚刚度过了二十五岁生日，今后还有很长的路要走，还有许多地方应向你们学习。愿我们彼此携手，并肩前行。

再次向《图书情报工作》五十华诞表示衷心的祝贺。祝贵刊与时代同步，光前耀后，再接再厉，再创辉煌！

《情报资料工作》全体同仁恭贺

2006年4月

此文刊载于《图书情报工作》2006年第8期

☆ 以《情报资料工作》编辑部名义发表。

历久弥新谱华章

李久琦

《情报资料工作》创刊30周年，可喜可贺。

日前，编辑部徐亚男主任来电，布置纪念创刊30周年事宜，并约我写篇短文，理由是我任编委和副主编时间较长，熟知情况。

我记得以往刊物逢五逢十和2001年改版扩版我均写文纪念，可谓“不用扬鞭自奋蹄”，而今到了30周年，却把如此大事忘到了脑后，我自愧自责。记得刊物25周年我不但写了篇短文，还建议和辅助两位年轻同行史桂玲、曹捷完成创刊25周年大事记。此后我渐渐淡出视野，很少参加编辑部组织的各项活动，当编委只是挂名而已，对刊物的责任和贡献如茶愈沏愈淡。我从不惑到古稀，整整30年与刊物结缘。1985年《资料工作通讯》更名为《情报资料工作》任编委至今25年，任副主编16年。这在历史的长河中只是一瞬，但在有限的人生中却是历史记忆。即使今后我不再担任编委，对刊物的感情仍挥之不去，如酒愈久愈浓。

受约拿起笔来写文，不可老调重弹，既不能抄袭别人，也不能重复自己，故写起来有点难。但换个角度写点过去未曾涉猎的东西，仍有素材可挖掘。

岁月留痕，纪念创刊30年，忘不了30年前办刊伊始有幸与杨教、吴尚宇二位才俊接触，并促膝长谈，聆听他们畅想刊物的明天走势和憧憬未来的发展。但在改革开放初期，人们刚走出十年禁锢，当时的思维和眼光，很难预知30年后的变化。当时的创刊号是用传统的手工捡字铅印，怎可能料到印刷革命后今天的激光照排。当时再大胆超前的想象，也不可能预知今天刊物的辉煌。可话又说回来了，那只有24页、早已泛黄的超薄创刊号却是今天刊物日新月异发展的坚固基石。

回想30年中，我对刊物的贡献，大多属“纸上谈兵”。看得见摸得着的是我搜集全了1980年创刊号至1984年初创5年刊物，精装成珍贵合订本，捐献给了编辑部，是对当时因多次搬迁、资料不全的有力补充。这事说起来挺招人待见，自己也颇为得意。

说起能把刊物办成精品，实属来之不易。30年前中国人民大学书报资料社，具有远见卓识地创办了这个刊物，这在当时的社会科学情报资料界是一枝独秀，又是当时全国社会科学情报工作者协会筹委会，慧眼识珠，经过几年的协商，于1984年确定为筹委会会刊，由书报社与筹委会合办。以后随着中国社会科学情报学会正式成立，事业不断发展，刊物已由内部不定期发行，到公开发行，由季刊改双月刊，由会刊改学报，以及后来的改版扩版。凝聚了中国人民大学书报资料中心和中国社会科学情报学会几代人的心血，这一切充分反映了领导者的智慧和办刊人的拼搏精神。30年发生了多大变化，上了多少个台阶有目共睹。今天的刊物与以往不可同日而语，刊物是二者几十年联姻的共同体，是二者共建共荣共赢的有力体现。此外，学术合作单位不断扩大，也是对刊物的有力支持，设立学术指导委员会，是对强手如林、竞争激烈的专业学术刊物生存中，获得更大发展空间的有力保证。

斗转星移，30年间编辑部孙黎明、杨正翠、曹捷、徐亚男4位敬业的掌门人，皆为女性，正如前辈所说系“女中豪杰”。她们伴着改革开放的步伐前进，伴着时代的节拍一路高歌，把刊物办得风生水起、有声有色，为业界所称道。进入新世纪，刊物改版、扩版，始终站在学科前沿，办出时代特色，办成学术精品。当然这与各级领导把握方向、大力指导，与各位编委关心和参与不无关系，但谋事在人，具体执行者、经办者亦功不可没。

最后说点实情和真话。中国社会科学情报学会学报《情报资料工作》，作为中央级刊物，全国中文核心期刊、全国图书馆学情报学核心期刊，多次在图书馆学情报学期刊排名榜上名列前茅，成为全国同行业者中的精品期刊。水涨船高，目前来稿采用率仅为3%—4%，这表明论文一旦在刊物上发表，可谓举足轻重，其含金量陡增。毋庸讳言，在《情报资料工作》发表论文，对评职称管用，对考核学术成果管用，刊物既成为良师益友，直接受益者不计其数。以笔者为例，“文革”后发表的第一篇论文《“资料”粗识——步杨教同志文并抒己见》，就刊登在30年前，当时还叫《资料工作通讯》第2期上，不用隐晦，笔者也是受益者之一。

《情报资料工作》30年，充分记录了我国社会科学情报学科发展的历程。承接过去，连接现在，延伸未来，今后的发展很难预料，正如30年前难以预料今天一样。学科发展，科技进步，30年后会超乎想象，但有一点可以肯定，刊物会紧跟时代脉搏，历久弥新，谱写华章，铸就更大辉煌。

仅此，祝贺《情报资料工作》30年。

此文刊载于《情报资料工作》2010年第6期

新闻与通讯

民族文化宫图书馆开馆

李久琦

本报讯　关闭十四年之久的民族文化宫图书馆，经过整顿和充实，最近恢复开馆，并开始接待各民族读者。这个馆是一所全国性的民族专业图书馆，收藏各种民族文字的书刊资料三十余万册，其中不少是罕见的民族文献珍本，并设有良好舒适的阅览室和研究室。为了充分发挥书刊资料和设备的作用，目前对一些有关单位及个人开展借阅工作。

此文刊载于《北京晚报》1980年9月18日第4版

各族人民共同缔造了我国文化宝库

——中国民族古文字展览巡礼

林　琦　吴开流　葛增福

十月的北京，秋高气爽，我们相邀登上民族文化宫主楼，参观我国首次举办的民族古文字展览。

进入展厅，迎面一座巨大的屏风吸引了我们：在一幅元代石刻的拓片上，展示着梵、藏、八思巴、回鹘、西夏、汉六种文体，镶嵌着我国当代满族书法家启功先生题写的“中国民族古文字展览”九个立体金字。古代民族文字和今人名笔相互映衬，浑然一体，我们不约而同地为展览设计之巧妙叫绝。

据介绍，这次由民族文化宫、国家民委文化司、中国民族古文字研究会联合举办的展览，展出了十六种民族古文字，大体上按古文字所行用的地区分为三个部分陈列。

展览的第一部分，是行用于西北地区的七种古文字。**佉卢文**，公元二世纪中叶后流行于我国西域，在于阗、鄯善一带一直使用到公元四世纪后半叶，行款自右向左，大多写在木牍、纸张或者皮革上，史料价值很高；**焉耆—龟兹文**是吐鲁番、焉耆、库车一带发现的古代少数民族文字，所代表的语言，习惯上称为“吐火罗语”，其文献资料多属于公元四至八世纪，对于印欧比较语言学和我国古代西域文化历史研究，具有重要的价值；**于阗文**是公元六至十世纪于阗地区塞族使用的文字，源出笈多体婆罗米字母；**突厥文**又称古代突厥如尼文或鄂尔浑—叶尼塞文，是公元六至十世

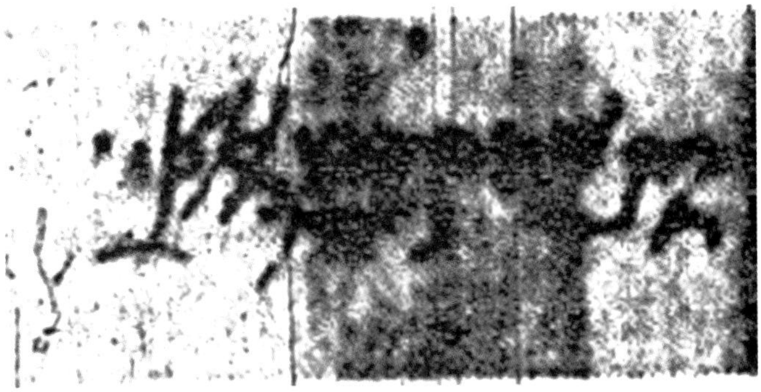

图一　佉卢文木牍

☆　林琦系李久琦与于宝林写此文时的共同笔名。他们时任《光明日报》通讯员。吴开流与葛增福系该报记者。

纪我国北方突厥、回鹘、黠戛斯等游牧民族使用的文字；**回鹘文**是古代维吾尔人（当时称回鹘人）在粟特字母基础上创制的拼音文字，公元八世纪开始使用，一直到十五世纪在吐鲁番等地依然流行；**察合台文**是在阿拉伯字母基础上创制的，用以拼写察合台语的文字，察合台语是公元十三世纪以后形成的以当时维吾尔语为基础的突厥诸民族书面语；**西夏文**是一种表意制文字，用以记录古代党项族的语言，创制于公元十一世纪，西夏王朝灭亡以后，仍使用了很长一段时间，已发现的最晚的文献属于明朝中叶。

图二　突厥文样品

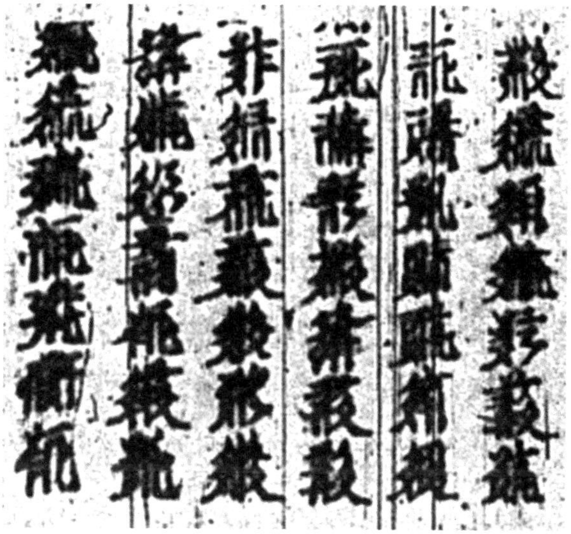

图三　西夏文木版佛经

我们在这部分看到了铸有文字的银币，作为通信用的木牍实物，回鹘文写经原件，彩色壁画上的题词，佛经，故事书，会话读本，有名的突厥文阙特勒碑、毗伽可汗碑的拓片照片，还看到了西夏文的审判记录、官私文书、官印、铜牌、字典以及《论语》《孟子》的翻译作品等。矗立在展室正中的《凉州感应塔碑》（拓片），碑阳为汉文，碑阴为西夏文，其中记录了西夏时期政治、经济、文化史料，是全国文物重点保护单位之一。

第二部分展出的是西南地区的四种古文字。相传公元七世纪中叶吐蕃赞普松赞干布的文臣通米桑布扎按照梵文的一种字体创制了藏文。属于公元七至九世纪吐蕃时期的藏文文献代表**古藏文**。古藏文的资料有金石铭刻、手卷写本和木制简牍三大类。这里展出的有几米高的唐蕃会盟碑拓本，有手指大小的出土木简实物，还有明永乐版大藏经。

有一个展柜展出的**傣文**贝叶经，吸引着众多的观众。傣族过去笃信佛教，以献经为有福气，西双版纳的傣文佛教经典大部分是刻写在贝叶上的，相传有八万四千部之多，这里展出的一部《释迦牟尼周游世界纪》就有二十二册。此外，傣文的展品还有在竹简上、银片上刻的文字实物。傣族共有四种不同形式的文字，都脱胎于梵文字母，其中以傣仂文最古老，保存下来的文献也最多。

彝文，主要流行于云南、四川、贵州三省彝族地区。现存文献大部分属于明代。展览除绘制了彝文字母册表外，还将云南、四川、贵州的彝文文献分别在专柜展出。

纳西族的**东巴文**最为引起人们的兴味。东巴文是象形表意文字，从文字发展阶段上讲，比甲骨文古老得多，还未脱离图画的阶段，文字染上绚丽的色彩，一篇文章就像一本连环画册。

第三部分是行用于北方和东北地区的古文字展区。我国北方创造文字以契丹族为最早，契丹族曾在我国历史上建立显赫一时的辽王朝，《马可波罗游记》即以“契丹”作为中国的代称。十五世纪哥伦布发现新大陆也因慕名寻访契丹而缘起。**契丹文**有大字、小字两种，一千多年前创制，行使近三百年，至明、清已无人所识，史籍上流传下来的只有五个字，其余全是碑石和器皿，大都地下出土。我们看到的展品有首都和外地送展的铜印、铜镜、铜牌、残石、黄釉笔洗。内蒙古昭盟文物站送来的几百斤重的《故耶律氏铭石》的碑石，为展览增添了光彩。

在**女真文**展区，展出了著名的大金得胜陀碑，还有用女真、蒙、汉字合刻的永宁寺碑，这块碑刻于明代黑龙江口特林地方，碑文载明，永乐七年（1409年）明政府在黑龙江下游“开设奴儿干都司”。

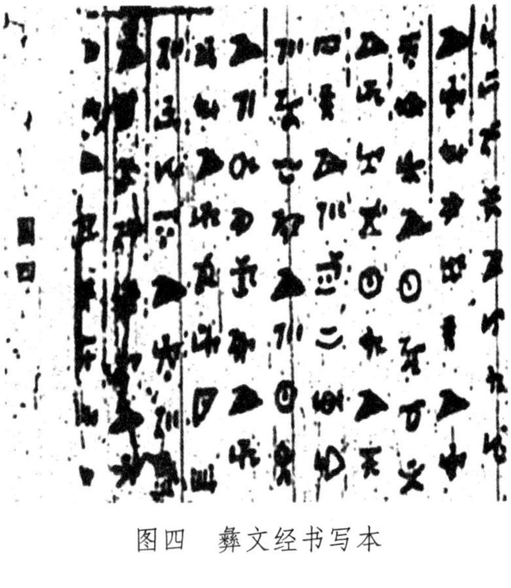

图四　彝文经书写本

公元1204年以后，蒙古族开始使用回鹘字母拼写蒙古语，后人把这种文字叫作回鹘式蒙文。元、明两代的回鹘式蒙文文献代表**古蒙文**。古蒙文字母的笔画结构、拼写规则、书写体势都同回鹘文相似。

图五　东巴文样品

还有一种被史书称之为“元国书”的**八思巴文**，这是元世祖忽必烈特命国师八思巴创制的拼音文字，脱胎于藏文字母，但行款与藏文不同，公元1269年颁行，有楷体和篆体两种形式，就现存文献来看，主要是拼写蒙古语和汉语。展品有碑刻拓本和《蒙古字韵》、《百家姓》以及铜权、钱币、官印等珍贵文物。

展览最后一部分是**满文**。满文是1599年清太祖努尔哈赤命额尔德尼、噶盖二人在蒙古字母基础上创制的；1632年达海奉清太宗皇太极之命加以改进。改进前的满文称无圈点满文，或老满文；改进后的满文称有圈点满文。满族入关前写的《满文老档》是著名的老满文文献。展览展出了入关前作战时用的满文木牌，近一米长、半米宽的书册：玉牒（即皇族的家谱），康熙亲政的诏书和敕书，嘉庆时的诰命，顺治、康熙、雍正、乾隆、道光、咸丰在奏折上的御批。

图六　契丹小字《宣懿皇后哀册》

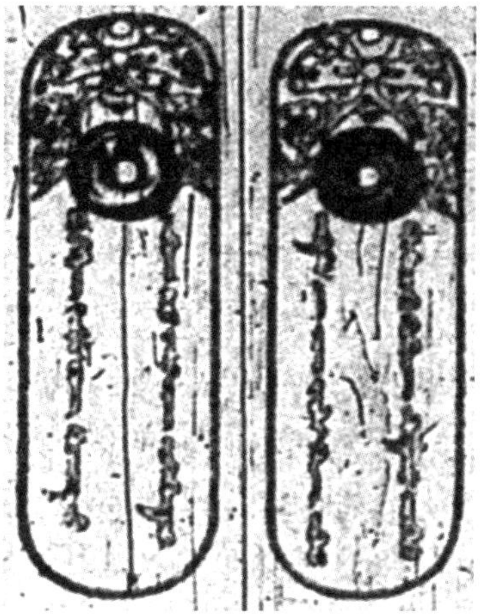

图七　双钩体古蒙文符牌

图八　八思巴文楷体铜钱铭文

我们巡步展厅，观看千余件珍贵的展品，不时为我国古代少数民族的灿烂文化而赞叹。我们中华民族历来以勤劳、智慧著称于世，各族人民所创造的古文字，是我国文化宝库中的珍品，是我国人民赢得智慧美名的一个光辉的佐证。

此文收录于《光明日报》1980年10月29日第3版

民族典籍之宫

——民族文化宫图书馆

李久琦☆

民族文化宫图书馆是一所全国性的民族专业图书馆。

在四周环抱着阅览室、研究室、目录厅和工作室的中央，是一座国内少有的封闭式书库。这所民族知识宝库，珍藏着包括汉、蒙古、藏、维吾尔、哈萨克、朝鲜等24种民族文字和多种外文典籍近40万册。其中以国内外罕见的各种金银写本、贝叶经、孤本、善本、金石拓片、地方志为特藏。这些民族典籍中，记载着全国各民族的古代科学文化和社会历史的发展进程。这些典籍受到我国民族工作者和研究人员的重视和广泛利用。并为外国学者所瞩目。

目前，全馆各族工作人员正积极整理藏文文献、编印馆藏目录，编写《民族工

封闭式书库内景

各民族文字的珍本及善本

☆　当时以沈进名义发表。

作大事记》，开展复印业务，搞好各项学术性科学服务工作，努力开发这所民族知识宝库。(照片由本报记者沈进摄影)

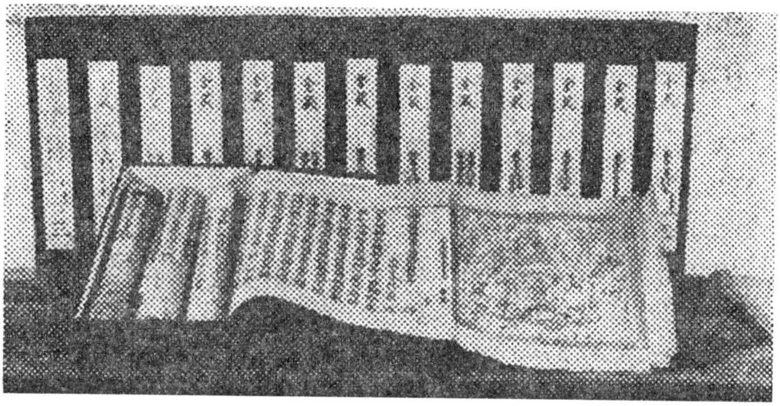

元朝补雕《金藏》

别具一格的藏经库

镶嵌有68颗珍珠宝石的金银写本藏文经册。四周绘有彩色佛像，上下有象牙朱漆金粉护板，是民族文化的珍品

读者在这里查阅地方志

藏、汉族的藏学专家学者在研究藏文文献

乌孜别克族读者在开架书前挑选读物

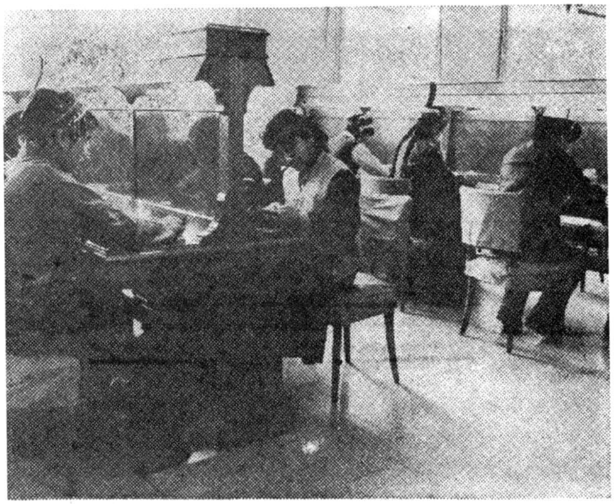

少数民族读者在环境幽静、条件舒适的阅览室内阅读

罕见的明朝纯金写本《大藏经》，全书113函，每函重80余斤。书写用金数千两。经文书法工整，插图精美，浮光耀金，光彩夺目

这部阿拉伯文手抄本《古兰经》，相传明洪武三年传入我国。这种年代久远，版本珍黄的《古兰经》，世界上仅存三部。1954年曾送往叙利亚的国际展览会上展出

用树叶代纸制成的书——图文并茂的菩提叶经卷和贝多罗树叶刺写成的傣文经卷

此文刊载于《人民日报》1982年1月3日第8版

珍贵的梵文《妙法莲华经》贝叶写本

一　之☆

你见过古代的竹简木牍吧，可是你见过与竹木简形式相近，而又与纸张薄厚相同的贝叶写本吗？

贝叶写本俗称贝叶经，是古代印度、尼泊尔等国，用贝多罗（Pattra）树的叶子，用水沤制后书写的佛经。除了尽人皆知的唐代高僧玄奘跋山涉水万里迢迢，传奇般地赴天竺取回并译出75部经卷外，为人较少知晓的宋代僧人“道圆自西域还，得……贝叶经四十筴”（《宋史·天竺国传》）。由此可见，我国古代许多僧人为贝叶经的流传做出了可贵的贡献。由于种种原因在贝叶佛经发源地的印度，这种古老的经卷几乎绝迹。因而保存下来的贝叶经更为珍贵，素有“世界之宝”的美称。

《妙法莲华经》在所有的贝叶经中是最有影响的一部，在佛典中被誉为“大乘九宝之一”。“妙法”意为所说教法微妙无上，“莲华经”比喻经典的洁白美丽。这经在佛教界地位极高，奉若圣典。日本学者提倡“法华经文化”，封《妙法莲华经》为“镇护国家的经典”，并当作国宝加以供奉。《妙法莲华经》的梵文写本已发现40余种，分布在尼泊尔、克什米尔和我国的新疆、西藏等地。其中，在克什米尔和新疆发现的属于5—9世纪的写本，但这些写本数量极少，又都残缺不全，尼泊尔和西藏写本属于11—19世纪，其数量和完整程度略胜一筹。世界上许多学者通过已经发现的贝叶写本进行研究，来探索佛教学、语言学、东西方文化交流史等方面的问题，并做了大量的整理、校勘工作，写出了许多专著和论文，研究《妙法莲华经》几乎成了一种专门的学问。

封面所载的梵文《妙法莲华经》贝叶写本，由北京民族文化宫图书馆珍藏，是由尼泊尔传入的，原保存在我国西藏的萨迦寺。全经共137叶，274面，其抄写年代为1082年（我国宋朝元丰五年）3月17日。为尼泊尔那瓦尔廓特·塔库里王朝的

☆　李久琦笔名。

最后一个国王商羯罗提婆时期。这是一部迄今900年的相当古老的写本。全经保存良好，内容完整，首尾无缺，字体优美，清晰度高，有极高的学术价值，实属罕见之珍本，为国内外学者所瞩目。据悉，经我国梵文学者倡议，国家出版事业管理局批准，民族文化宫图书馆决定将此写本用珂罗版彩色复制限量出版，向国内外发行。此珂罗版本由佛学专家、中国佛教协会会长赵朴初先生题写经名，并由北京大学副校长、著名梵文学者季羡林教授作序，配以我国梵文学者蒋忠新等的研究整理报告（汉、英两种文字）的单行本，序和单行本都将随书发行。

此消息传出后，国际上有关专家学者对此十分重视，一位日本学者更表示“感到庆幸”。时值梵文《妙法莲华经》贝叶写本抄毕900周年之际，出版这部经典，必将为促进国际学术交流做出重要的贡献。

此文刊载于《世界图书》A辑1982年第8期
此文亦收录于《笔耕集》辽宁民族出版社1999年版

全国少数民族地区图书馆工作会议在北京召开

李久琦

由文化部图书馆事业管理局、民族文化司、国家民委文化司、中国图书馆学会联合召开的“全国少数民族地区图书馆工作会议”7月6日至12日在北京举行，来自全国13个省、市、自治区18个民族的70名代表参加了座谈会。大家就加强民族地区图书馆事业发展，开创民族地区图书馆事业新局面等问题广泛地进行了座谈和交流。

党和国家领导人中央政治局委员习仲勋，中央书记处书记、中宣部长邓力群，全国政协副主席、中央统战部长、国家民委主任杨静仁，全国政协副主席、全国科协主席周培源以及文化部部长朱穆之等亲切接见参加全国少数民族地区图书馆工作会议的全体代表，并和大家一起合影。

国家民委副主任任英代表民委祝贺会议开得圆满成功。任英说，首次召开这样的民族地区图书馆专业会议，首长的接见，充分体现了党和国家把发展图书馆事业提到了建设社会主义两个文明的高度上来。这次会议起到了很好的促进作用。任英说，过去，国家民委在发展少数民族地区图书馆的问题上了解得不够，关心得不多。今后这项工作要大力加强，要与文化部、中国图书馆学会等加强联系，共同研究，通力合作，共同努力搞好这项工作，搞好这项事业。

文化部副部长丁峤到会讲话，他说，这个会议开得很好。中央领导同志来了，就说明会议在图书馆工作中，在文化工作中占了重要位置的。我国现在形势很好，在新形势下，我们应当意识到文化工作的重要地位，图书馆肩负着艰巨而光荣的任务，还要加强自身工作的革命化。发展图书馆事业，首先要领导重视，希望各级党政领导对图书馆事业多重视，图书馆是智力投资，从文化部到各省、市、县在这方面要有些投资才行，丁峤最后说，希望民族地区的同志把情况通报给我，我会呐喊、呼吁，尽可能地为同志们多做一些工作。

文化部图书馆事业管理局局长杜克、中国图书馆学会副理事长丁志刚分别在会上作了重要讲话。

此文刊载于《民族研究动态》1983年第3期

全国少数民族地区图书馆工作座谈会在京举行 中央领导同志接见各族代表

李久琦

新中国成立以来首次全国少数民族地区图书馆工作座谈会于7月6—12日在北京举行。这次会议是由文化部图书馆事业管理局、民族文化司、国家民委文化司、中国图书馆学会联合召开的。来自全国13个省、市、自治区的18个民族的70余位代表参加了会议。党和国家领导人中央政治局委员习仲勋，中央书记处书记、中宣部部长邓力群，全国政协副主席、中央统战部部长、国家民委主任杨静仁，全国政协副主席、全国科协副主席周培源以及文化部部长朱穆之等亲切接见了全体代表。中央领导同志勉励代表们在边疆和民族地区从事图书馆工作，传播科学文化知识。

座谈会以如何加快民族地区图书馆事业建设、开创新局面为主题，为实现第六个五年计划对图书馆的要求提出了可行性意见。会议着重研究了图书馆藏书建设中关于地方和民族文献资料的搜集整理工作，根据民族地区特点开展书刊借阅工作和民族干部的业务培训工作等问题。

文化部图书馆事业管理局局长杜克在会上讲了话。他在回顾了解放三十多年来图书馆事业发展道路后指出，只要国家致力于经济建设的时候，图书馆事业就受到重视，就发展；反之，经济建设受干扰时，图书馆事业也必然受挫折，这是实践反复证明了的一条规律。经济发展和图书馆事业的发展是互为因果、互相促进的。搞“四化”、搞“两个文明”建设，是中央坚定不移的方针，只要“四化”和“两个文明”建设坚持下去，图书馆事业的发展就会继续发展。

杜克在谈到如何贯彻“六五”规划，发展民族地区图书馆事业时说，“六五”期间基本上做到县县有图书馆。但目前民族地区的旗、县中将近一半还没有图书馆，这种情况如不尽快改变，势必要拖四个现代化的后腿。他说，图书馆建设也是一种智力投资，应该把投资办图书馆和投资办学校放在同等的地位来认识。他接着论证了发展民族地区图书馆的重要意义，指出这是实现民族团结、民族平等和各民族共同繁荣的需要，也是开发边疆、促进四化早日实现的需要，我们要以发展的眼光把民族地区图书馆事业与我们伟大社会主义祖国的长治久安、与国家的前途和命运联系起来。

杜克最后谈到了民族地区图书馆工作在以下几个方面需要加强和改进：一、藏书建设要体现民族特色；二、因地制宜地做好图书流通工作；三、要重视民族文献古籍的搜集、整理和保存；四、要抓紧民族地区图书馆专业干部的培训工作。

国家民委副主任任英、文化部副部长丁峤都在会上讲了话，给代表们很大鼓舞。代表们表示在新的形势下，一定要努力工作，为发展少数民族地区图书馆事业贡献力量。

此文刊载于《资料工作通讯》1983年第3期

民族地区图书馆工作座谈会在京举行

李久琦

文化部图书馆事业管理局、民族文化司和国家民委文化司、中国图书馆学会联合召开的“全国少数民族地区图书馆工作座谈会”，于7月6日至12日在京举行。

这次座谈会，是为贯彻党的十二大和六届人大关于建设两个文明的精神，发展民族地区，特别是地、县图书馆建设工作而召开的。参加会议的有13个省、市、自治区的18个民族的代表。

会议期间，党和国家领导人习仲勋、邓力群以及杨静仁、周培源和朱穆之等同志接见了与会代表，并一起照相。国家民委副主任任英、文化部副部长丁峤同志在会上讲了话。

我国少数民族地区图书馆，在新中国成立后有一定建设，“文化大革命”中遭到严重破坏，党的十一届三中全会以后有了较大发展，现在已有一半的旗、县建立了图书馆。但是，与我国目前社会主义现代化发展的形势，特别是与民族地区文化、科学发展的需要相比，差距还是很大的。因此，民族地区的省（区）、地、县的图书馆建设工作，应该摆在日程上来，应该迅速地跟上来。

各地代表还就图书馆的藏书建设、图书流通、民族文献的收集整理和保存、民族专业干部的培训等交流了情况和经验。

此文刊载于《民族团结》1983年第9期

湮没近千载　今朝放异彩

——《妙法莲华经》出版发行

久　琦☆　奇　骏

由民族文化宫图书馆整理、文物出版社印刷厂用珂罗版彩印的梵文《妙法莲华经》贝叶写本，于今年9月在京出版发行。27日，民族文化宫等单位举行了隆重的发行仪式。

它的出版发行，为国内外学术界提供了一份珍贵的研究资料，贝叶是古代印度、尼泊尔等国用当地一种贝多罗树叶沤制写成的。民族文化宫图书馆共收藏梵文贝叶资料259筴，约8000叶，堪称国宝。在所有梵文贝叶资料中，《妙法莲华经》是最珍贵的文献之一。它在佛典中被定为“大乘九宝之一”，称为“半个亚洲的福音书”，国际学术界把它与《新约全书》、《古兰经》和《薄伽梵歌》并列为“人类宗教史上最伟大的典籍”。

《妙法莲华经》梵文贝叶资料有40余种，分布在尼泊尔、克什米尔和我国的新疆、西藏等地。在克什米尔和新疆发现的资料属于5—9世纪，这些资料数量极少，又都残缺不全；尼泊尔和西藏的资料属于11—19世纪，其数量和完整程度比前种略胜一筹。

世界上许多学者对已发现的贝叶资料进行研究，探索佛学、哲学、文学、语言学、医学及中西方文化交流史等方面的问题，并做了大量细致的整理、校勘工作，写出了许多专著和论文，研究《妙法莲华经》几乎成为一种国际性的专门新学科。

民族文化宫图书馆珍藏的《妙法莲华经》梵文贝叶资料，系由尼泊尔传入，原存西藏萨迦寺。全经137叶共274面，其抄毕年代为1082年（宋朝元丰五年）3月17日，是极其古老稀有的版本。全经保存完好，首尾无缺，书法优美清晰，实属罕见，有极高的学术价值。著名梵文学家季羡林教授说：“出版这部学术价值极高的印本，说明我国非常重视保护文献资料。”

此文刊载于《资料工作通讯》1983年第4期

☆　久琦系李久琦的笔名。

民族文化宫图书馆改为“民族图书馆”

李久琦

新华社北京四月十二日电 国家民委重视发展民族图书馆事业，最近决定将国家民委系统内部使用的民族文化宫图书馆改为面向全国的“民族图书馆”。

这个图书馆藏书40多万册，其中藏文书有10多万册，其他民族和外文书有20多万册，还有部分汉文新书。凡从事民族问题研究或对民族问题感兴趣的同志都可借阅。

此文刊载于《新华社新闻稿》第5188期，1984年4月13日

得心应手的现代化设备用品

——全国图书馆设备用品展订会巡礼

李久琦

为检阅我国图书馆、情报资料部门设备用品制造业近几年的发展成果，文化部图书馆事业管理局、中国图书馆学会、北京图书馆和民族图书馆于4月20日至5月12日在北京民族文化宫联合举办了首次全国图书馆设备用品展订会，参加展出的有14个省、市、自治区及部委、中国人民解放军系统所属的近50个单位的上千件最新产品。这次展订会为新建、改建、扩建的图书馆、情报资料部门提供品种齐全、设备精良的现代化全套和单项产品，对情报资料工作者提供了得心应手的设备用品，同时也为同行们提供了良好的借鉴、交流、观摩和选订的机会和场所。这次展订会对我国图书情报事业的发展必将起到有力的推动作用。

占地3000平方米的展厅里，有的布置成图书馆、资料馆的传统格局，有的布置成小巧玲珑的科学研究阅览室的崭新模式。一台台视听、电脑、打字、缩摄、誊影、复印设备吸引了一批批观众。大量的钢、铁、铝、木、塑制各式书架、资料架、报刊架、文献、文件、保密箱柜、各式造型独特的方形、长方形、四隔断、六隔断阅览桌，组合成一形、L形、U形、扇形出纳台、水平和垂直运输传动装置、各种手推车及资料加工用品，包罗万象，应有尽有。

除了图书馆、情报资料部门共同使用的常规的设备用品外，情报资料工作者最关心是情报资料专用设备用品。在偌大的5个展厅中，展示了许许多多这方面的展品。在正厅，中国武进图书设备用品工业公司的展品中，不但有布置优雅的阅览厅、研究室，还有非本资料专用设备用品单柱单双面资料分类架，是久负盛名的产品，远看与普通书架无异，近看却大不相同，这是由单柱单双面书架派生出来的系列产品，靠背板、挂板上那一排排长方孔，可随意调节隔板，根据隔断大小安插挡板，插取方便灵活，具有贮存量大、分类明晰等特点，是各单位普遍采用的一种基本设备用品。

为解决资料品种多，形态各异，技术保管要求不一的问题，有的厂还专门设计了不同于书架、资料架外形的专用产品，为缩微资料贮存设计的缩微资料柜，卷式、片式胶片可整齐排列其中，便于检索、复印，复原简捷，保存时间长，成为现代化管理的设备之一。此外，还有专门用于保存图纸的大型底图柜、自动卡片贮存箱、手动密集影集架、手动密集磁带架等，这些设备普遍具有安全、防尘、灵活、藏量大、占地少的特点。

一台刚刚通过鉴定的新产品——“XC—14型自动选层机”，是贮存资料卡片、贵重文献的专用设备，可自动查找文献、资料卡片，保密性强，很适于科研单位和情报资料部门使用。

观众被展厅中一台不时发出“嘀嘀”的报警声箱子所吸引，这是“DZB型电子密码保险箱”，也是最近研制的新产品，它突破了保险箱用机械密码锁的传统结构，是一种更新换代的先进设备。这项填补国内空白的新产品，装有电脑，它采用了六位数电子密码，用户可任意排出一百万组不重复的密码，从而大大提高了保密程度，对贮存保密情报资料、机要文件、档案等，真是万无一失，绝对保险。这种报警保险箱特别敏感，对错码、非正常程序、开门、晃动等均可发出多种功能报警。

还有一种“TB—I型监探系统”，主要用于开架书刊资料库、阅览室，可以防止图书资料失窃和统计进入人次，一旦有人私自携书外出，监探系统可以红灯、音乐声、摄下录像报警，使管理人员及时准确地处理，如办理了正常借阅手续，则不会报警，这套系统将极大地提高管理水平，节省人力，利于开架借阅的推广和普及。

一件件琳琅满目的展品，引起了图书情报界同行们的极大兴趣，使大家开了眼界，看到了图书资料设备现代化的明天。

此文刊载于《情报资料工作》1985年第3期

中国民族图书馆代表团访问印度

九　奇☆

应印度国家图书馆的邀请，经国家民委批准，民族文化宫石嵩山、中国民族图书馆李久琦、张秀峰一行3人于1989年5月3日至15日前往印度进行了业务访问。

在印度访问的10天中，共访问了加尔各答、瓦腊纳西、新德里3个城市，先后参观了印度国家图书馆、孟加拉图书馆、印度梵文学院图书馆、印度大学中心图书馆、艺术学院图书馆、英·甘地艺术中心图书馆、印度社科文献中心、印度科学院图书馆等，并和全印图书馆协会、孟加拉图书馆协会的专家、学者进行了学术座谈和业务交流。此外，还参观了释迦牟尼生卒地和泰姬陵两处名胜古迹。访印期间，代表团前往中国驻印使馆拜会了屠国维大使，石嵩山同志转达了伍精华副主任的问候。

印度方面对中国民族图书馆派团访印非常重视，印度驻华使馆对这次访印予以积极协助。印度财政部对此次访印拨了接待专款，印度报纸对代表团访印发了消息。在访问旅印藏胞较为集聚的瓦腊纳西时，有迹象表明藏族学生欲示威请愿，印方在我们参观的印度梵文学院校园内派军警放哨防范。印方对我们的访问日程做了周密的安排，并派译员全程陪同，参观访问所到之处受到了友好热情的接待。一些重要的图书馆机要部门和珍贵的文献库均毫不保留地向我们开放，供研究和考察。在印度国家图书馆刚竣工的计算机房参观时，屏幕上立即显示出“热烈欢迎中国民族图书馆代表团来访”的字样。在该馆庭院，一位年岁很大的退休女馆员，闻讯赶来和我们握手并合十，老者是第一次见到中国图书馆同行，情景十分感人。在访问孟加拉图书馆时，全体领导出来迎接，向代表团每人献上一束鲜花，并举行了欢迎仪式。当天傍晚赶到全印图书馆协会和孟加拉图书馆协会总部时，正值星期五周末（印度实行每周5天每天6小时工作制），又赶上停电，已下班的人员都等候我们的

☆　李久琦笔名。

来访，协会领导手举蜡烛在门外迎候。会议室内被会员围得水泄不通，因停电无其他通风设备，异常闷热，但座谈会仍在热烈地进行。我们深感印度图书馆工作者对中国图书馆情况的关心，感受到同行之间的友谊和热情。

访印最深的感受：印度政府非常重视图书馆事业的发展。在属于第三世界的印度虽然国家财力并不富裕，却不断修建了一些新图书馆大楼，并装备了许多现代化设备，图书馆工作者的地位和待遇也日益提高，一般初级职称的助理馆员月薪200美元，高级馆员月薪400多美元。全国建立图书馆法，确保图书馆的稳定发展。各馆还对文献古籍采取了严格的保护措施。访印期间正赶上每日43℃高温干旱季节，读者阅览场所虽有电扇降温，仍炎热难忍，但善本书库却有防火防盗的铁门铁柜和空调设备，确保恒温恒湿。此外对大部分善本均采取先进技术逐页加薄膜封闭，不惜高昂代价，妥为保存，对流通书刊的消毒灭菌也分别由手工和机械化进行，这些均值得我们学习和借鉴。1400多年前毁于战火的那兰达大学图书馆遗址，一砖一石保存完好，供游人和学者参观考察。上述所见给我们留下了深刻的印象。

印度图书馆界对中国图书馆情况了解甚少，他们最关心中国的图书馆立法，很多专家学者希望不断扩大和加强两国图书馆之间的联系和交往。此次与印度国家图书馆、英·甘地艺术中心图书馆、印度瓦腊纳西藏族高级佛学院图书馆、孟加拉图书馆建立了交换关系，孟加拉图书馆还希望我们派出中文培训人员或短期交换学者。

此次我们带去了先期进行交换的自行复印的图书101册，另外带去了1册《苗族画册》，接受了印度非正式交换的英文、印地文、藏文赠书73册，一些反映藏学研究方面最新进展的文献，在国内花美元也难以购到。

这次访印达到了预期目的，打开中国民族图书馆通向第三世界的一条途径，日后的图书交换和人员交流将不断得到加强，对于对外宣传介绍中国民族文化和补充中国民族图书馆的藏书将起到一定作用。

此文刊载于《图书馆学通讯》1989年第4期

中国民族图书馆代表团访蒙

李久琦☆

应蒙古人民共和国国家图书馆馆长查干其的邀请，经国家民委批准，由民族文化宫副主任张甫民、民族图书馆馆长李久琦、文献开发部主任宝音组成的中国民族图书馆代表团一行3人于1990年12月1日至15日访问了蒙古人民共和国。

蒙古人民共和国非常重视文教和图书情报事业。全国共有各种类型的图书馆1600多所，总藏书1400万册，全国人均图书占有量7册左右，加之报刊和资料人均占有量达12—16册，居世界人均占有量之前茅。全国以国家图书馆为核心形成全国图书情报网络，其中包括人员培训、业务辅导、全国联合目录等。

蒙古国家图书馆建立于1921年，设总馆和分馆两部分，藏书300万册，有工作人员130人，其中高级业务人员约90人。在丰富的馆藏中，有珍贵的蒙、藏、满、梵、僧伽罗文及汉文典籍、手抄本，其中珍藏的蒙文《丹珠尔》是用金、银、钢、珊瑚、翡翠、朱砂、绿宝石、珍珠、贝壳粉共9种材料写成，共110部。还有10部蒙文密宗经文456叶，系银上刻金而成，共用银400公斤、金52公斤，仅蒙古秘史就有15种文字的译本。藏文典籍亦十分丰富，有红、黄、蓝、绿、白五色缎面刺绣的藏文《祝福经》。全部藏书分为藏文（3个库）、蒙文、手抄本、西欧、蒙古学、学术专著（专收全国1700位副教授以上的学者专著）、东方图书（按语种划分，其中汉文藏书5万余册）、满文、报刊、交换书、呈缴本等11个部分，设13个书库。每年接待读者8万—10万人次，流通量15万—18万册，每周开放5天，每天开馆12个小时。

蒙古国家图书馆已与世界50个国家和地区的100多个图书情报单位建立了国际交换关系，图书馆有设备先进的缩微、复印设备，有完善的计算机房，并将从1991年通过卫星与世界计算机联网。在图书采购方面，分别有国家拨款、国际交换，呈

☆　本文最初以中国民族图书馆名义发表。

缴本、个人和集体捐赠，并每年派人到地方征集珍贵文献。每年新补充藏书达4万—5万册。其中包括不惜用3万美元从意大利购买的一部美国影印出版的豪华装《甘珠尔》。

蒙古国家图书馆受蒙古社会科学院、蒙古文化艺术院（原文化部）双重领导，对全国1600多个图书馆进行业务上的辅导，经费上有保证。该馆出版《图书馆者》季刊，向全国发行。

中国代表团在访问和考察中感到，蒙古人民共和国重视文教事业，尤其重视图书馆事业的发展。图书馆人员素质和文化素养较高，业务骨干多曾在苏、德、捷等国留学。从1991年起蒙古文化艺术大学将开始招收图书馆专业本科生，着手自己培养专业人才。

蒙古图书馆的同行，非常希望与中国图书馆界建立长期合作关系，对中国十分友好，接触的人士中均称赞中国改革开放的成功。他们对中国的蒙文书刊有浓厚的兴趣，据说从1994年起在全蒙古逐步推行和恢复老蒙文，这将促进中蒙文化的进一步交流，前景广阔。

中国民族图书馆代表团访蒙，是中国第一个专业图书馆的出访，得到蒙古文化部门的重视，蒙古文化艺术院（原文化部）副院长高胡两次接待代表团，并就发展双方文化和有关事项进行了会谈，蒙古社科院秘书长道尔吉代表院长亲切接待了代表团全体成员。

此文刊载于《情报资料工作》1991年第2期

迎接世纪挑战　促速经济发展

——第62届国际图联大会在北京举行

一　之☆

1996年8月25日至31日第62届国际图联大会首次在其创始国之一的中国举行，这是图书馆界和信息界的一件盛事。

世纪之交，图书馆与信息部门正面临着各种新的需求和挑战。与此同时，社会正重新评估经济发展动力的组成部分——信息的价值。图书馆所履行的社会职能正朝着发挥新的、更大范围的作用而变化、发展。图书馆在帮助各国开发智力财富中所起的作用，得到广泛的认可；信息受到高度重视，被认为是一种经济资源，而新技术又使它得以迅速在世界范围内为人们所利用。图书馆馆员利用他们的信息管理技能在这一新的信息环境中正发挥主导作用。因此，中国选择“变革的挑战：图书馆与经济发展”作为此次大会的主题，用以反映当代经济和社会生活的重要因素之一——信息领域中的各个不同侧面。

国际图联主席罗伯特·韦奇沃斯先生对此次大会予以高度评价，他指出，第62届国际图联大会选在经济快速发展的中国举行，将对发展中国家图书馆事业如何为经济增长做贡献，以及如何缩小发达与发展国家之间的差距而实现信息共享等问题的研究起到重要的启示作用。他指出，在中国举办国际图联大会意义重大。

来自94个国家和地区的近3000名代表（其中中国代表860多名）共参加了208个不同规模的专题会议，300多篇学术论文（其中中国67篇）在大会上交流。

8月26日在北京国际会议中心举行了开幕式，国务院总理李鹏，国务委员兼国务院秘书长、第62届国际图联大会组委会主席罗干，政协副主席、北京市副市长何鲁丽，文化部部长刘忠德，副部长李源潮、徐文伯及国际图联主席罗伯特·韦奇沃斯等出席。李鹏、何鲁丽、罗伯特·韦奇沃斯和国际文献联合会、国际档案理事会、国际出版商协会、联合国教科文组织代表分别致辞。

☆　李久琦笔名。

中国全国人大常委会副委员长费孝通在开幕式上作了题为《变革的挑战：图书馆与经济发展——面向多元一体化世界新格局的图书馆》的专题报告，受到与会代表的热烈欢迎。

开幕式当晚，北京市人民政府举行招待会，李其炎市长致欢迎辞，国际图联主席罗伯特·韦奇沃斯代表与会者致答谢辞。

为祝贺第62届国际图联大会召开，《人民日报》发表了题为《迎接图书馆事业的新时代》的社论。《中国文化报》等也发表了社论。

此文刊载于《情报资料工作》1996年第5期

记人与纪事

蜡炬成灰人成才
——悼刘国钧教授

李久琦

八十一岁高龄的刘国钧教授与世长辞了，作为他的一群学生，莫不感到极大的悲痛。但当看到我国图书馆事业劫后飞速发展，看到先生为之呼吁近三十年的中国图书馆学会成立，看到经先生辛勤浇灌的树木成材，桃李芬芳，又为先生感到欣慰。

有人把教师比作蜡烛，是点燃了自己照亮了别人。但刘先生一生从事的教育事业不但点燃了自己，照亮了别人，也照亮了自己。先生把毕生的精力全部贡献给了我国的图书馆事业和图书馆教育事业，在这一领域建树了千秋业绩。刘先生留给图书馆事业的宝贵精神财富——对事业始终不渝如蜡烛，对学术孜孜不倦如春蚕，对工作忠心耿耿如黄牛。

记得在大学期间，从接触刘先生那天起，就从先生身上深深感到一股强烈的事业心，在四年的求学过程中，更看到先生言传身教把全部心血都倾注在培养和教育为图书馆事业服务的一代新人上。无论是顺境还是逆境总是始终如一，坚定不移。先生对青年人充满了期望，关怀备至，无论是对过去偏激批判过他，还是虚心求教于他的学生，总是一视同仁，耐心地加以指教，无论是批改作业，还是指导论文写作，总是仔细认真，一丝不苟，一字一句，甚至连标点符号都严格要求，加以指点。毕业典礼上先生语重心长地嘱咐我们：诸位就要离开母校投身于图书馆事业了，师傅领进门，修行在个人，要努力奋进，不断贡献自己的力量……这不倦的教诲至今犹响耳边。

十年浩劫，损害了先生的身心，当分别多年再次相会时，看到先生耳聋眼花，消瘦苍老了许多，但先生那股强烈的事业心毫没减退。在受审之余，仍按时上班，埋头进行大量的有价值的资料翻译工作，填补了粉碎“四人帮”后，参考借鉴外国先进的图书馆技术资料的空白。最早地为我国图书馆事业向现代化进军提供了粮草，当了参谋，先生的卓识远见和忘我精神是深孚众望的。

在向四化进军中，在为大力发展我国的图书馆事业中，我们要学习先生的治学治业精神，要像先生一样，做蚕、做烛、做牛。以此作为对刘国钧教授的最好悼念。

在京部分校友：关家林　毕于洁　朱全福　肖自力　陈界　李久琦　张文彬　张函　周若愚　莫作钦　彭修义。

此文刊载于《图书馆学通讯》1980年第3期
此文亦收录于《笔耕集》辽宁民族出版社1999年版

74：0的感触

李久琦

74：0这样悬殊的比分，不是出现在体育比赛场上，而是发生在一次学术讨论会上。

今年七月下旬，中国图书馆学会和江苏省图书馆学会在连云港市联合召开了全国图书馆科学情报服务工作学术讨论会。讨论会开得很成功，但并不圆满。美中不足的是，会上所交流的74篇学术论文均属科技范畴，而社会科学情报资料的学术论文却一无所有，打了个0分。难怪图书馆界一位负责人在充分肯定了这次学术讨论会的成绩后，遗憾地指出，这次讨论会都讲科技，但图书馆拿手好戏还是社科书，而这方面却没有文章，各社会科学情报所也无声无息。

科技情报论文与社科情报论文以74与0相比，比分是何等悬殊！74：0，令人震惊，发人深省，也给人以启示。这种情况还不足以反映出社会科学情报资料工作和理论研究方面之薄弱和落后吗？

社科情报工作之所以薄弱和落后，是由于有关领导部门对“资料工作是哲学社会科学工作的先行官”①的性质和意义认识不足，没有采取有力的措施。图书馆的拿手好戏既然在社会科学方面，但好戏却没开场，这当然要怪有关的领导和“导演”了。社科资料情报工作源远流长，队伍庞大，人才济济，其条件原先比科技情报资料工作强得多。可是后者由于近年来领导的重视，虽然历史短、起步晚，但却赶上了前者，超过了前者，并且遥遥领先了，以致造成一种错觉，以为科学情报工作是专指科技情报工作，而不包括社科情报工作。这样看来，平心而论，74：0是客观的，公允的，是应该的。

但是，这样的比分是不能让人安宁的。这里有一个如何向科技情报工作学习和迎头赶上的问题。但最主要的是要有有关领导部门的重视，要有一个全盘的规划，要有一个健全的体制，要有行之有效的切实的措施，等等；同时也需要广大社会科学资料情报工作者共同努力，振奋精神，相互激励，急起直追。

笔者“出井观天”[②]，与会学习，受益匪浅，但作为一名社科情报资料工作者，未能给学术讨论会带去一份“薄礼”，未能把0变成一个实数，深感赧然和自愧。74：0的对比太强烈了，它总在我的脑子里萦绕，扰得我心绪难以平静。笔者把感触写出来，不为自嘲，不为自慰，而是借此与同行共勉之。

注释

①于光远同志谈资料工作——《在全国哲学社会科学发展规划会议预备会上的讲话》（摘录），《资料工作通讯》1980年1期。

②吴南星《三家村札记——开卷有益和出井观天》，《前线》1963年1期。

此文刊载于《资料工作通讯》1981年第4期

发展中的民族图书馆

齐真锋☆

民族图书馆坐落在北京十里长街的民族文化宫正厅北端，是新中国成立10周年首都十大建筑的组成部分。图书馆整个建筑布局精巧，在四周环绕着目录厅、阅览室、研究室、工作室、会客室的中央，是国内少见的封闭式双层书库。馆内设施考究、环境幽静，为各民族读者提供了一个良好的阅览研究场所。

民族图书馆是一所全国性民族专业图书馆，原名民族文化宫图书馆，为适应图书馆事业的发展，在建国35周年的前夕，经国家民委批准改称为民族图书馆。1958年，筹建初期国务院发函给全国各地征集各民族图书资料，得到内地和民族地区的广泛支持，经过短短一年的筹建，于1959年国庆节开馆时，已初具规模，可以说民族图书馆的建立是全国各族人民大团结的象征。

在这座民族典籍之宫里珍藏着古今中外文献资料40余万册（件），其中有蒙古、藏、维吾尔、壮、朝鲜、哈萨克、彝、傣、锡伯、黎、乌孜别克、塔塔尔、满、柯尔克孜、布依、苗、傈僳、景颇、哈尼、拉祜、水、侗、佤、纳西等24种少数民族文字的图书13万册（件）。在卷帙浩繁的书丛中，有国内外罕见的贝叶、菩提叶、金银、朱砂、珊瑚、珍珠粉写本，此外还有金石拓片、古老刻本、手抄本，许多典籍不仅内容丰富、年代久远，版本珍贵，且字体端庄、装帧独特，是我国民族图书中的珍品。

建馆25年，民族图书馆共接待了几十万国内各民族读者，为他们提供了大量的文献资料，民族图书馆亦被各国学者所瞩目，随着对外开放和各国文化之间的交流，先后接待了世界各国的政府官员、民族和宗教界人士，还接待了港、台同胞和旅居国外的藏族同胞。民族图书馆成为宣传我国各族文化的橱窗。

党的十一届三中全会以来，全馆各族工作人员努力开创图书馆工作新局面，大

☆ 当时李久琦、郑跃珍、张秀峰合写此文时的笔名。

力开发这座民族知识宝库，本着古籍生辉，源流不乱的原则，力图唤醒睡书，化为财富，以期达到不断从旧文献中提供出为四化服务的新情报。在继续对边疆民族地区开展邮借、交换业务的同时，近几年又增添了静电复印、光电誊影、缩微照相等现代化服务设施，复印了《八旗通志》、《国朝耆献类徵》、《新疆图志》等，并编写了70余万字的《中华人民共和国民族工作大事记（1949—1983）》、《馆藏藏文全集目录》（一）、《馆藏古籍目录》等，有的出版物、复制件被选送到国际书展上展出。今年3月李先念主席出访尼泊尔王国，将民族图书馆影印出版的稀世梵文珍本《妙法莲华经》作为国礼赠送给比兰德拉国王，国王在接受礼品时说："非常感谢主席阁下，这是一件珍贵的礼物。"

随着四化建设的发展和适应民族工作的需要，民族图书馆将扩建成为全国民族文献中心，"七五"期间拟筹建一万平方米具有民族风格的现代化新馆，计划收藏民族文献资料200万册，以便更切实有效地为全国民族工作者、民族问题研究人员和各民族广大读者服务。

此文刊载于《图书馆学通讯》1984年第4期

高校图书馆建筑的趋向何在?

——全国高校图书馆建筑研讨会侧记

一 之☆

"七五"计划期间，全国约250所高等院校正在兴建和筹建130万平方米新馆舍。面临建馆高潮的到来，摆在这些学校面前的重要课题是：建馆趋向如何？建什么样的馆舍？姑且不谈今后高等学府新建筑物叫图书馆也罢，叫文献馆、叫情报资料中心也好，名称各异，但其任务和功能是一致的，即由传统向现代化，由封闭向开放，由单一功能及收藏上的单一知识载体向多功能及多种载体过渡；由被动服务向主动服务，使之变知识宝库为知识喷泉，等等。

"七五"第一年的春天——5月下旬，全国高校图工委在沈阳及时地召开了全国高校图书馆建筑研讨会，150多位高校图书馆负责人和有经验的建筑学家，聚集一堂，对当前和未来的馆舍建筑，进行了认真的探讨。

高校图书馆、情报资料中心被比喻为"学术的海洋"、"皇冠上的明珠"。在高等教育中的位置越来越重要，称之为进行思想教育、培训智能、更新知识、提供情报（为教学、科研、政工、后勤）和文献检索利用的场所。

会上，在回顾了我国高等院校图书馆二次建筑高潮后，从1978年进入了已建和正在兴建、筹建375所新馆的第三次建馆高潮，其来势之猛、规模之大，现代化程度之高，是前所未有的。参加研讨会的代表一致认为，新馆建筑的指导思想应把满足读者的使用和需要作为建筑的最终目标，也应是建筑设计的基本依据。因而要立足当前，卓有远见，做到面向世界，面向未来，面向现代化。代表们在总结以往建馆的经验教训时提出了一条重要的经验，必须是图书情报资料人员和建筑师的紧密结合，二者缺一不可。

代表们对什么是现代化的标志提出了很有益的见解，其标志一是不在乎馆舍的规模，而在于条件和手段，诸如空调、照明、缩微、复印、声像、计算机、联机网

☆ 李久琦笔名。

络、自动化运输等。二是以最优的服务方式，最大程度地满足读者的需要，总之，要做到主动地、充分地、高水平地、高效率地提供服务，真正做到资源共享，达到了上述要求，应该说是达到了现代化的水平。

还有的代表对预测未来提出了颇新的见解。高校图书馆的发展方向，一是以阅览为主（即保证读到但不保证借到，以便充分利用图书馆，发挥书刊资料的作用）；二是以开架阅览为主；三是专业开架阅览为主；四是综合专业开架阅览为主，即集中同一专业的中外文书刊资料，各种书型、各种载体为一室，实现一馆多种功能。这种打破常规和传统的方式，必将为新馆建筑提出特殊的要求。要创新，就要打破借、阅、藏三大块的旧格局，避免照抄照搬搞成千篇一律，一定要达到适用、经济、美观。与会代表表示，要与建筑设计师密切结合，不失时机地把意图变成蓝图，把蓝图变成现实，通过对事业的献身精神，对科学的求实态度，担负起建筑新馆的重任。

此文刊载于《情报资料工作》1986年第4期

新的起点
——关于社科情报理论建设问题的圆桌讨论会

李久琦

编者按：目前，社科情报界正在兴起探索社科情报理论的热潮，特别令人瞩目。理论来于实践，又用于指导实践。探索社科情报理论热潮的出现，既是实践发展的产物，又是进一步推动实践发展的迫切需要，我们对它的来临持热情的欢迎态度。为此，中国社科情报学会学术委员会和本刊编辑部于3月中旬邀请了部分同志，就社科情报理论的建设问题召开了这次“圆桌讨论会”，目的是贯彻“百花齐放，百家争鸣”的方针，推动在社科理论建设方面已经出现的好势头。现按发言先后顺序，把发言内容整理于此，以期引起关心社科理论建设问题的同志们的兴趣。可以预料，随着对社科理论问题的深入研究，我们的实际工作将会建立在更加自觉的基础上，社科情报事业的面貌也将会有更大的变化。若干年后，当我们回顾这次讨论会时，有可能发现这将是社科情报理论建设方面的一个新的起点。

开场白

1982年的春天，中国社会科学院情报研究所和中国人民大学书报资料社编辑部的几位负责同志，曾进行了一次关于情报资料工作的即兴谈话，嗣后形成了一篇蜚声社科情报资料界的《新春畅想录》（载《资料工作通讯》1982年第1期）。当时参加讨论的人远见卓识地谈道：“等我们的事业有更大的发展后，我们今天的谈话，有可能载入史册。”《新春畅想录》刊出后，反映强烈，呼应者甚多，影响很深。五年过去了，当年带有“民间”交换意见的“即兴谈话”，到今天由全国社科情报五大系统组成的学术团体——中国社会科学情报学会和《情报资料工作》编辑部联合召开的这次“圆桌讨论会”，同是在春天，同是在这里举行，但我们的事业却向前迈进了一大步，当年的畅想，有的已经变成了现实，有的正在变成现实。今天到会的，就有当年参加《新春畅想录》即兴谈话的部分同志和将“畅想”变成现实而付出心血和努力的专家、学者，人们是不会忘记当年春天的播种者的。

今天的讨论会不是对过去的简单回顾和总结，它既是那次“畅想”的继续，又是在新的高度上的起跑和展望，但愿能起到承上启下的作用。这次重点讨论如下几个问题：

一、社会科学情报学建立的必要性和可能性；二、社会科学情报学的主要研究对象和课题；三、如何根据我国的具体情况进行社会科学情报理论的建设。

各位难得聚集一堂，请大家本着“百花齐放，百家争鸣”的精神各抒己见，为建设我国的社会科学情报学献计献策。

此文刊载于《情报资料工作》1987年第3期

共同努力 把好事办好

李久琦

“全国社科文献资源布局调查研究”已被正式列为国家“七五”社科基金研究项目，这一来之不易的项目，备受广大社科图书情报工作者所珍视。

长期以来，条块分割、互相封闭的行政管理体制，使我国文献资源的布局极不合理，不能得到综合开发和有效利用。可是另一方面，各系统、各部门出现大量的文献重复，浪费惊人，加之缺乏横向联系和协调布局，使得文献建设始终停留在小而全的低水平上，形不成重点和优势，难以实现资源共享。

从20世纪50年代后期开始，历时三十余载，图书情报界的有关人士围绕藏书建设、联合目录、馆际互借、资源共享、文献资源保障体系、文献资源合理布局等一系列难题，进行了不懈的探索、研究和实践。他们从微观的方法论的探讨到宏观的理论研究，又以此为指导转向从分散到整体，从局部到全局的实际调查，他们孜孜以求，为之付出了心血，然而由于种种原因，这一庞大的调研项目始终未能如愿。

欣逢盛世，夙愿得偿。1987年夏批准立项，从此揭开了新篇章。这一项目是全国文献资源总体协调布局建设的一个组成部分，在国务院部际图书情报工作协调委员会的总体规划下进行活动。一年来，全国社科文献资源布局调查研究组在中国社科情报学会、中国图书馆学会、全国高校图书情报工作委员会的指导下，把调研工作不断向前推进，并取得了初步成效。

开展全国范围内的社会科学文献资源调查，是一件具有深远意义的大事，掌握了其收藏状况与分布特点，可解决文献资源的贫乏与臃肿；经费的不足与浪费；分布的不均衡与封闭等种种矛盾，促进藏书协调，并进而研究制订全国社科文献资源的合理布局方案，为领导决策提供参考，使之建立一个总体上费用最低、搜集最广、效率最高的全国社科文献资源保障体系，以期真正做到资源共享。

汇集科研成果，整理编辑出版《中国社会科学文献资源指南》和建立数据库，为国内外研究人员和图书情报工作者在文献开发利用上提供切实的帮助和得心应手的工具。

目前，调查工作已全面铺开，在时间紧、任务重的情况下，要完成这项科研项目，只有依靠各单位领导的高度重视，依靠广大社科图书情报工作者的共同努力。各单位的领导要把科研任务变成各自单位的应完成的工作任务，在时间、人力、物力上予以保证，把这项工作中带有相当数量的科研性质的统计工作和事务性的工作做得扎实细致，这样，才能掌握馆情、省情、国情，把家底搞清，为今后制定方针、任务提供依据。我们深信大家的事情大家办，一定会把好事办好！

此文刊载于《情报资料工作》1988年第4期

造就人才　迎接挑战

——访北大图情系主任周文骏教授

李久琦

春节刚过，在一个瑞雪初晴略带一丝寒意的清晨，我受《情报资料工作》编辑部的委托，前去西郊中关园采访北京大学图书馆学情报学系主任周文骏教授。年过花甲满头银发的周老师热情地把我让进他那温暖如春的家。时值寒假，周老师仍不肯休息，伏案书房著书立说。为了不占用他更多的时间，我说明来意后，周老师就三句话不离本行，谈起了图书馆学情报学教育和图书情报事业的发展问题。

他认为，图书馆学情报学教育与图书情报事业息息相关，教育是图书情报事业不可缺少的组成部分，教育发展为事业发展提供了人才保证，而事业发展又是教育发展的动力。

到20世纪末的10年，乃至今后的100年间，图书情报事业肯定要有大的发展，人才培养是关键，20世纪90年代的教育将决定21世纪图书情报事业的未来。培养人才包括狭义和广义两方面，一方面是培养各层次图书情报专业人才，另一方面是培养广大读者（用户）。前者是通过正规和业余多种办学方式，办好高中等和职业教育；后者除继续搞好现有高等院校文献检索课程外，还要求我们站在提高全民族科学文化水平的高度去考虑问题，通过多种形式、多种渠道广泛做好宣传辅导和普及工作，培养广大读者（用户）的情报意识，使他们学会利用文献资料，使更多的人成为图书馆和情报资料馆这所大学终身的学员。

周老师回顾道：我是北大图书馆学情报学系的老学生，毕业后又留在系里从事教学工作，从1947年建系起已43年了，此间系的名称几经变更，1985年改称现在的“图书馆学情报学系”。如今已有40余名教师，其中教授、副教授约占1/2，全系分两个专业，在校本科生230人，硕士研究生（含研究生班）50余人，函授生1500多人。现任系主任的周文骏教授，对图书情报学深有研究，并具有丰富的教学经验，对该学科教育和发展也有独到的见解。他认为，学科教育的发展速度和规模皆应适度，即力求与图书情报事业的发展相适应。

接着周老师又以一位从教数十年的普通教师身份，分析了教学工作中的某些弊端，他认为，图书馆学情报学的教学工作虽比以往有了长足的进步，就课程建设讲，似乎还没有建立起科学的完善的课程体系，还不能充分满足图书情报事业对专业人才的需要。课程内容有的陈旧，有的不成熟，有的失之空泛，有的流于浅薄，甚至还存在不必要的交叉重复，所有这些要靠我们花大气力去改进。而教师对教学水平的提高起着举足轻重的作用。

图书馆学情报学的科学研究特别要注意理论结合实际，那种空对空，虚对虚，于图书情报事业的发展、学科建设和人才培养非但无所补益，而且是有害的。

周老师最后说：十年树木，百年树人。20世纪90年代的教育，实际上是为21世纪培养人才。适应一大批图书情报专业人才，是时代的需要，是事业发展的需要。未来靠新人去开拓进取，有足够的合格人才，方能迎接21世纪图书情报事业面临的新挑战。

20世纪90年代第一个春天，又将桃李满天下，作为文骏教授的学生，我衷心祝愿这位文教战线上的骏马，马年驰骋，为图书情报教育事业做出更大的贡献。

此文刊载于《情报资料工作》1990年第2期

成事在人

——记开鲁县图书馆馆长王才

久　琦☆　曹　捷

既然这个世界上有你的位置，就应该给生活留下你的业绩。

——题记

写人物不易，写“小人物”更难，我们几次提笔却又几次搁笔，可王才的名字一直牵动着我们的神经，其事迹也时刻萦绕在我们心头，驱使我们为这位平凡的奉献者树传。初识王才于20世纪80年代末初秋的内蒙古开鲁县，又重逢在90年代第一春苍山洱海的大理州，几度交往，几多交谈，给我们留下了颇深的印象。论外表，王才相貌平平，中等身材，过早地谢顶，使他看上去足有五十开外，真不敢相信实际年龄仅介于“不惑”和“知天命”之间，其肤色和装束均具“乡土气息”，简直是位饱经风霜的老农形象，可就是这样一位“不起眼”的图书馆工作者，却在平凡的岗位上，做出了不平凡的业绩。为便于介绍，还是掀开王才的功劳簿，开门好见山。

王才，先后被评为开鲁县模范党员，哲里木盟劳动模范，文化部命名的全国图书馆先进工作者。其主持工作的图书馆也连续获得全国、自治区、盟、县先进集体和文明图书馆。近七八年间他在全国23个省、市、自治区图书馆学、情报学刊物上发表著述50篇。1987年获哲里木盟公共图书馆业务统考优秀奖。1988年被内蒙古自治区图书馆学会聘为出版编译委员会委员……看到如此业绩，如此殊荣，令人难以置信，王才原文化程度竟然只有初中，从事图书馆工作才12个春秋。他靠的是什么，是机遇？只有经过奋斗的人才能叩开机遇的大门。正是王才勤奋努力，对事业执着追求，有强烈的责任感和使命感才获得了成功。终点之美属于优胜者王才，那么起点之美呢……

☆　久琦系李久琦笔名。

未来从现在开始

王才土生土长在内蒙古东部的开鲁县，1961年初中毕业，由于家庭出身的原因难以安排工作，只能打些零工，挣钱买书，工余读书成了他生活的主要内容，每天放工归来就趴在炕头上废寝忘食地啃书本，物质生活清贫可精神生活丰富。此间，他读了大量的哲学、政治和文学书籍，甚至医学、科技书等，同时练习写作。开卷有益，功夫不负有心人，1964年，因在《中国妇女》杂志上刊出他的处女作相声《如此教育》而被安排到教育岗位，此后他又写了些短剧并发表过短篇小说。1978年调到开鲁县图书馆，此时的王才如鱼得水，用他自己的话讲，“我和书有深厚感情，我对图书馆工作有着浓厚的兴趣。到图书馆后，我才算找到了归宿，明确了自己的目标。”是的，一个人要找准自己在生活中的位置才能发挥光和热。

王才除参加过一些培训班外，没有直接受过图书馆学专门教育，主要靠自学。无论酷暑和严冬，他总是把自己关在一间小屋里拼命地读呀，记呀，写呀。他把许多学术刊物上的重要文章做了文摘并编出目录。他不放弃每一次出差机会寻书店，购图书，目前王才的私人藏书逾千册，其中图书馆专业的书刊就有百余种。他家本不宽裕的3间住房，却挤出一间用做书房。爱人无奈地说：“唉，我真是嫁给了书迷。”王才也从不放过任何一次学习机会。三年前，全盟公共图书馆进行业务统考，就在比赛当天，他家房子的檩木断了，屋顶塌下一角，他闻讯骑车回去稍作处理，就赶赴考场，这次他居然拿下了业务统考优秀奖。

王才热爱图书馆工作，忠诚图书馆事业，对县图书馆事业的建设有一种使命感、责任感。他不满足于埋头个人学习和日常的工作，而是团结全县的图书馆工作者进行学术交流，开展学术研究。1981年，王才和他的同行在开鲁县创办了全国首家县级图书馆学会，并主持会刊《图书馆通讯》的编辑工作，举办了7次学术研讨会，编印会员论文4集，还组织编印了两辑《全县藏书联合目录》，5种业务辅导材料。在他的组织下，县图书馆举办了多次业务培训班、学会成果展览、业务技术比赛等活动。

寻求新的起跑线

只有初中文化程度的王才，从1982年起就勇敢地涉足于图书馆学、情报学理论研究这个高深的领域。目标不是都能达到的，但它可作为瞄准点，选准瞄准点后，他也遇到过各种冷嘲热讽，有人说，没有理论基础而搞理论研究是“痴人说梦”。然而，他没有退缩，他相信每个现实起初都是梦，也许就是这个原因，追求起来才没个完，天道酬勤，玉汝于成，王才自1983年开始在基层图书馆、民族图书馆、少年儿童图书馆工作等方面的研究论文频频见诸各种图书馆学刊物上。现已有5篇论文被编入《全国报刊索引》；4篇被收入《图书馆学文摘》；《从一则国外消息想到的》一文被有关专家评为“十条好建议之一”；《民族图书馆的特征》一文被黄宗忠教授推荐给武大学刊发表。在全国创建文明图书馆经验交流会上，王才作为图书馆先进工作者在大会上的发言获得热烈的反响，可见榜样的力量实在是无穷的。在场的同行感触最深的是，一个县的馆长在基层图书馆工作中能理论联系实际，把愿望变成行动，不仅工作有成绩，而且研究有成果。

然而王才懂得，荣誉只属于过去——

探求拼搏才赢得未来

谁都懂得，图书馆改革的关键在于领导班子，领导班子的关键取决于这个班子带头人的改革意识。作为县图书馆馆长的王才，锐意改革体现在他所在的开鲁县图书馆的工作上。王才1982年担任副馆长，1985年挑起了馆长的这副重担，在他的带领下，图书馆发生了令人瞩目的变化。

1984年图书馆实行定岗定员定任务的联责计酬岗位责任制，打破了吃大锅饭的局面，责、权、利相结合。原来采编工作没设专人，进来一批书全馆齐下手，似乎热热闹闹效率很高，其实分编质量极差。流通中暴露出的问题相互埋怨推诿。推行联责计酬岗位制后，固定了采编人员，保持了分编的前后一致性，提高了目录使用效率。1988年，在完善责任制基础上又推行了图书馆目标化管理，通过对每个人完成各项任务的考核计分决定奖惩，这种科学的计量管理办法奖勤罚懒，充分调动了全馆人员的积极性。全馆上下职责明确，在出满勤甚至超勤的情况下，他们抽出3名业务骨干对历史造成的混乱的馆藏目录进行更新工作。经过两年多的不懈努力，全面系统地揭示馆藏的40000余张卡片目录完成了，4套藏书目录全部采用文献著录标准著录，给读者提供了科学检索的途径。

没有地方特色的藏书就不能称其为地方图书馆，这是个极易被忽视的问题，王才上任后就注意到这一点。他着手抓地方文献收藏工作，指定一名副馆长兼起了地方文献的收藏整理工作，把反映开鲁县政治、经济、文化、教育各条战线的文献资料搜集起来，按《中图法》分类编目。目前已整理装订成10册，收录地方文献资料3200多条。几年来，接待了各方读者，王才深知对图书馆的组织管理、藏书建设等方面进行自身完善的最终目的还是更好地为读者服务。1986年，图书馆的社科、科技、少儿3个阅览室全部实行开架阅览，实行服务方式开放化。1987年，他们砍掉保存本书库，开设了开架借书处，使3700余册图书投入流通。同时把平常读者借不到，按规章制度不得外借的1100多种工具书集中起来，开设文献检索专架，从而调整了收藏与利用的关系。1988年，他们进一步方便读者，主动服务，在街头开设了3个流动借书点，同时深入农村，解决农民看书难的问题。不仅如此，图书馆还与社会有关方面搞横向联合，1986年，王才倡议县图书馆与县教育局、团委、妇联共同组织了全县红领巾读书会，每所小学都成立了分会，通过举办智力竞赛、作文比赛、故事会、朗诵会、科技制作展览等形式，推进全县少儿读书活动的开展。1987年，图书馆受到文化部少工委和全国少工委的表彰奖励。

事业是永无止境的发掘过程

作为图书馆的带头人，王才把为生产和科研服务作为全馆工作的首要任务。他经常说，一个县图书馆，如果不能为本县经济建设及时主动地提供图书情报，就是最大的失职。他是这么说的，也是这么做的。1987年，王才出面联合县内6个乡镇文化站和两村、一户的图书室与县图书馆成立了县图书情报为星火计划服务协调委员会。协调委员会分头搞用户调查，了解他们对资料的需求，通过馆际互借和情报交换及时满足用户需要。协调委员会的10个成员馆都办起了自己的科技小报。

多年来，王才经常和馆里的年轻人骑车下乡，奔波在乡村土路上。他们了解农牧民的需要，通过送书到户、读者座谈、参与服务等形式主动提供资料。他还根据用户集中的特点，到村里举办专题科技信息发布会。1987年春，当他们了解到保安农场农工武凤山承包果园后苦于没有育苗经验时，图书馆就把《北方果树栽培》等书刊送上门。当年见效，武凤山繁育的葡萄苗成活率达到85%以上。武凤山激动地称道，是图书馆的科技书教会了他种葡萄。

组织收集编发适于开鲁地方特点的科技资料是开鲁县图书馆为本县经济建设服务的重要途径，并收效显著。王才主持编写的科技小报《灵通报》月刊，发到各乡镇和重点户，传播了有关化肥施用、农药配制、塑料加工、果树栽培、庭院经济、养殖技术等科技知识。他还主持编写《旱栽水稻技术资料汇编》和《快速养猪法》等专题资料。北兴乡大泡子村是个盐碱沙荒的贫困村，1986年开始栽培旱稻，大多数稻农不懂栽培技术，王才骑车往返40多里，给每三户村民发一份水稻技术资料，群众把这些资料誉为不走的技术员。王才了解到稻农对农药杀草丹的使用不甚清楚后，回馆组织大家查阅大量资料，编写了《灵通报·水稻专号》提供给稻农。春华秋实，当年，这个没种过水稻的贫困村水稻平均亩产达到800斤以上。几年来，图书馆还编写了《劳动致富推荐书目》、《馆藏农业图书目录》等，有针对性地开展书目情报服务。

为了加速家乡的经济建设，开鲁县图书馆曾举办“为振兴开鲁经济献计献策”征文，发动各行各业有识之士为振兴开鲁出谋献策。王才把所征集的论文仔细阅读后编写成摘要，印发给县有关领导和主管部门，受到欢迎和好评。县草原站的领导说：“图书馆真是为四化服务的有心人。”

王才这位平凡岗位上的平凡人物，以自己的勤奋和智慧为祖国的图书馆事业、为祖国的经济建设做出不平凡的贡献。然而他并不满足过去的成绩和荣誉，他决心为自己所忠诚的图书馆事业永远奋斗。他说：“可能我永远居于不屑一顾的小人物之列，但我不会偷懒，不会气馁，我将执着地做我热爱的图书馆工作，进行我迷恋的图书馆学研究。”成事在人，王才在自己的事业上没有停顿，没画句号。航船所到达的一个终点，常常是另一条航线的起点……

此文刊载于《情报资料工作》1991年第1期

学会是连接各民族同仁的纽带

——祝贺中国图书馆学会民族图书馆委员会成立

李久琦

在中国这个统一的多民族国家中，55个少数民族人口近1亿，民族自治地方占全国总面积的64%。目前，各民族地区、民族系统图书馆已达600余所，工作人员近万人，其中少数民族约占半数。在将地域分散、相对落后于内地的边疆地区图书馆有机地联系起来，加强地区与系统之间的横向与纵向联合，使之形成于网络中，学会发挥着桥梁和纽带的重要作用。

1. 学会在网络化建设中起到龙头作用

改革开放以来，党和政府十分关怀我国少数民族图书馆事业。1982年秋，文化部图书馆事业管理局、国家民委文化司、中国图书馆学会组成少数民族地区图书馆调查组，赴新疆维吾尔自治区首次对民族地区图书馆进行调查。调查组走遍了天山南北，实地考察了该自治区及部分市、州、县图书馆。在向文化部和国家民委的调查报告中，建议召开全国性民族地区图书馆会议，以便能直接了解和汇集各地情况，解决发展中存在的普遍问题。此建议得到政府有关部门高度重视和采纳。

1983年7月，标志着我国民族地区图书馆事业开创新纪元的“全国少数民族地区图书馆工作座谈会”在北京举行，这次会议是由文化部图书馆事业管理局及民族文化司、国家民委文化司、中国图书馆学会联合召开的，来自全国13个省、市、自治区的18个民族的近百名代表聚集首都，共商“加快民族地区图书馆事业建设，努力开创新局面”的大计，交流了学术论文和工作经验。这次会议受到了党和国家领导人的重视和关怀，中央政治局委员习仲勋，中央书记处书记、中宣部部长邓力群，全国政协副主席、中央统战部部长、国家民委主任杨静仁，全国政协副主席、中国科协主席周培源，以及文化部部长朱穆之、副部长丁峤、国家民委副主任任英等亲切接见与会代表并合影留念。这次载入史册的会议，对民族地区图书馆事业的发展，起到了不可估量的推动作用，其意义非凡，影响深远。这次重要会议的召开，除政府部门支持外，中国科协和中国图书馆学会，在会前的筹备和整个会议期间的具体运作，功不可没。

按会议精神，1984年2月，中国图书馆学会学术工作委员会决定成立少数民族地区图书馆研究组，现已历时3届，成员包括内蒙古、新疆、广西、宁夏、西藏自治区及京、滇、川等省、市学会负责人，并由汉、内蒙古、哈萨克、藏、羌等族成员组成，具有广泛的代表性和地域性。目前，各民族地区图书馆大多建立起自治区及多民族省和州、盟的二、三级学会组织，有的地区还建立了县、旗四级学会，初步形成了学会网络化建设。这些学会工作者多半是少数民族干部，他们和汉族干部一道，团结合作，共肩重任，植根边疆和基层，采取多种多样的方式开展工作，为边疆民族地区的繁荣和进步做出了可贵贡献。

继1983年在京召开的首次民族地区图书馆会议后，十余年间，中国图书馆学会在计划安排上优先，在经费上倾斜，分别与各级地方学会联合召开了三次会议，1985年8月与新疆维吾尔自治区图书馆学会在乌鲁木齐联合召开第二次会议，有102位各族代表参加；1990年4月与云南大理白族自治州图书馆学会在大理联合召开第三次会议，有167位各族代表与会；1994年8月与内蒙古哲里木盟图书馆学会在通辽联合召开第四次会议，100名各族代表出席。四次会议共提交学术论文近200篇。每次会议都广泛地交流了工作经验，沟通情况，进行学术研讨。这些会议把各族学会工作者和同仁聚集在一起，团结在一起，有力地促进学会工作和图书馆事业的发展。

根据新形势下学会工作的开展，少数民族地区图书馆事业研究组，已不能完全适应发展的需要，成立包括各民族系统图书馆的高一级组织势在必行。1996年1月10日经中国图书馆学会批准，1996年6月20日在拉萨举行成立民族图书馆委员会大会。该委员会将在全国各民族地区和系统内图书馆成立相应的研究组，使自己真正起到龙头作用，使巨龙腾飞，把各民族系统的网络化建设推向新阶段。

2. 学会大力做好培训民族专业干部工作

针对大多数民族图书馆人员知识结构偏低，专业人员偏少甚至空白，文化水平不高的实际状况，抓紧培训民族专业干部是当务之急。

学会采取走出去、请进来、促进边疆与内地交流等多种办法开展民族专业干部的培训工作。1981年，中国图书馆学会组成讲师团到内蒙古、宁夏、甘肃、青海等民族地区讲学，走出了培训民族干部工作的第一步。1985年4月，中央国家机关和科学研究系统图书馆学会受国家民委文化司的委托，举办了首届全国民族地区图书馆馆长进修班，把政府行为通过学会组织付诸实施。此后学会又在北京举办了五次民族地区图书馆馆长和业务骨干培训班或研讨班，先后共有500余人参加，每次办班都有文化部图书馆司、国家民委文宣司、学会等负责人及专家学者讲民族政策、讲专业知识、讲图书馆界现状及展望，参观北京图书馆、北大图书馆等，使学员大开眼界，彼此交流了信息，更新了知识，增强了办好民族图书馆的信心。学员反映，培训是种好形式，是学会为大家办的实实在在的事情，是学会凝聚力之所在。通过不断改进办班条件，更新教学内容，并进行一定的经费补贴，故而受到普遍欢迎，有的学员参加培训和研讨达两三次。

1985年9月，文化部图书馆事业管理局、民族文化司拨专款15万元，由学会抽调专人具体操办，委托北师大图书馆学系举办了“少数民族地区图书馆干部专修班”，来自内蒙古、新疆、宁夏、广西、西藏5大自治区及青、川、滇、黔、湘、粤、鄂、吉等多民族省份的45个图书馆，包括内蒙古、藏、维吾尔、哈萨克、回、壮、满、朝鲜、土家、苗、仫佬、侗、布依、黎、纳西、白、汉等17个民族的51名学员经过两年的正规学习，喜获大专文凭，现已成为各地区图书馆的业务骨干。根据民族语言文字的特殊性，新疆维吾尔自治区图书馆学会还用维吾尔、哈萨克语进行业务培训，内蒙古地区亦采用蒙古语教学。

学会多年来致力于建立培训基地，编写教材，交换馆员、驻馆学习、互相访问、结成友好学会等多种形式、多种渠道、多种途径，培训民族专业干部收到成效。

3. 学会办刊并开展编辑出版工作

中国图书馆学会与地方学会一向扶植民族地区图书馆的编辑出版工作。几年来，中国图书馆学会会刊《中国图书馆学报》经常发表有关民族系统图书馆各族作者的文章、消息、报道，并在建国40周年时发表介绍我国少数民族图书馆事业发展状况的专稿。5大自治区（除西藏外）均有学会会刊，《内蒙古图书馆工作》（汉、蒙文版）、《图书馆界》（广西）、《图书馆理论与实践》（宁夏）、《新疆图书馆》（汉、维吾尔文），这些会刊独具民族特色，用本民族语文出版特色更加鲜明。学会的出版物成为民族图书馆各族会员之友和园地。

学会在庆祝中华人民共和国成立40周年，中国图书馆学会成立10周年进行的优秀论文、优秀著作、二次文献评奖活动中，许多民族图书馆的作者榜上有名，使之备受鼓舞。

吉林图书馆学会多年来致力于民族图书馆理论研究专著的出版，先后出版了《民族图书馆工作概论》、《中国少数民族图书馆研究》等专著。这些著作把民族图书馆工作从实践经验上升到理论，全方位地反映了该领域发展中所涉及的问题、基本成绩及现实水平。专著的问世标志着民族图书馆理论研究工作日趋发展成熟。

由学会牵头组织，由8个民族图书馆联合编写的《全国蒙古文古籍文献目录》正在加紧进行，并向1996年在北京举行的第62届IFLA大会献礼。

学会还规划，以民族图书馆研究者为核心的研究队伍，提出研究课题，由中国图书馆学会民族地区图书馆研究组与吉林省图书馆学会联合编辑出版《民族图书馆教育丛书》，为在世纪之交初步建立并形成具有中国特色的民族图书馆理论体系而努力。

4. 学会促进了国际交流

由学会牵线搭桥，中国少数民族图书馆与世界许多国家尤其是周边国家建立了友好交流关系。各民族图书馆曾接待过日、美、英、挪威、印度、蒙古、澳大利亚、意、德、泰、匈、伊朗、韩、朝、荷兰、西班牙、俄、加拿大、吉尔吉斯斯坦等国同行，还接待过台、港、澳地区同胞及旅居海外的藏胞，与许多国家和地区图书馆建立了稳定的书刊交换关系。由学会组织民族系统图书馆先后出席了在澳大利亚、苏联、土耳其举行的IFLA大会，并组织中国民族图书馆代表团出访蒙古、日本、印度等国。

通过国际交往与学术交流，中国民族图书馆界不仅了解了世界，也使世界了解了中国民族图书馆事业发展状况，弘扬了民族文化，宣传了党的民族政策和民族工作的巨大成就。通过交往加深了相互了解，增进了友谊。

5. 学会参与制定发展设想

文化部1992年提出在同等条件下对民族地区实行文化设施、人才培养、对外交流项目“三优先”政策，已产生良好的效果，但就如何在各民族地区图书馆落实还需下大气力。学会要协助政府部门着重解决目前民族地区110个县尚无图书馆的状况、呼吁重视民族文化遗产的抢救与保护工作，努力改变民族地区图书馆与内地馆的差距。

制定规划，上书国家民委和国家教委，建立稳固的教学与实习基地，极力促成东北民族学院建立我国第一个民族专业图书馆学系。

进一步加强民族图书馆理论研究，力争向国家社科基金项目申报课题。建立民族文献保障体系，制定民族文化民族文献与少数民族经济社会协调发展的总体方案。结合近远期发展前景，组成多层次、多学科、多方面人才的文献建设班子，建立一个较完整、系统而又符合本国国情的民族文献资源体系。建立民族文献数据库，实现计算机国内外联网，真正达到资源共享之目的。

中国少数民族主要居住在边疆地区，为民族图书馆的国际交流提供了得天独厚的条件。特别是20世纪90年代以来，中国开放口岸的重点已从沿海向内地辐射，并由开放海运口岸向空运、陆运口岸发展，新的丝绸之路正在形成。民族图书馆应充分利用独特的有利地理环境，广开信息渠道，广泛开展国际交流，抓住机遇发展自己。

这一切都为学会工作提出了更新更高的要求。着手参与制订规划，为适应21世纪要求，为促进民族地区图书馆事业，学会工作任重而道远。追上去，迎接挑战；超过去，面向未来，学会的桥梁和纽带作用将会愈加明显，更为重要。

参考文献

1. 李久琦. 我国的少数民族图书馆事业 [J]. 图书馆学通讯，1989，15 (3)：49-51.

2. 促进民族地区改革发展稳定 [N]. 人民日报，1995-01-06.

3. 中国民族图书馆. 建馆三十五周年同人文集 [M]. 北京：致远斋书店，1994.

4. 国家民委经济司，国家统计局国民经济综合统计司. 中国民族统计年鉴 [M]. 北京：民族出版社，1994.

5. 中国民族图书馆. 中国少数民族图书馆概况 [M]. 北京：民族出版社，1989.

6. 中国图书馆学会秘书处. 全国少数民族地区图书馆工作座谈会专辑. 1983.

此文刊载于《图书馆学通讯》1996年第5期

此文亦收录于《中国民族图书馆理论与实践》中国华侨出版社1996年版

此文亦收录于《笔耕集》辽宁民族出版社1999年版

图书馆界的“奥运会”

——第62届国际图联大会印象记

李久琦

在国际图联（IFLA）创始国之一的中国，举办第62届国际图联大会，无疑给我们提供了学习国外同行先进经验，促进我国图书馆事业发展的极好机会。

笔者出席为数不多的几次国际图联大会，可同行们每年都有人出席大会，耳闻目睹相互交流甚多。有的是在发达国家举办的，有的是在发展中国家召开的，比较起来一致认为，无论如何不如在中国举办的第62届国际图联大会这样好，就连国外代表也交口称赞。

主要是中国政府高度重视这次大会，早在一年前于土耳其伊斯坦布尔举行的第61届国际图联大会上，印有李鹏总理欢迎词的精美公告广为散发，受到与会五大洲代表的普遍关注。第62届国际图联大会中国组委会主席、国务委员兼国务院秘书长罗干在第61届国际图联大会闭幕式上，用德语发表的欢迎词，博得了与会者的阵阵掌声，许多代表纷纷表示1996年一定在北京相见，亲身领略一下文明古国的现代化进程，亲眼看一看中国图书馆事业发展的现状，亲自游览举世闻名的故宫和长城。

不出所料，在北京举办的第62届国际图联大会，有94个国家和地区的2000多名代表如约而来，加上中国的860名代表，这在国际图联史上成为规模最大、人数最多的一次，真可谓盛况空前。《人民日报》、《中国文化报》发表了社论，开幕式上李鹏总理亲临会场，并发表了热情洋溢的讲话，李鹏说：历史将跨入21世纪的门槛。知识、信息、文献在经济和社会生活中的重要性，比以往任何时候都更加明显。中国政府以至全社会，将一如既往地重视图书馆和文献信息工作，提供必要的支持，使其发展与经济和社会的发展相适应。

国际图联大会，素有图书馆界“奥运会”之称，是国际最高级别的图书馆学、信息学学术交流的场所。开好这样的大会，有所在国政府的关注和支持是非常重要的。本次大会的圆满成功，有力地说明了这一点。

本次大会入选论文300多篇，其中含中国学者论文67篇，大会期间召开各种会议208次，有106位来自世界各国的学者在会上宣读论文，其中中国学者11人，代表们围绕着“图书馆与经济发展”这个主题中反映当代经济与社会生活的重要因素之一——信息领域中的各个不同侧面进行了广泛的交流和研讨。

笔者在出席此次大会中，目光自然投向信息共享这个当今时髦的课题。

国际图联主席罗伯特·韦奇沃斯认为，中国的状况在一定程度上代表了发展中国家图书馆的情形，如何提供多种形式的图书馆，使更多的人获得知识和信息；如何开发图书馆的经济资源；如何加强世界信息网络化实现信息共享等问题，成为本届大会的讨论重点。与会中使人强烈感受到信息在经济发展中的重要性。整个会议期间，简直是在信息海洋中遨游，被众多的有关信息的论文、演讲、报告、研讨所包围。同一时间内，在不同的大小会场研讨与之有关的主题，没有分身术无法听全，诸如“图书馆作为获得信息之途径”，“提供连续出版物及信息检索服务”，“信息以及经济的国际化现象”，“信息知识：全球展望”，“为发展研究寻求信息”等主题的研讨与论文交流，异彩纷呈，令人目不暇接，会上仅就上述课题，就有入选论文和专题发言50余篇，其中像韩国的《影响非科技信息用户的因素研究》、泰国的《确定用户信息需求的方法论》、俄罗斯的《建立信息资源中心的项目》、伊朗的《伊朗的信息服务及其对经济发展的作用》、澳大利亚的《文献与信息服务》、美国的《公共图书馆：获得信息之途径》、中国的《信息资源共享：发展中国家及全世界的迫切要求》、芬兰的《信息社会中知识发展的挑战》、丹麦的《欧洲图书馆与信息科学的最近趋势》等，都引起了与会者的关注。这些论文与发言充分说明了信息共享与经济发展息息相关这一世纪末全球化的浪潮。

国际图联的长期政策明确规定，在履行它的使命过程中，国际图联着眼于：对全世界的用户扩大信息使用与获得；促进专业发展，支持图书馆的发展与扩大；拓展图书馆获得信息资源的范围和种类。

在信息社会中，人们对图书馆作为信息领域的重要组成部分，是信息传递链中的众多成员之一，并是主要的信息来源已达成共识。国际图联通过历届大会的探讨，在政策观念上，也重新审视和考虑了如下的问题：提供和保护个人使用所需信息的权利；发展图书馆事业弥补信息富裕地区和信息贫乏地区之间的差距；发展国际信息市场，承认信息是一种商品；提供信息服务的工具。同时为了改善信息的使用与获得遇到的一些障碍和限制，这就需要与信息界其他参与机构实行积极的合作，以保证图书馆界在信息的公众使用与获得中发挥主导作用，新的信息技术的开发与应用，必将极大地拓宽信息服务的广阔天地。

第62届国际图联大会虽然会期短暂，但它给中国图书馆界、信息界带来了机遇和希望，它留下的影响是深远的。

此文刊载于《情报资料工作》1996年第6期

图书馆人的情缘

李久琦

我把自己称作图书馆人，恰如其分，这一称谓是我最爱，且无比神圣。

——题记

人生有许多情缘，诸如亲情、友情、爱情等缘分。但图书馆人最深的情缘莫过于钟爱的图书馆。这种情缘伴我一生，贯穿始终。缘何如此，还得从头说起。

孩提时，我在床上玩耍，无意中脚下跨过了一本书，被祖母发现，怒斥我对书不敬，亵渎了圣贤，并惩处我顶书罚跪。此刻我立志念书识字，长大读懂圣贤书。世异时移，六十多年过去了，我都超过了祖母当年那把年纪，但对那种封建体罚式的“学前教育”，仍大惑不解，至今也没弄清头上顶过的到底是本什么书。但我还是要感谢老人家，毕竟由此与书结下了不解之缘。

北京解放，我正上小学三年级。暑假时来到了什刹海西贤良祠，妇女干校举办暑期儿童乐园露天图书站，树荫下坐在小马扎上，津津有味地看小人书，天天来此，看个不停。其中对《新儿女英雄传》、《洋铁桶的故事》等书爱不释手。

图书馆是乐园，是我的第一印象，并在脑海中打上深深的烙印，从而注定我一辈子以书为乐，与书为伴，与图书馆结缘。

暑往寒来，转眼到了寒假，没了暑期乐园，我就和班上几个同学凑了几十本书，搬到同学家中，办起了自称的“小小图书馆”，人人是管理员，又是小读者，互相借阅。唯一的大读者就是那同学家的伯母，也不管人家忙闲，总被我们缠着借书、看书、还书，为的是凑个人气，图个乐趣。

一年后，家迁西四红楼影院旁，家对门那座西四文化馆图书室，比隔壁的电影院更有吸引力。我办了个借书证，放学就去看书，久而久之，我成了义务小管理员，协助借书、还书，整理书架，搞清洁卫生。这是我“从事”图书馆工作的启蒙地，半个多世纪，时过境迁，我仍记忆犹新。

1952年，我考入北京一中，当时实行二部制，半天上课，半天泡在该校有名的“京师学堂图书馆”饱览群书。1958年，我以不凡的成绩毕业于北京七中，一门心思报考北京大学图书馆学系。当年全班毕业50名同学，49名考上了各类大学。因受所谓“家庭政治历史”的牵连和“反右”后严格的政审，唯独我一人未被录取，一盆冷水浇头，政治压力难以承受，那种滋味可想而知。

迫于生计，我到了故宫内的中央档案局明清档案馆当了临时工，每天工钱一元三角二分，除了交饭费，余下全部用来买书，吸纳知识充实自己。所做的工作就是在专家指导下，初步整理明清两代皇帝御批的奏折，分类、编目、打包、上架。档案馆和图书馆有相似之处，常言道：经历是财富，不无道理，这一切对我今后的工作大有裨益。

次年在档案馆领导的关怀下，鼓励我再考一次，或报大学档案系或北京大学图书馆学系。基于对图书馆的那份情缘，我抱着试试看的心理，痴心未改，决定再考北京大学。我被录取了，真是喜出望外。我十分珍惜人生的这一转折和来之不易的学习机会。在燕园不分门第，一视同仁，师生融洽，教学相长的优越环境里，我如鱼得水，奋发向上，加倍努力地完成了四年学业。

毕业后我被分配到北京工业大学图书馆，从此真正干起了我梦寐以求的图书馆工作，且从未间断过。就连不堪回首的“文革”十年，亦未离开过岗位，这点还多亏沾了我负责的期刊组的光。图书馆关闭了，可报刊阅览室关不得，传达最新指示的“两报一刊”必须天天与读者见面。再有国外照出不误的外文期刊不能不收。

当全馆人员下放到茶淀“五七干校”时，上级派我独自留守，我日夜守护着图书馆，每天领取中外报刊。此间，我经过多方努力，才得以每年连续订阅国外科技期刊，避免了断档，保证了完整性。此外还接收了一所被迫下马的图书馆内一批行将销毁的珍贵书刊，使之幸免于难。守护图书馆，续订外刊，抢救图书，成为我留守期间最得意的三件事，回想起来感到无比欣慰。

留守后，我被轮换到“五七干校”放羊班，再苦再累我不在乎，只是对图书馆难以割舍。行前我请求领导，书随人走，获准带半卡车图书到干校。此外，借“大批判”为名，夹带了不少文艺书籍，其中不乏中外名著。在干校办起了羊圈图书室，晚牧归来开门借阅，丰富了“五七战士”当时非常单调的业余文化生活。

在那被颠倒的岁月，干校庄稼地里“宁要社会主义的草”，其实长得并不好，连羊都喂不饱。每逢冰天雪地，无法放牧，饲料接济不上时，我们就不得不拿些下架报纸和过期小册子喂羊充饥。使我真正体会到书籍是“食粮”的真谛，对人是精神上的，对羊是物质上的，人啃书本只是读书的比喻，而羊啃书本可是实打实的，尤其羊吃报纸那股欢劲，没有亲历不会相信。苦中取乐，“五七战士”戏言：图书馆知识分子能喂出一群有文化的羊。

干校图书室里被称作“封资修”的“香花”和“毒草”的中外文艺书籍，成了抢手书。在那荒芜的年代，“花”红“草”绿，散发出沁人心脾的芬芳，花一朵朵被采撷着，书一本本被传阅着，默默地滋润着人们的心田。我利用图书室有限的书籍，艰难地服务于读者，同样也充实着自我。客观地讲我尽到了一个图书馆人应尽的职责，也感悟到了图书馆人有价值的人生。回顾以往，苦涩中仍夹杂着甘甜。

1979年夏，一个偶然的机会，我调到了民族文化宫图书馆（现中国民族图书馆）。从此，在我图书馆生涯中又加上了“民族”二字，在这一新的领域中，能为民族图书馆事业默默耕耘，奉献毕生，我感到由衷的荣幸。至于我与民族地区图书馆的深厚情缘，真是多之又多，说也说不完……

斗转星移，岁月流逝，我已年近古稀。对图书馆的贡献，如茶愈沏愈淡，但对图书馆的情缘，如酒越陈越浓。

此文收录于《百年情怀天堂图书馆的模样》科学出版社2004年版

学会与学报琐忆

李久琦

中国社会科学情报学会，从成立至今，整整走过了20个春秋。作为一名学会的老会员，从中年到老年，我始终参与其中，融入其中，学会和学报成为我生命和事业的一部分，我与之息息相关。

学会成立20周年，学报邀我写文纪念。二十载我们一起走过，岁月留痕，有数不清的情结保存在记忆中。虽然要说的很多，但写长篇大论，那是学会领导的事；要评述的不少，说长道短，评头品足应留给资深者。几经思忖，我想还是长话短说，写点琐忆。

20年前岁末，中国社会科学情报学会成立大会，在风景秀丽的北京西山脚下隆重召开。我有幸能参加这个具有历史意义并载入史册的盛会，感到非常荣幸，至今难忘。会议期间，正值冬日，天冷心暖，与会者始终保持一种热度，保持一种激情。这是因为，全国社会科学情报资料工作者，从此有了自己的家，有了自己的社团，多了一个施展才华的舞台。

此后，遍布全国各地区、各系统的二、三级学会相继成立，逐步形成完整的网络。

说学会，不能不先提《情报资料工作》，学会与学报孰先孰后，答案是肯定的，刊物在先，学会在后。学会成立20年，而学报则创办26年。当时创刊时，既不叫学报，也不叫会刊，亦不叫《情报资料工作》，而叫《资料工作通讯》，由中国人民大学书报资料社主办。当20世纪80年代初，专业刊物寥若晨星，初创阶段的《资料工作通讯》，更成为全国社会科学情报资料行当中独一无二的专业刊物。在那时还相对沉寂的学术界，看到脱颖而出的新锐——《资料工作通讯》问世，得到业内人士的广泛认可，受关注程度可想而知。学会，说的确切些，是学会筹办者更是慧眼识珠，很快与之联姻。

早在学会成立前三年的1983年5月11—20日，由中国社会科学院情报研究所主持的第一次"全国社会科学情报工作规划会议"在京举行。会议商定，筹办全国社会科学情报工作者协会（即中国社会科学情报学会之暂定名）。并拟将《资料工作通讯》定为筹委会会刊，由中国人民大学书报资料社和筹委会联合主办。这是一个有远见卓识的双赢决定，得到了该学科各界的普遍欢迎。

会刊于1984年第4期启用。后经上级主管部门批准，于1985年第1期刊物更名为更具学术气息的《情报资料工作》。然而更名事宜卡在邮局办理手续上，故更名推迟至第3期才得以如愿。

在学会筹办的三年中，会刊充分发挥情报优势，成为报道筹委会的一扇窗口，成为发布该学科信息的平台。为学会成立鸣锣开道，做了大量的舆论准备和宣传推介工作。会刊对学会的成立，所起的作用功不可没。在学会成立大会上，决定《情报资料工作》从1987年第1期起，正式成为中国社会科学情报学会会刊。确定刊物提升为"中央级的、全国性的社会科学情报资料专业性刊物"，由中国社会科学情报学会和中国人民大学书报资料中心联合主办。一个"中央级"，一个"全国性专业性"，从而确定了刊物的地位和性质。

1987年第1期《情报资料工作》作为会刊出版了"中国社会科学情报学会成立专号"，以大量的篇幅对学会成立和会议成果等进行了全面报道，影响巨大，意义深远。

23年学会与学报之间情缘难解，二者强强联手，珠联璧合。

回顾至此，有必要将学会与学报的来龙去脉和后续情况，再简要地捋一遍，以便一目了然。

学会

1983年5月成立筹委会；（一大）1986年12月学会在京成立；（二大）1991年3月在京召开；（三大）1995年12月在京召开；（四大）2000年5月在常州召开；（五大）2003年9月在福州召开。

这里必须提及一笔的是学会改名插曲，1995年（三大）通过了将中国社会科学情报学会改名为中国社会科学信息学会。从更名起，经过六年的漫长等待，一厢情愿的改名，却一直未获民政部的批准或确认，故于2001年又恢复其原名。有文字载证，2001年8月2—5日在长春召开"中国社会科学情报学会2001年学术研讨会暨全体理事会"时，又悄然以情报学会名义主办。

学报

1980年《资料工作通讯》创刊；1983年商定为筹委会会刊，由人大书报社与筹委会合办；1984年第4期起以筹委会会刊名义出版，此后由季刊改为双月刊至今；1985年《资料工作通讯》更名为《情报资料工作》并从第3期启用。1987年第1期正式为学会会刊，并定为“中央级”“全国性专业性”刊物，刊名启用吴作人先生题字，为刊物锦上添花。该期系学会成立专号；2000年第1期封面标明“全国中文核心期刊”，“全国图书馆学、情报学核心期刊”，这不单单是标识，更是为刊物注入了新的元素和新的内涵。2001年第1期正式改版，推出世纪新版，大16开本，由48页增至80页（目前已增至112页）；1985—2001年间，会刊随学会，“情报—信息—情报”更名而变更之，2002年第1期，刊物由会刊正式改名为中国社会科学情报学会学报，从此可谓实至名归，又掀开了新的一页。

20多年学报从创刊起，经过几次历史性变革，日趋成熟，日臻完善。20多年，出版百余期，已成为学会的重要传媒，学报出版“专号”及设置“特稿”、“专稿”、“信息窗”、“学会之页”等各种栏目，全方位记录了学会整个发展历程，学报成为学会与会员之间沟通的桥梁和联结的纽带，其作用非凡。过去岁月里学会支持了学报，学报促进了学会的发展，二者与时俱进，并肩前行，二者优势互补，相辅相成。

我深情祝愿学会蓬勃发展，祝愿学报蒸蒸日上，双双再创佳绩，共创未来。

在学会成立20周年之际，写了如上一些琐忆，以资纪念。

此文刊载于《情报资料工作》2006年第5期

年鉴忆往　岁月留痕

李久琦

我参与《中国民族年鉴》（以下简称《年鉴》）的编纂工作，始于20世纪90年代初。从意向、调研、筹划直到新创，岁月悠悠。回忆往事，说来话长，酸甜苦辣咸，五味俱全。常言道，经历是财富，拥有者感悟颇深，回味无穷。

改革开放后，国运昌盛，年鉴事业有了突飞猛进的发展，从1980年的6种，到1990年激增至400余种。抛开历史长河中百余年间民族年鉴是空白不说，只看当今数百种年鉴中，唯独没有一部综合性民族年鉴，不免使人遗憾。这个空白，当代不去填补待到何时，吾辈不去干谁去干。由此不断向上陈述心声，同时也广泛征求业内人士的意见。

说来也巧，远在甘肃西北民族学院（现西北民族大学）的郭卿友教授也早有此动意。仁者见仁，智者见智，相隔千里，不谋而合。继而，郭教授携其起草的《年鉴》基本框架结构大纲，不顾年事已高，不辞辛苦赶到北京商谈，共同勾勒出未来年鉴的轮廓。郭教授对《年鉴》所起的作用非同寻常，功不可没。出书后虽未曾谋面，但其执着的精神和人格魅力，却永志难忘。

经过5年的申请和陈述，经过5年的期望和等待，总算盼到了上级锤落音定，夙愿得偿。“民族无小事”，大事大家办，时不我待。1995年元旦刚过，北京、东北、西北、中南等各路专家学者，冒着腊月的严寒，汇聚大连，研讨论证，选题、框架、内容、版式、工作流程等逐一敲定。

天赋人责。春节期间，大家顾不上休息，提前到班。先培训后上岗，请北大教授讲年鉴课，请专家现场指导。在“编书育人，出成果出人才”的号召下，开展“大兵团”作战。参与首部民族年鉴的编写是件幸事，机遇难得，大家都格外珍惜，热情高涨。当时没有电脑，完成任务全靠手中一支笔一张纸，用小笔头记录一个大时代。每天稿件堆满案头，喜悦之情溢于言表。

外地大批专家先后汇聚京城，兢兢业业为初创阶段的《年鉴》倾注心血。不能忘记的名字是郭卿友、金恩晖、张聿忠、张韶嗣、蔡明德、李晓菲、刘维英、金涛、赵持平、赵国琦等，还有许许多多为之付出努力的人们，不另枚举，至今心存感激，借此致意！

此外，兄弟单位的大力支持也甚是感人。当我们无法从某高校借出急需的民族地方报纸，而求助中央电视台研究室的同行时，王亚平主任二话没说，次日送报上门，并赠予我们长期使用，从而保障了进度。这种雪中送炭的协作精神，对我们是一种莫大的激励。

列举如上人和事，不外乎为了铭记。因为，铭记也是一种美德。

《年鉴》的编纂方法采用的是《中华人民共和国民族工作大事记（1949—1983年）》的编写套路，编写人员也大多是原班人马。驾轻就熟地利用报刊资料进行二次文献加工，提炼成文。就连稿件来源注明出处日期的做法，也与其相似，明显留有大事记的痕迹。总之，用意很好，方向没错。但新创阶段，总在此徘徊，长达数年之久，不免留下了难以弥补的缺憾。

回过头来看看，年鉴的定义是什么？年鉴是汇辑一年内事物进展情况和统计资料，按年度连续出版的资料性工具书。再看看年鉴的内容有哪些？年鉴是由编纂单位根据选题计划组织众多作者撰写，少量内容来源于当年的政府公报、其他重要文献和统计部门的数据。在选材上，它要求系统全面，客观正确及浓缩精练，等等。

对照上述定义和内容，新创时的民族年鉴，基本上与之吻合。不足之处何在呢？要素皆有，比例不当。当时没能力“组织众多作者撰写”，我们只是“编”写而非“撰”写，此外，我们是“大”量来源于报刊文献资料，而非“少”量取之。这两处的一字之差，失之毫厘，谬以千里。再有缺少统计资料和数据，从而造成了先天失衡，后天难补，使首卷和新创阶段的年鉴权威性大打折扣。

万事开头难。虽则如此，群策群力，心血铸就的首部《年鉴》，总算于1996年艰难问世了。

费孝通先生为之亲笔题写了书名，并一再叮嘱，姓氏落款不要在封面上出现，从中看出先生的谦逊为人。尽管如此，题字还是提升了《年鉴》的知名度。以后每年送去新版《年鉴》时，先生总是对其赞许有加，并仔细询问编辑出版情况和社会反映如何。

首部《年鉴》出版，受到社会各界的广泛关注，好评如潮。又是开记者招待会，又是接受采访，大小消息见诸各大报端和广播电视，学术专业刊物也有推介和点评文章。在新闻媒体的帮衬下，热闹了好一阵子。

光鲜过后，又是年复一年埋头编写下去，就这样照原样毫无起色地干了五六年……

回顾以往，喜忧参半。先说欣慰事。几年的“大兵团”作战，参与者众，实现了“编书育人”的预期目标。在新近成立的中国民族年鉴社中，半数以上的班底是经过十几年锤炼，从众人中脱颖而出的精英和才俊，成为年鉴社的骨干力量，这正是出人才的具体体现。从出成果上看，编年鉴使更多人有了练习笔杆子的机会，文字水平有所提高，人人出成果，收获不少。此外，在以往评定专业技术职称时，拿得出手的大部头年鉴，白纸黑字，记录了每个人的成绩。每每得到评委的认可，得以顺利过关，至今受益者还津津乐道。说得直白些，是《年鉴》这块敲门砖，让后来获得各级职称头衔者还没事偷着乐呢。

烦心的是，干了这么多年，身为当时的主管却乐不起来。回过头盘点一下，因重编轻销，年鉴堆积如山，资金周转不灵，思想压力不言而喻。此外，5年不变的老面孔，中规中矩，步履维艰，无为而治，心生困惑。

《年鉴》创办的第六个年头，也就是在新世纪的2000年元旦，我已年逾花甲六十有三，直到65岁退休，不在其位亦不谋其政。至此再没正面过问《年鉴》之事，只是默默关注着以后的可喜变化，前后不可同日而语。

说来有趣，从《年鉴》筹划、新创到退居二线，巧了皆在元月。整整10年，鉴系人生，对其有深厚感情，《年鉴》成为我人生和事业的重要部分。我参与了开创并融入其中，且从未敢怠慢，几年间，仅阅稿审稿就足有六七百万字。平心而论我尽力了。即便如此，又为何难以进展呢？这里不妨引用金马影帝吴镇宇最近携新片去北京大学交流时的一段对话。学生问：“你觉得香港电影怎样才能再度振作呢?”吴答：“等不适合做这行的人退出了才可能。”感同身受，对号入座，我“不合适”了。

于是我带着遗憾，把这个摊子以及经验教训留给了后人。

后人能迎难而上，既不墨守成规，又扬弃有度。以全新的视角，全新的理念，全新的运作，打开了全新的局面。后几年的实践证明，长江后浪推前浪，一辈更比一辈强，我“退出了”，后人才得以“振作”。作为过来人，我没资格对后面的事妄加评论，后面的事让后面的人去说。

我只想说几句贴心话。记得我刚上大学时，校园里贴副对联，横批是“新生可畏”。近半个世纪过去了，借题发挥，引申到当今中国民族年鉴社的同仁，他们是“后生可畏”、“后生可敬”。他们经历了一次次生死攸关的存留考验，能稳住阵脚，招架得宜，谋事在人，转机再现，迈过了一道坎儿，保住了年鉴，且大步前行，铸就辉煌。

本文到此应是结束时，且慢，尚有一点希冀。过去是开创性地填补了空白，今天是开拓性地求变创新。事物是在发展过程中发现过程，知新还须温故，建议编就一部高度浓缩的1949—1993年《年鉴》回溯本，以便完整地记录共和国历史的发展轨迹，这是功在千秋利国利民的大好事，“自古成功在尝试”，年鉴社的同仁们一定能办成。

赶上《年鉴》迎来第一个“本命年”，感谢中国民族年鉴社邀我写写当年记忆中事，并告知体裁不限，使我大为放松。把以往记录下来，是抢救记忆，拒绝遗忘的良方。眼看我就年近七旬，趁头脑尚未迟钝，写了如上一些。算是轶事探微，琐记杂忆，拾遗补阙，乃至反思自省之类的文字，留下点岁月的痕迹。

仅此，寄托一个老者对《年鉴》的殷殷之意和拳拳之情。

我深信，未来的《中国民族年鉴》会办得有声有色，越来越好。

此文收录于《中国民族年鉴》中国民族年鉴社2006年版

附录

顾后瞻前　图书馆人谈图书馆事

——中国民族图书馆馆长李久琦访谈录

合　矢☆

改革开放以来，民族地区图书馆事业有了长足的发展，仅全国民族自治地方的公共图书馆就由1981年的331所增至1995年584所，从业人数也由1981年的2853人增至1995年的7165人。全国性的民族图书馆会议已先后在首都北京、新疆乌鲁木齐、云南大理白族自治州、内蒙古哲里木盟、西藏拉萨、吉林延边朝鲜族自治州举行过六次。中国图书馆学会少数民族地区图书馆研究组经过十余年的努力，已正式成立为民族图书馆委员会。研究民族图书馆事业发展的著作和论文集也相继问世。这一切都标志着民族图书馆事业已进入一个新的发展阶段。

1997年9月3日，第六次全国民族地区图书馆会议在长白山脚下的延吉市落下帷幕。这次大会的中心议题是“迈向21世纪的民族地区图书馆发展战略问题”，会议既是对过去十几年民族地区图书馆事业的回顾和总结，也是对新世纪民族地区图书馆事业发展的前瞻。值此世纪之交，民族地区图书馆事业的发展驰向哪里？民族图书馆理论研究驶向何方？民族图书馆工作者应该做些什么？带着诸多问题，我们走访了中国民族图书馆馆长李久琦研究馆员。

李久琦1963年毕业于北京大学图书馆学系。由于从小就与书结下了不解之缘，注定他与图书馆打一辈子交道。在35年的职业生涯中，无论是“文革”的非常时期，还是在图书馆事业发展的高潮时期，他始终与图书馆为伴。20世纪70年代末一个偶然的机会，他从北京工业大学图书馆调到了中国民族图书馆，从此，在他图书馆职业中又加上了“民族”二字。

1982年，国家民委文化司、文化部图书馆事业管理局、中国图书馆学会组成少数民族地区图书馆特别调查组，赴新疆维吾尔自治区首次对民族地区图书馆进行调查，他们穿越大戈壁，走遍天山南北，被民族地区图书馆工作者在艰苦环境里创

☆　合矢系何丽与史桂玲合写此文时所用的笔名。

造的业绩所感动和激励。返京后起草调查报告并报上级主管部委，并建议召开民族地区图书馆会议，此议得以采纳。1983年7月，标志着中国民族地区图书馆事业新局面的“全国少数民族地区图书馆工作座谈会”在京举行。此次会议是建国以来首次，也是有史以来第一次。为落实会议精神，1984年2月，中国图书馆学会学术工作委员会成立了少数民族地区图书馆研究组，李久琦重任在肩。此后，他积极参与向民族地区捐赠图书活动，协助筹办北京师范大学少数民族地区图书馆大专班，筹划中国图书馆学会民族图书馆委员会。他创意开发的馆藏梵文《妙法莲华经》影印本，曾作为国礼赠送给尼泊尔国王比兰德拉，开发的菩提叶经赠送给日本前首相竹下登。李久琦目前还兼任中国图书馆学会常务理事、副秘书长、民族图书馆委员会主任委员、中国社会科学信息学会理事、会刊《情报资料工作》副主编、北京市中日友好关系史学会理事、日本大正大学综合佛教研究所特聘研究员、《中国民族年鉴》副主编兼编辑部主任等职。

在李久琦的学术著作中，有几项首创皆与民族图书馆事业有关，1987年，他与二位年轻业内人士，在广泛调查的基础上，以翔实、大量的资料成书的《中国少数民族图书馆概况》可谓开先河之作，此书不仅在日后的学术研究领域被广为引用，还获得中国图书馆学会优秀著作奖。策划多年的《中国民族年鉴》也于1996年问世，此书填补了民族年鉴的空白。《馆藏梵文贝叶写本丛书》的出版，受到国内外学术界瞩目。时至今日，李久琦年届花甲，职称也高居研究馆员。但他所津津乐道的早已不是他的研究成果、职称和职位，而更多的是如何培养和带动图书馆的年轻工作者和研究人员。他常说：自己的路短，青年人路长，情愿做铺路石。

1996年，为向第62届国际图联大会献礼，李久琦紧急筹划经费，鼎力促成《民族图书馆理论与实践》一书出版。目前，由他和金恩晖搭桥，由二位青年学者主编的一套民族图书馆学教育丛书，正在紧张编撰中，话题也由此而起：

合矢问：您是怎样想起编撰这套大型丛书的，这套丛书将在民族图书馆事业中起什么作用？

李久琦答：编这套丛书的动意始于20世纪90年代初，搁浅至今，是经费问题，更主要的是觉得当时时机还不成熟。这里的时机指两层含义：一是学术研究成果尚有欠缺；二是能担负起这项研究重任的人还太少。一套丛书或一本专著不同于论文集，后者可把不同时期的相关学术论文精选荟萃于一集，而前者则需要有一个贯穿始终的主题和研究对象，而支撑这一主题和研究对象的地基必须夯实，方可起砖盖楼。欣逢盛世，有了繁荣的学术研究环境，有了多部论文集的出版，水到渠成，编撰出版这套丛书也顺理成章。

至于这套丛书的作用，我想还是用总结和展望来说明，它既负载着历史又勾连着当今。载入史册的1983年7月召开的“全国少数民族地区图书馆工作座谈会”以来，民族地区图书馆事业的发展有目共睹，无论是从硬件，包括图书馆数量、馆舍建设、藏书建设，还是软件诸如人才培养和素质提高，科学化现代化管理均取得成效。进入20世纪90年代，随着我国沿边开放战略的实施，居于边疆地区民族图书馆大多又有了新的发展，当然这些发展主要是把图书馆置于文化发展的大环境中，如“边疆文化长廊建设”。仅1992—1996年的五年间，全国投入“边疆文化长廊建设”专项补助资金就达2100万元，长廊贯穿于2.1万公里内陆和边境及1.8万公里海岸线的18个省、自治区、直辖市共286个县（市、区、旗），其目标是到2000年，在中国边疆地区建成一条由文化馆、图书馆、影剧院、博物馆等一系列文化设施串联起来的文化线。云南在这一建设中就新建和改建17个图书馆，内蒙古锡林郭勒盟边疆段内的5个市旗均有了图书馆。广西还在1994年提出旨在发展图书馆事业的“知识工程”，收效甚佳。数字只是图书馆事业的量化体现，而真正表明图书馆事业质的飞跃，还应侧重于诸多软件的开发建设研究方面，学术研究就是其中重要环节。近年来，出版了许多民族图书馆事业和学科研究成果，这里就涉及学科建设等有关问题，像民族文献学有其特定的范围和研究对象，研究起来有声有色，而民族图书馆工作，能否成为一门分支学科，它与图书馆学的关系如何，这一学科的建立将对民族图书馆事业有何影响等，众说纷纭，研究与总结已势在必行了。任何一个学科的发展都是从无到有，从零散研讨到系列研究，从工作方法到科学理论。这套丛书就是试图把研究成果呈现给读者。总结不外乎是经验和教训两个方面，经验是前进历程中应借鉴和发扬的，而教训则应记取和避免，这就是继往开来，总结以往是为了将来。党的十五大报告中明确指出：“国家要加大对中西部地区的支持力度，优先安排基础设施和资源开发项目。更加重视和积极帮助少数民族地区发展经济。从多方面努力，逐步缩小地区发展差距。”这无疑给民族地区图书馆事业的发展带来了新的机遇，民族地区图书馆同仁肩负重要使命，如何完成这一使命，人员素质的提高首当其冲，这套丛书正是适应这一需要而适时编撰的。

合矢问：现在由于计算机在图书馆广泛应用，使得民族地区与内地的差距越来越大，对此您有何看法？

李久琦答：差距是客观存在的。但是也有一些民族地区图书馆做得很有起色，当然这样的图书馆只是凤毛麟角。今年在延边开会时，参观考察了延边州图书馆，他们搞得就很好，从采编到借阅已全部实现了计算机化，他们还利用地域优势建了个“朝鲜文献中心”，与朝鲜和韩国建立了馆际交流，文献中心数据库在国内研究朝鲜学文献最全，其价值弥足珍贵，将来在研究该领域中，必将起到举足轻重的作用，从另一个角度看也代表了民族地区图书馆事业的发展方向。比如说，东巴文献，云南丽江占绝对优势，这就是其特色所在，国内外任何人研究东巴文都离不开这块宝地，不能离开丽江文献中心。如果我们每个民族地区都能把本民族文献收全，并建立自己的数据库，那在21世纪就可立于不败之地。人们常说，越是民族的就越是世界的。道理就在于此。使用计算机，建立信息高速公路，必须与经济发展相适应，实现自动化只是迟早的事，我对此充满信心，差距会逐步缩小，但目前每个尚无计算机的图书馆必须有个心理准备，先搞好工作中的标准化、规范化，做好科学化管理。

合矢问：每个民族地区图书馆都有它自己的民族文献可收藏，那您所在的中国民族图书馆的方向应指向何方？

李久琦答：中国民族图书馆有得天独厚的优势，它可以直接或更有条件收集那些国内外有关汉文和民族文字的民族文献，丰富文献资源，借国内外学者使用，以达到资源共享之目的。这种优势在建馆伊始，国家就明确规定其宗旨是全国性民族中心图书馆。随着改革开放其作用已远远超出，已开始走向世界接待五大洲学者，并多次组团出访。民族特色占了优势，国内外读者才纷至沓来，方向不会变，明天路更宽。至于人家说我们是民族龙头馆，那只是鞭策罢了。

合矢问：您刚才提及组团出访，您到过许多国家，哪一个国家给您留下的印象最深？

李久琦答：当属苏联了。1991年我去时正赶“8.19”苏联解体，给我的印象不是事件本身，那只是历史的一瞬。而苏联图书馆事业本身的辉煌，那才是历史的永恒。

《列宁论图书馆事业》一书成为必读的经典，一生受用。我到莫斯科当无先奔红场瞻仰这位长眠的伟大导师，从图书馆职业角度，我一直把列宁当作图书馆界的泰斗和巨匠。他对图书馆事业有那么多指示、信札、电报、文件及论文，世界公认，在他诞辰100周年召开的国际国（图）联第36届大会上把“列宁与图书馆”作为主题，足以说明其伟大，当今世上还没有一位领袖和伟人能超越他。我在苏联仔细地参观了列宁图书馆和博物馆，访苏对我这个图书馆人来说，感悟太深了，是终生难忘的幸事。

合矢接着话茬问：刚才您提到“图书馆人”，这种提法所见不多，您不愿别人称您为专家、学者和馆长吗？

李久琦答：其实称呼什么无关紧要。在我们图书馆无论年轻人还是中年人，大都习惯称我为“老李”，这种称呼很随意，也很亲切，彼此很贴近，无距离感。对称呼的理解各有不同，无可非议，就我个人来讲，我还是喜欢“图书馆人”。毋庸置疑，“专家”、“学者”、“馆长”当然悦耳动听，且冠冕堂皇。但我认为“图书馆人”也能登大雅之堂。“图书馆人”既能说明我们从事的职业，同时也能说明我们对图书馆事业的热爱、执着和痴心，一个人的生活经历往往是一笔财富，但又难以传予别人，因为每个人都在走属于自己的路，从这个角度讲，每个人选择职业都可能是盲目、偶然的，甚至是无奈的。当然职业不同于投胎，选择不妥可以改动，但不管如何改，对所从事的职业，敬业乐业精神不能改，痴心和执着不应改。现在甘心从事这一清贫事业，一辈子干图书馆的人数量不多，这我能理解，但不管干多少年，既然入了圈，我都希望有一颗热爱之心，责任之心。我在图书馆干了35年，有许多同行朋友，他们关注我，尤其是民族地区图书馆同仁，这些朋友更是支持我，这些都是我这个“图书馆人”干好事业的力量和源泉。说到底，能够称你为“图书馆人”的志士仁人，定是与你无距离感和关注你的人，也是和图书馆事业息息相关的人。

在采访即将结束时，李久琦再三叮嘱称呼问题，于是我们遵其所嘱，把本文题目加上了再平常不过的四个字——“图书馆人”。

此文载于《图书馆学研究》1999年第1期
此文亦收录《笔耕集》辽宁民族出版社1999年版

怀念久琦

黄长著[1]

1984年年初以前，我一直在中国社会科学院语言研究所工作。1984年4月，中国社会科学院文献情报中心建立前夕，来到当时的情报所工作。在那之前我并不认识久琦。随着文献情报中心与中国社会科学情报学会相继建立，我担任中心副主任，后又当选为学会秘书长，与久琦的联系开始多起来。

在我还是图书馆学情报学领域一位新兵的时候，久琦已经是图书馆学界有一定名气的管理者和专家了。他曾作为主要成员之一，跟肖自力、李修宇等同志一起，主持并完成了我国图书馆学情报学领域最早的国家社科基金三个重点项目之一——“全国文献资源调查与布局研究”。该项目1986年作为“七五”期间仅有的几个国家项目之一立项，耗时四年，于1990年年底完成。该项目规模宏大，组织了全国许多重要的文献机构和知名学者参与调查和研究。项目产生了一系列非常有价值的调研报告，对正处于拨乱反正、百废待举的国家在图情领域的规划及发展提供了基本的资料及数据准备，摸清了底数，提出了有针对性的政策建议，受到了学界和上级有关部门的好评。在这一过程中，久琦功不可没。他不仅组织并身体力行参与了大量调研活动，还单独或与人合作，发表了多篇调研文章和报告，对我国文献资源建设及布局提出了许多宝贵建议。

我与久琦的相识与熟悉，主要还是通过1986年年末成立的中国社会科学情报学会和学会的会刊《情报资料工作》(其创立时间早于学会)。久琦长期担任学会副秘书长和学会会刊编委及副主编。我作为学会秘书长，与他有较多的联系。除了本

---

①黄长著，中国社会科学院学部委员、国家哲学社会科学研究专家咨询委员会委员、国家社科基金图书馆·情报与文献学学科规划评审小组召集人、中国社会科学情报学会荣誉理事长，研究员。

职工作外，久琦把他的许多时间和精力都奉献给了学会和会刊事业。他长期在实际文献部门工作，有着丰富的管理经验，这对于初创的学会很重要。他既是学会的坚定支持者，又是学会事业的热心实践者，他常对学会的工作提出意见和建议，比如他提出学会内有很好的学术资源，专家多、水平高，应该充分利用。每年一定要召开1—2次学术研讨会或业务培训会，还可定期与不定期开展征文评奖活动，可以激发学会成员单位的科研热情，提升文献情报服务质量，等等。学会现在坚持下来的一些好的做法，其中许多都与他当时的建议有关。因此，学会上上下下对他都很倚重。在久琦因年龄原因退休后，按道理副秘书长一职也应随之终止，但社科院文献情报中心的领导和学会领导层考虑到他对学会的重要贡献及他丰富的管理经验，一致同意由中心和学会特聘他为学会副秘书长。他在推辞无果后，毅然继续挑起这副重担。这使得本可以很快享受较轻闲的退休生活的他，仍需继续谋划学会的发展，发挥其特有的作用。由于财务制度等方面的原因，当时只能象征性地给他很少的津贴，但他从不计较。甚至表示，即使一分钱报酬都没有，只要学会工作需要，他也可以无偿地尽绵薄之力。有一次当我们征求他对学会工作和对他个人安排的意见时，他没有提任何个人的要求，只是委婉地表示，如果能最后参加一次在南宁召开的学会年会，他就心满意足了。我和树东、振喜等同志非常理解和支持他的这个愿望，决心促其成功。这么一个小小的愿望实在难以跟他对学会和会刊的重要贡献相提并论，未料这么简单的愿望也因种种原因而没有实现。几年后，当我们相约去看望已调往近代史所担任领导的李树东同志时，无意间旧事重提，久琦也只是苦笑了一下，没有片言只语的埋怨，在场的几位同志无不唏嘘、动容。

但久琦对学会的工作却是满腔热情，特别值得一提的是，他主动承担起了一项烦琐、枯燥乏味然而却很重要的任务——主持编写学会的大事记。决定做这件事情的时候，学会已经建立好几年了，这无形中增加了工作的难度，因为要追忆和补记过去几年中已经发生的事情，需要查阅很多资料，这比实时记录的工作量大多了。但久琦同志一直坚持下来，直到他病重住院。2016年，在庆祝学会成立三十周年前夕，这部大事记对于大家准确回顾学会走过的道路发挥了重要作用，更是激起了大家对他的思念和感激。唯一遗憾的是，这项工作在他病倒之后，因无合适人选而中断了。

久琦对学会会刊的贡献也是可圈可点的。它既是编委，又是副主编。由于编辑部人少，经费也比较紧张，他大自规划选题、约稿、审稿，小至其他一切杂务，均须与主编和编辑部其他同志一起分担。除此之外，他还要经常救急：自己动笔就一些重要问题发表意见。这方面，徐亚男主任比我更有发言权，恕不一一赘述。我只想摘引他在会刊百期时一篇纪念文章中的一段话，足见他对学会会刊的深厚感情：“该刊诞生于人们穿蓝的卡、吃定量粮时代，期刊封面虽朴实无华，但呈现给读者的这份精神食粮却弥足珍贵。试刊问世时属内部发行尚不规范，内容上却呼喊出思想解放的先声，透露出社会科学情报学建学的端倪，虽带着那个时代的烙印，但在花和草都不甚繁茂的学术园地里，它却那样诱人，透出沁人心脾的芳香。”（《百期话初创》1998年第一期）多么真挚而感人的话语啊！直到他病重住院，还对前去看望他的学会和会刊的同志表示了对有关工作的牵挂，甚至再三表示不希望大家放下工作去看他的病态。我理解这是一个永不言败的战士的情怀。此情此景，催人泪下。

久琦离开我们多年了。但他的音容笑貌、他对事业的执着、对工作的敬业、对同志的真诚和他高尚的品德，将永远激励我们去为中国的文献情报事业不懈奋斗。

久琦，您的精神永存！

2017年7月2日

帜拔图坛五十载，德望遗风三千年

——深切缅怀李久琦先生

包和平[①]

自李久琦先生辞世以来，总有一种愧疚、痛感之情不时地萦绕着我的心，一直想为先生写些什么，但每当拿起笔，总是触绪万端，感到要写的太多、太多，又不知从何说起，终又放下，拖至今日。今年8月，中国民族图书馆吴贵飙馆长来电话，说要为李久琦先生出版文集，我这一夙愿才有机会得偿。

我和李久琦先生最早是在1989年参加内蒙古自治区哲里木盟（现通辽市）图书馆开馆典礼上认识的，因来去匆匆，彼此未有更多接触。事隔五年，1994年夏，在我的家乡科尔沁草原上的明珠——通辽市，召开了第四次全国民族地区图书馆工作会议，会议上先生读到了我执笔撰写的论文《试论民族文献资源的开发与利用》，并给予很高的评价。会议期间，正赶上草原盛会那达慕，在摔跤场上，我敢与职业选手较量，给先生留下十分深刻的印象。1995年初，先生筹备编撰《中国民族年鉴》，在大连东北民族学院（现大连民族大学）召开编辑工作会议，我应邀参加了这次会议。会议期间，我与先生有了深入的交流，并对民族年鉴的编辑体例、篇目选择等问题提出意见。先生从不以长者前辈自居，虚心倾听我们的建议，让我等后生晚辈甚为感动。

1995年下半年，我应先生之邀到中国民族图书馆，参与首部《中国民族年鉴》的编辑工作，并被聘为编辑部副主任，后又一直连任《年鉴》编委。

在中国民族图书馆工作期间，有三件事令我终身受益。

第一件是在编辑《中国民族年鉴》的过程中，对党的民族政策、民族理论有了深刻的认识，同时利用在中国民族图书馆工作的机会，接触了大量民族文献，并为之吸引，对中国民族文献学研究产生了浓厚的兴趣，由此确定了我的学术研究

①包和平，现任大连民族大学党委宣传部长、统战部长，《大连民族大学学报》主编，研究馆员。

方向。

第二件是参加第62届国际图书馆协会联合会（IFLA）大会，通过深度参与民族图书馆事业相关论文写作和论文集编撰，我的宏观把控能力和学术素养都有很大程度的提升。一是先生提名，由我担任执笔人撰写《当代中国民族图书馆事业的发展与展望论述》，以此作为参加在北京举行的第62届IFLA大会应征论文，我接到任务，心存忐忑，不知从何着手，因为这是一篇总结和研究新中国民族图书馆事业发展的理论文章，不好把握。先生不仅鼓励我，而且亲自拟定大纲，并提供了大量的素材。经过半个多月的努力，我和杨长虹、何丽、卢晓华、才旦卓嘎等同志根据先生的指导，写出了论文初稿。先生把我找到他办公室，对论文中的每一段落、每一数据和引文，甚至每一句话都斟酌、校对，最后由先生加工定稿后，才提交第62届IFLA大会组委会秘书处（此文荣获第62届IFLA大会学术论文征文优秀奖）。我也从先生那里学到了撰写学术论文的作风、态度、方法，提高了我的研究能力和学术水平。二是为了向第62届IFLA大会展示中国民族图书馆学研究成果，先生提议由我编一部反映当时我国民族图书馆学研究成果的论文集，向大会献礼。我是初生牛犊不怕虎，欣然答应下来，但在实际编辑过程中，遇到了很大的阻力，当时我仅仅是一个旗（县）图书馆馆长，编辑反映全国民族图书馆学研究成果的论文集，深感责任重大，压力更大。先生以"自古成功在尝试"之警句鼓励我，让我放手大胆地去做，而且对本书的框架结构设计、论文审定、编辑出版等方面提出了许多宝贵的指导性意见。先生的支持，让我增加了胆气。我和哲里木盟通辽市（现通辽市科尔沁区）图书馆许斌馆长一起，经过半年多与作者频频书信交往，反复切磋商榷，一部反映我国民族图书馆学研究取得的基本成绩和现实水平的论文集——《中国民族图书馆理论与实践》在第62届IFLA大会召开前夕正式出版了。可以说，没有先生的大力支持，我们是完不成这项任务的，而且我们提议让先生担任本书主编时，先生坚决不同意，他说，我给你们年轻人当顾问就可以了，主编还是由你们来当。先生不为名利，甘为人梯的精神，以及对我们的提携和厚爱，令我等后辈铭感五内。

第三件是让我感受到很多高雅艺术熏陶。民族文化宫本身就是一个收藏各民族文化精品的地方，先生曾带我参观民族文化宫各个展览馆，内容涉及绘画、书法、摄影等多种艺术门类。当时有很多民族地区文艺团体进京汇报演出，先生总是想方设法给我弄到门票，让我去观看。有一次，我爱人去北京，正好有地方文艺团体汇报演出，先生把自己的票让给我们去观看。尤其让我感动的是北京如有高水平演出或展览，只要能弄到票，先生都带我去观看。我们俩各骑一辆自行车，骑累了就下车走一会儿，边走边谈。记得有一次，我和先生去首都体育馆欣赏了一场高水平国际铜管音乐会后，在回来的路上，先生问我，你能否在民族图书馆学研究中，也增添华美的乐章？我说一定能。我的回答是坚定的，内心更是温暖的。先生对我的殷切期许，其苦心孤诣，让我感佩至今。

1998年我有幸调入大连民族学院（现大连民族大学）图书馆工作，不久便着手在学校建立“民族文献信息研究所”，并及时向先生汇报，先生听后非常高兴，亲自到《情报资料工作》编辑部推荐我为该刊学术指导委员，并为我们牵线搭桥，使我校“民族文献信息研究所”成为《情报资料工作》合作单位，为提高我校“民族文献信息研究所”知名度打下良好的基础。

2001年，我发现全国54所高等院校设有图书馆学系，而全国民族高等院校尚无一所院校设立图书馆学专业，就想能不能在大连民族学院设立民族图书馆学专业。我把这一想法向先生写信求教，不出一个月，先生就给我寄来了三份亲笔写的有关建立民族图书馆学专业的建议信，一是《在东北民族学院设立图书馆学专业的可行性分析》，二是《建议：东北民族学院图书馆学系图书馆学、情报学专业教学计划》，三是《专业必修课程安排参考表》，不仅内容详尽，可操作性强，而且字里行间浸透着先生对民族图书馆学专业建设之殷殷情怀。可惜的是，由于种种原因，在我校设立民族图书馆学专业的愿望一直未能实现，但先生之高义，我们当永远铭记。

自1996年以后，我虽然离开北京，回到内蒙古，又到大连工作，但欣赏国际铜管音乐会后，先生在北京长安街上对我的嘱托未敢忘怀于心，一直潜心民族图书馆学研究。1997年我完成了由李久琦、乌林西拉、金恩晖等前辈策划的“中国少数民族图书馆学丛书”中的第一部——《民族图书馆学概论》的编撰工作（与宝音、杨艳平共同主编），此书1999年由吉林人民出版社出版，荣获辽宁省第七届社会科学优秀科研成果著作三等奖。2000年我又独立完成了《中国民族文献管理学》的编撰工作，我特地请先生为本书作序，先生不仅欣然答应，而且拨冗审阅全稿，指出书中许多缺点和不足。当我打开先生寄来的书信，看到先生用钢笔工工整整写就的序言和一封短信，内心涌动的感激之情，无以言表。今将短信辑录于此，以示纪念：

和平：近好？

遵嘱将序言赶在“七一”写就，一来有意义，二来不影响你十号发排，序言没有打印而寄原稿以示敬重之意。如有不妥或改动之处，请随时与我联系之。

祝大作早日问世！

李久琦

2001年7月1日

得先生之助，此书由大连市人民政府资助出版，并荣获辽宁省第八届社会科学优秀科研成果著作类一等奖。2003年，我被破格晋升为研究馆员，2010年，又被国家民委评为“全国少数民族古籍工作先进个人”。

可以说，没有先生的支持和帮助，也就不会有我的今天。先生以坚忍不拔的精神，持之以恒的毅力，踏实勤奋的作风，以及对民族图书馆事业的持久忠诚奉献，为其人生谱写了灿烂，定格了辉煌，也给了我许多人生的启迪。其鼓励与鞭策也一直给我注入新的动力，使我丝毫不敢懈怠。

“云山苍苍，江水泱泱，先生之风，山高水长。”先生之厚德岁月、人格风范、育人情怀，以及与我父子般的情谊，我将永远铭记于心。

包和平

2017年8月16日

风雨同舟三十年

——忆李久琦老师与《情报资料工作》

徐亚男[①]

记得2010年10月的一天，我正在为筹备《情报资料工作》创刊30周年的诸多事情忙碌，突然接到李久琦老师的电话，说已到我们办公的文化大厦楼下。我匆匆下去，从他手里接过一个信封，里面是他受邀专门为刊物创刊30周年所写的纪念文章，一字一句都用钢笔写就，字迹挥洒刚劲，一如他潇洒利落的个性。他说，原想让其女儿送来，但等不及了。还是那个雷厉风行的脾气。我请他到办公室休息一下，他执意不肯；我又邀他参加创刊30周年的纪念会，他说已经退了就不来了，在我的一再坚持下，他说尽量来吧。

今年6月份，当我受中国民族图书馆吴贵飙馆长之邀为《李久琦研究文集》写一篇纪念文章时，近七年前的一幕又清晰地浮现在我的脑海中。这是他患病之后我第二次见他，第一次是他手术后去家里探望，而他的形象，还是一如既往的亲切、温暖、洒脱，风度翩翩。

为了写这篇文章，我把《情报资料工作》自创刊以来的合订本都找了出来仔细翻阅，其中1980—1981年、1982—1983年最早的两册精装本还是李久琦老师知道编辑部没存之后特意捐献的，书脊上印着“李久琦藏刊”。自1980年创刊至2010年的30年，刊物上留有许多李老师的印迹：他是刊物迄今为止最高产的作者之一，笔耕不辍；他是刊物自1985年组建编委会以来任职时间最长的编委，至2011年共计26年；他是刊物任职时间最长的副主编，自1988—2003年共计15年。可以说，李久琦老师与《情报资料工作》风雨同舟、一路相伴三十年。对《情报资料工作》及我个人来说，他既是刊物的良师挚友，也是充满个人魅力的谦谦长者。

---

①徐亚男，中国人民大学书报资料中心社会编辑部主任、《情报资料工作》副主编，中国社会科学情报学会副秘书长，副编审。

一、图书资料工作解放思想的开拓者

《资料工作通讯》（1985年改名为《情报资料工作》）创刊于1980年，正是改革开放、拨乱反正之初，十年浩劫使我国的图书资料工作遭受了巨大损失，而长期禁锢人们思想的各种图书资料工作的禁忌严重阻碍了工作的开展，亟须澄清。在此背景下，《资料工作通讯》组织了“关于资料和资料工作属性的讨论”，当时的中国人民大学书报资料社（现中国人民大学书报资料中心）还举办了“资料工作科学讨论会”，邀请中国社科院、中国科学院、《人民日报》、新华社、民族文化宫图书馆等机构的资料工作人员参加。这些活动李久琦老师都是积极的倡导者和参与者，他专门撰写文章《“资料”粗识——步杨教同志文并抒己见》（见《资料工作通讯》1980年第2期）和《应当重视民族资料工作》（见《资料工作通讯》1981年第1期），为我国的资料工作振臂高呼。为了解决十年浩劫造成的资料工作人员断层问题，刊物共开设了五期“资料工作基础讲座”，培养图书资料工作人才，李久琦老师就是参与讲座编写的六位专家之一。他还与张文彬合作撰写了《走图书资料“资源共享”的必由之路》（见《资料工作通讯》1983年第2期）的文章，其思想极具前瞻性。1987年由中国社科情报学会学术委员会和本刊编辑部联合召开了“社科情报理论建设问题圆桌讨论会”，此次会议对我国的社科情报工作具有里程碑式的开创性意义，李久琦老师是积极的策划者和主要的参与者（见《情报资料工作》1987年第3期）。而在对刊物本身的研究中，李久琦老师更是有心人。在《资料工作通讯》1984年第5期上，他专门为刊物创刊20期撰写了一篇文章《二十期〈通讯〉论短长》，对创刊5年的刊物定位、内容、特色以及对推动我国图书资料工作发展所起到的作用给予了高度的肯定。此后的创刊50期、100期，以及本文开头提及的创刊30周年，李久琦老师都专门撰文，其对刊物的关爱之情洋溢在透彻分析、情真意切的文字之中。

二、刊物创新发展的推动者

进入21世纪以后，随着信息化浪潮和互联网的快速发展，社科情报工作面临着严峻的挑战和机遇，《情报资料工作》也迎来了创新发展的新契机。自2001年起，刊物推出了世纪新版，以鲜明的时代特色，丰富的知识内涵，高尚的学术品位，精良的印刷质量呈现在广大读者面前。在第1期上，推出了特稿《与时俱进　共创辉煌——新老主编话改版》，李久琦老师作为刊物诞生、成长、发展的见证人，与时任刊物主编的宋志明教授一起，回顾了《情报资料工作》。随着我国改革开放，伴着社科情报事业发展前行的历程，期待刊物“以新的面貌、新的内容、新的姿态，迈向新的纪元”。殷殷之情，厚厚之爱，感人至深。

当时的《情报资料工作》面临着严重的经营困境，作为一本高品位的学术期刊能否开展经营活动，如何开展与自身性质相匹配的活动而不降低刊物的学术质量，大家众说纷纭，我作为刊物的负责人承受着巨大的压力。一天，北京世纪超星信息技术有限责任公司的两位经理突然登门造访，他们说民族图书馆的李久琦馆长向他们推荐，说《情报资料工作》在国内图书馆界有着重要的学术地位和影响，他们也在许多图书馆都看到了本刊，希望能刊登广告。自此，《情报资料工作》开始刊登商业广告，部分缓解了刊物的经营困难。

记得在当时的多次编委会上，李久琦老师都提出要发挥中国社科情报学会及每个编委的力量，共同承担责任，支持刊物发展。在他的积极倡议下，刊物发展了学术合作单位，众多国内有研究实力的单位加入其中，既扩大了刊物的学术影响，也为刊物的发展提供了支持。这项工作持续至今已近20年，每念及此不禁非常佩服李久琦老师的超前意识和过人见识。

三、与刊物结伴前行三十年

在李久琦老师为刊物创刊三十年所写的纪念文章《历久弥新谱华章》（见《情报资料工作》2010年第6期）中，曾经写道：“从不惑到古稀，整整三十年与刊物结缘。……这在历史的长河中只是一瞬，但在有限的人生中却是历史记忆。……对刊物的感情仍挥之不去，如酒愈久愈浓。”

李久琦老师与《情报资料工作》的三十年，是经历诞生、见证成长、结伴前行的三十年，是风雨同舟、互助守护、同心协力的三十年，是友谊深厚、历久弥新、共创辉煌的三十年。

著名的图书馆学家博尔赫斯曾经说过：“天堂应该是图书馆的模样。”愿在图书馆工作一生的李久琦老师在天堂一切安好！

2017年8月3日

怀念老同学李久琦

——北京大学信息管理系1959级部分同学

关家麟

李久琦是我们大学（1959—1963年）的同班同学，他离开我们已经六年多了。但是他的音容笑貌却恍如昨日，依然萦绕在我们的脑际；他的阳光帅气、乐于助人、善良处世、积极向上的精神和生动事例，虽经漫长岁月的打磨，依然在我们心中熠熠生辉，被大家怀念。

现在中国民族图书馆将编辑出版他的文集，作为他的老同学，我们都觉得应当写一篇回忆文章，以表达对他的怀念。

李久琦是由北京考入北大的，加上他比同班多数同学大两三岁，因此从报到的那天起，他似乎把多关心、帮助外地同学或岁数比较小的同学当作自己的任务，特别是对学习上、生活上比较困难的同学给以更多的帮助和关怀。正由于他有这种优良品德，在大一开学不久，系里就选派他做班上越南留学生武廷鑑的辅导员。担任外国留学生的辅导员，在当时来说是一项学校党团组织的政治任务。首先自身必须具备良好的思想道德修养和较高的综合素养，在学习和生活中时刻影响和引导他们，发挥桥梁作用。还要急学生之所急，想学生之所想，掌握留学生的学习和生活情况，帮助解决学习和生活中的困难。每个留学生的汉语水平和专业知识差别很大，每个国家留学生的态度、生活和听课接受能力也都不一样。应当说留学生辅导员工作是比较辛苦的。李久琦接受任务后一干就是四年，除了寒暑假留学生回国休养外，其他时间都需要辅导员经常帮助他们补课堂笔记，消化吸收课程内容。在辅导留学生过程中要牺牲自己的很多学习、娱乐、休息时间，李久琦未有丝毫怨言，他兢兢业业，热心周到，圆满地完成了任务，受到学校和系里的表扬，同时也令武廷鑑非常感动，回国后曾多次写信表达感激之情。

乐于助人是李久琦身上突出的优点之一。在平时的学习、生活上，得到过他热情帮助过的同学不在少数。很多同学回忆起当时进北大报到时的情景，李久琦就像大哥哥一样，帮助新来的同学搬行李、找宿舍、收拾床铺、打开水。此后，他打扫宿舍卫生、打开水是经常的，最多的。值日生忘记了，他就成了“常任”值日生。有的同学生病，他给病号到饭厅打饭，陪病号到校医院看病、取药。他乐于助人的优点一直保持着，甚至毕业后同学都已走上工作岗位，他仍关心着他们。有的同学孩子上小学转学，有的同学孩子大学毕业需要找合适的工作等，只要李久琦同学知道了并且能够帮上忙的，他都主动帮助，使得同学如同大家庭的兄弟一样。

李久琦在大学期间非常重视专业基础理论课程的学习，在课堂上做笔记是数一数二的，除了有益自己课后消化吸收外，还方便辅导留学生。与此同时，他还特别重视理论与实践的结合，他觉得图书馆学专业本质上属于应用型的学科，因此必须要具备组织和管理的能力，以及从事实际工作的技能。在校期间我们有实习课和毕业实习，他都积极参加，认真听取一线工作者的讲解和辅导，同时他还能主动招呼大家，协助班长、课代表合理安排实习活动。更难能可贵的是协助系里组织同学利用假期进行勤工俭学活动。印象比较深的是有一年暑假，他组织几个同学到国家经委经济研究所去勤工俭学，该所可能是因为房屋搬迁，图书资料积压，需要借助外力进行清理，然后分类、编目、上架，从而使日常工作和对外服务正常开展。李久琦领受任务后，组织了几位同学在该所工作了近一个月，圆满地完成了任务，并得到相应收入。由于那批图书资料是俄文的，在清理和分类编目中不仅运用了图书馆学专业知识技能，而且同学们还得到应用外文的机会。

李久琦毕业后分配到北京工业大学图书馆工作。在那里他除利用在学校学习到的图书馆知识与技能从事采编、服务、咨询等各项工作外，还在实践中接触和充实了一些自然科学、工程技术以及情报资料工作的知识，为以后工作打下了良好的基础。20世纪70年代末，他从北工大图书馆调到当时的民族文化宫图书馆，从此在他的图书馆职业生涯中又加上“民族”二字。把自己的后半生贡献给中国民族图书馆及民族图书馆系统建设。

作为民族图书馆的研究专家，他自20世纪80年代起直至去世前，所参与或主持的科研项目、工作项目、大型工具书项目比较多。比如《全国文献资源调查》和《中国大百科全书（图书馆学、情报学、档案学）》。《全国文献资源调查》是我国新中国成立以来图书情报系统首次立项的重点项目，是由十一个部委局组成的部级图书情报工作协调委员会组织的。李久琦作为项目组成员参与主持和具体组织工作，历时两年，项目组在大量调查研究的基础上取得相关数据，分析出存在问题，提出了全国合理布局、组织协调、资源共建共享的方案。项目总报告出来后，带动了全国更多部门系统的调查和共建共享方案的实施。李久琦为项目完成做出了自己的贡献。《中国大百科全书（图书馆学、情报学、档案学）》是《中国大百科全书》的组成部分，全书是我国第一部现代的综合性百科全书，也是世界上规模最大的百科全书之一。先后组织了全国各个学科的两万余名学者专家参加。李久琦有幸被选聘为文献资源建设分支编审组成员，撰写该百科全书《图书馆学文献资源建设》相关部分的条目。除了全国性的项目外，李久琦在民委、民族文化宫、民族图书馆系统还主持、参与或促成了不少著作的出版，比如《中国少数民族图书馆概况》、《民族图书馆理论与实践》、《中华人民共和国民族工作大事记》、《中国民族年鉴》等。中国民族图书馆收藏很多少数民族的珍贵古典文献，李久琦在上级领导的支持下，组织开发了不少历史文献资源，如（梵文）《妙法莲华经》（影印本）、《馆藏梵文贝叶写本丛书》、《菩提叶百八阿罗汉金经书画册》，还曾参与珍贵藏族历史文献的保护和移交等。

早在学生时代，李久琦就在班级和团支部活动中表现出热心组织和擅长管理的能力，参加工作后，这个优点得到更充分的发扬。他的社会兼职较多，除了中国图书馆学会常务理事、副秘书长、民族图书馆委员会主任委员外，还任中国图书馆学会中央国家机关和科研系统图书馆学会副主任委员、中国社会科学信息学会理事及其会刊《情报资料工作》副主编，《中国民族年鉴》副主编兼编辑部主任等。李久琦的社会兼职比较多，但是他不重虚名而重实干。作为民族图书馆委员会主任委员，他着力推进边疆地区图书馆事业的改革和发展，在边疆文化长廊建设、知识工程、图书馆数字化等方面都投入很多心血，使得各方面工作进展顺利，取得不少成绩。作为中央国家机关和科研系统图书馆学会副主任委员，他大力组织各种研讨会、培训班、相关教材的编辑出版以及宣传、展览等普及活动，还以民族图书馆为中心发展协作、支边、捐书等，使得各类型图书馆加强了交流。作为《情报资料工作》副主编，他自始至终参与了我国社会科学情报领域核心期刊的建设和发展。他通过刊物广泛联系图书馆界的学者、作者和读者，组织了很多有分量的稿件，坚持编辑、审稿工作，自己还不断撰写有创意的文章，对有关领域文章做综述和评述，为该刊物成为理论性、实践性、知识性的优秀品牌做出了自己的贡献。

虽然久琦离开我们已多年，每当同学们聚会时总要提到他，回忆起当年在学校同窗学习、生活的点点滴滴，回忆起走入社会后在不同的岗位上工作而又经常交流的情景，大家对久琦的怀念之情依然浓烈。

2017年8月9日

后　记

手捧《李久琦文集》清样，在老馆长领导下工作期间的往事涌上心头，颇有一种岁月沧桑之感。

这本文集是在中国民族图书馆现任领导的倡导下编成的。今年5月起，我与同仁张磊通过网络检索，查阅图书馆档案，前往国家图书馆等机构寻找的方式，同时通过联系《情报资料》编辑部，获得大力支持。共搜集李久琦馆长76篇文章，时间跨度上自20世纪70年代，下迄21世纪初期。全书分为五部分。第一部分收录了李久琦在图书馆学、情报学与资料工作研究方面的文章。第二部分收录了他为多种书刊写的序跋与评论。第三部分收录了他为中国民族图书馆和图书馆学会重大事项或活动写的新闻与通讯。第四部分是他写的关于图书馆学界记人与纪事。最初发表时，这些文章大多署了作者的真名，但也有不少篇使用了笔名。虽然岁月流逝，但重读这些文章，依然能够让我们看到老馆长对图书馆工作的满腔热情、对图书馆学的真知灼见以及他对先贤和同仁的深情厚谊。它们是图书馆学界的吉光片羽，弥足珍贵。第五部分为附录，收录了故人同行深切缅怀李久琦馆长的文章。它们让我们从多个侧面了解他为图书馆学和图书馆工作勤勉奋斗的一生。

李久琦馆长1937年生于辽宁省盖州市，1963年毕业于北京大学图书馆系，后于1979年调入民族文化宫图书馆，从此投身民族图书馆事业达二十余载。他在图书馆学界身兼数职，曾长期担任中国图书馆学会常务理事、副秘书长、民族图书馆委员会主任委员、学术研究委员会少数民族专业委员会主任、《中国图书馆学报》编委、《情报资料工作》副主编、中国社会科学信息学会特聘副秘书长等。他在临终前为会刊创办30周年而撰写的《历久弥新谱华章》一文刊发于《情报资料工作》2010年第6期。此时，距他病逝仅有短短的两个月。凡到过他办公室的人都可以看到，在他办公桌的玻璃板下面，有他手书的鲁迅格言："以短命的精神工作，以不死的精神学习。”还有那段“寒山问拾得”的富于人生哲理的隽语。前者是他的座右铭，表达了他对工作与学习的情怀；后者是一段经典对话，透露了他修身持己的心迹。

李久琦在担任馆长期间，思想与时俱进，极具前瞻性，做了几件富于创意的大事：他先是将“民族文化宫图书馆”更名为“民族图书馆”，后又将“民族图书馆”更名为“中国民族图书馆”，从而彰显和突出了我馆的价值和特色；1995年，他创办《中国民族年鉴》，填补了我国民族年鉴领域的空白；在他的提议下，两年一度的“全国民族地区图书馆学术研讨会”得以召开，至今已连续举办了14届，对于全国民族图书馆事业的发展产生了颇深的影响。此外，在他的倡议下，我馆的镇馆之宝之一《妙法莲华经》的影印本得以问世。赵补初先生为之题签，季羡林先生为之作序。中华人民共和国主席李先念在出访尼泊尔时，曾将此书作为国礼赠送国王比兰德拉。还有多个国家的图书馆珍藏了这一珍贵典籍。20世纪80年代，在李久琦馆长的领导下，我馆精心复制和出版了一些大部头古籍文献，如《八旗通志》、《国朝耆献类征初编》、《乾隆府县厅州县志》、《皇舆表》、《方舆类纂》、《许氏方舆考证》、《舆地纪胜》、《新疆图志》、《丹珠尔》（藏文）、《（钦定）平定七省方略》、《补过斋文牍》、《蒙古史料丛编》(两卷本)、《通渭县新志》、《藏文资料》、《河套新编》、《甘肃七区志》、《皇清职贡图》、《吉林省志略》等，受到学术界的高度赞誉，为我国相关领域的科研做出了引人瞩目的贡献。此后，我馆陆续复制彩印了《瑜伽师地论声闻地》、《中国民族图书馆馆藏梵文贝叶写本丛书》之一《不空绢索神真言经》、之二《大众部说出世部比丘集诵律》等3部精品梵文古籍。20世纪90年代至2000年初，我馆复制并出版了民族古籍珍品《菩提叶百八阿罗汉金经全部书画册》、《奉使图》以及由费孝通题写书名的《百苗图》、袖珍《古兰经》（阿拉伯文）。与此同时，我馆还出版了《民族图书馆理论与实践》、《藏文典籍目录》（1—3卷）、《中华人民共和国民族工作大事记》、《中国少数民族图书馆概况》、《同仁文集》、《中国少数民族图书馆学丛书》、《笔耕集》等重要图书。李久琦馆长亲力亲为，认真负责，为我馆取得这些辉煌成就奉献了大量心血。

李久琦虽为一馆之长，却平易近人，对馆内同仁呵护有加，没有半点架子。他不愿意让人称他的官衔，而是喜欢大家叫他“老李”。他说，这种称呼随意而亲切，没有距离感。他曾多次鼓励和帮助没有图书馆专业学历的同仁努力深造。为此，他曾足蹬自行车，前往北京大学等在京院校咨询，并曾亲自带领中青年馆员前往中央党校报名，为他们积极创造就学专业课程的机会。他常说，馆里每位同仁都要精通业务，因此有欠缺者必须尽可能接受专业教育或培训。他的这些善举促进了我馆年轻工作人员的业务水平的提高。

李久琦馆长一生与图书馆有着深厚情缘，他在“图书馆人的情缘”一文中这样写道：“我把自己称作图书馆人，恰如其分，这一称谓是我最爱，且无比神圣。”

在编校这部文集的过程中，我不断回想我馆的历程和我走过的道路。20世纪90年代初，我从民族文化宫大剧院调入中国民族图书馆。当时，李久琦任馆长，我在办公室负责与财务有关的工作，对图书馆业务几乎一无所知。李馆长看出我的茫然，便从书架上给我找出几本图书馆学方面的小册子。在阅读这些小册子之后，我对图书馆工作有了基本了解。翌年，我开始做我馆报刊管理工作。我的第一篇文章《工作札记——年终报刊订阅随感》于1996年发表在专业核心期刊。后来，我又陆续发表过20余篇文章。在李久琦馆长的指点和帮助之下，在我馆的有利工作条件下，我从细处着手，积累点滴知识，不断提高思想和业务能力，从管理员成长为副研究馆员。可以说，没有李久琦馆长，没有我馆的良好工作和学术环境，我是不可能取得这些进步的。

李久琦馆长于2002年正式退休，退休之后，他还一直心系馆里工作，为我馆工作操劳。我曾同他电话聊天，他给我留下很深印象的几句话是：“岁月悠悠，从求学到工作到退休，遍尝五味，不知不觉，人已老矣。归纳起来，我的一生可以八字概括：凡事认真，一生谨慎。”我知道，李久琦馆长的人生，并没有因为退休而画上句号。他一生做事，始终上无愧于天，下无愧于人，内无愧于心。他为推进我馆的工作起了薪火相传的作用。

李久琦馆长于2011年病逝之后，我曾多少次想写一篇纪念文章，却一再因循而未果。接到编辑这部文稿的任务时，我内心感喟良多。与李馆长结识和共事20余年，往事历历在目。岁月留痕。这本即将付梓的《李久琦文集》，虽然不是他全部文稿，但足以印证他对图书馆事业的热爱、痴心和执着，也可以昭示他与《情报资料工作》风雨同舟并为之笔耕三十七载的奋斗历程。

转瞬之间，李久琦馆长去世已经7个春秋。他留给业界的热情、睿智、大度、儒雅与勤勉风范永存！他的凝聚着深远思索和心血而成的文稿，记录了昔日的辉煌，也启迪着后人。

我相信，这部文集的问世，能够告慰李久琦馆长的在天之灵，也能够唤起读者与同仁的温馨回忆。

这部文集的出版得益于民族文化宫领导和辽宁民族出版社的大力支持，我谨在此表示衷心感谢。此外，我还要感谢吴贵飙馆长和艾合买提副馆长。吴贵飙馆长不仅是文集出版的倡导者，还同艾合买提副馆长一起积极参与了文集编审工作。他们提出了不少中肯的意见并负责文集的定稿，使之得以顺利出版。

由于水平有限和时间仓促，这部文集中不妥或错误之处恐怕在所难免，切盼读者诸君不吝指正。

中国民族图书馆副研究馆员　史桂玲

2017年10月26日于北京